特進

最 高 水 準 問 題 集

中3英語

文英堂

本書のねらい

　いろいろなタイプの問題集が存在する中で，トップ層に特化した問題集は意外に少ないといわれます。本書はこの要望に応えて，難関高校をめざす皆さんの実力練成のための良問・難問をそろえました。

　本書を大いに活用して，どんな問題にぶつかっても対応できる最高レベルの実力を身につけてください。

本書の特色と使用法

 国立・私立難関高校をめざす皆さんのための問題集です。
実力強化にふさわしい，質の高い良問・難問を集めました。

▶ 二度と出題されないような奇問は除いたので，日常学習と並行して，学習できます。もちろん，入試直前期に，ある章を深く掘り下げて学習するために本書を用いることも可能です。

▶ 当学年で履修する内容を応用した入試問題も掲載しました。かなり難しい問題も含まれていますが，これらを解いていけば，中学3年生として最上級の内容をマスターしたと言えます。「発展的な内容」のページでは，高校レベルの内容にもふれています。

 各章末にある「実力テスト」で実力診断ができます。
それまでに学習したことを応用して考える力が身につきます。

▶ 各章末にある実力テストで，実力がついたか点検できます。60分で80点以上取ることを目標としましょう。

▶ 実力テストでは，複数の文法事項にまたがった内容の問題を掲載しました。より総合的で幅広い見方や，より深い考え方が必要とされる問題です。第4回実力テストは総合問題です。仕上げに自分の総合的な実力を試してみましょう。

時間やレベルに応じて，学習しやすいようにさまざまな工夫をしています。

▶ 重要な問題には <▶頻出 マークをつけました。時間のないときには，この問題だけ学習すれば短期間での学習も可能です。

▶ 各問題には1〜3個の★をつけてレベルを表示しました。★の数が多いほどレベルは高くなります。学習初期の段階では★1個の問題だけを，学習後期では★3個の問題だけを選んで学習するということも可能です。

▶ 特に難しい問題については⦿マークをつけました。果敢にチャレンジしてください。

▶ 欄外にヒントとして㉠を設けました。どうしても解き方が見つからないとき，これらを頼りに方針を練ってください。

 くわしい 解説 つきの別冊「解答と解説」。どんな難しい問題でも解き方が必ずわかります。

▶ 別冊の**解答と解説**には，各問題の考え方や解き方がわかりやすく解説されています。わからない問題は，一度解答を見て方針をつかんでから，もう一度自分1人で解いてみる，といった学習をお勧めします。

▶ 必要に応じて *トップコーチ* を設け，知っているとためになる知識や情報を載せました。

もくじ

1 過去と未来；助動詞

解答 別冊 p.3~p.7

*1 次の文の（　　）内に入れるのに最も適当なものを下から選び，記号で答えなさい。
＜頻出

(1) I （　　） her in front of the station an hour ago. （大阪信愛女学院高）
　　ア see　　　イ saw　　　ウ sees　　　エ seeing

(2) I （　　） to the town at noon. （近畿大附和歌山高）
　　ア reached　イ got　　　ウ arrived　エ getting

(3) Go straight and （　　） the third turning to the left.
　　ア change　　イ lead　　　ウ take　　　エ pass

(4) When the telephone rang, she （　　） TV. （北海道・函館ラ・サール高）
　　ア is watching　イ has watched　ウ was watching　エ watched

(5) There （　　） much snow in the yard yesterday.
　　ア is　　　　イ are　　　　ウ was　　　エ were

(6) You must come home before it （　　） dark.
　　ア gets　　　イ got　　　ウ getting　　エ will get

(7) Though I （　　） nothing last evening, I am not so hungry now. （神奈川・法政大二高）
　　ア eat　　　イ ate　　　ウ have eaten　　エ am eating

(8) I （　　） see the movie. ［適するものを2つ選ぶ］ （北海道・函館ラ・サール高）
　　ア must　　　　　イ don't want　　　ウ am not
　　エ was going to　オ would like

難(9) I don't think people （　　） keep big dogs in small apartments.
　　ア should　　イ had better　　　　　（千葉・渋谷教育学園幕張高**改**）

(10) （　　） I stay here?　── No, you don't have to.
　　ア Must　　　イ May　　　ウ Will　　エ Can

(11) She was absent from school today. She （　　） be sick.
　　ア can't　　　イ will　　　ウ may　　　エ have to

(12) This work will （　　） by the end of this week. （東京・明治学院高）
　　ア must be done　　イ be able to do　　ウ has to be done
　　エ have to be done　オ be going to do

着眼
1 (2) to に着目。　(3) turning [tə́:rniŋ] 曲がり角・回転

★2 次の文の（　）内の語を適当な形になおしなさい。

(1) I threw the ball and he (catch) it with one hand.　　(国立高専)

(2) Tom usually (go) fishing on Sundays.

(3) Gold, diamonds and other precious stones were (lie) on the ground.　　(東京・開成高)

(4) I (know) her when I was a little girl.　　(東京・文教大附高)

(5) As soon as he (come) here tomorrow, I will tell him the story.　　(神奈川・山手学院高)

(6) Shall we go on a picnic if it (be) fine tomorrow?　　(大阪女学院高)

(7) A few days later, those boys (be) swimming in the sea.

(8) My wife is always (complain) to me about high prices.

★3 次の文の下線部のwouldと同じ用法のwouldを含む文を1つ選びなさい。

(福岡・久留米大附設高)

She believed that her husband <u>would</u> soon get well.

　　ア　He would often sit here for hours enjoying the view.

　　イ　Though I knocked at the door, he would not let me in.

　　ウ　Would you pass me the salt?

　　エ　I thought it would rain.

★4 次の対話文の（　）内に最も適するものを下から選んで，記号で答えなさい。

(1) A : Would you pass me the sugar?　　(広島・如水館高)

　　B : (　　)

　　ア　Here you are.　　　イ　Go ahead.

　　ウ　I like the sugar.　　エ　Thank you.

(2) A : Would you like a drink?　　(北海道・函館ラ・サール高)

　　B : (　　)

　　ア　I like tea best.　　　イ　Tea, please.

　　ウ　I usually drink water.　エ　Yes, I like it.

(着)(眼)

2 (3) precious [préʃəs] 貴重な　(6) go on a picnic ピクニックに行く　(7) ～ later (過去 の文脈で)それから～して・のちに　(8) complain [kəmpléin] 不平を言う

3 get well 元気になる　ア view [vjúː] 眺め，景色　イ let ～ in ～を入れる

4 (1) ア Here you are. ≒ Here it is. ≒ Here they are.　イ go ahead 先に進む・進行す る・いいですとも

☆5 次の各組の文がほぼ同じ意味を表すように，（　　）内に適当な1語を入れなさい。

(1) I borrowed these books from my teacher last week.　（獨協埼玉高⊠）
　　My teacher (　　　　　) these books to me last week.

(2) There was little rain in Osaka last summer.
　　(　　　　) (　　　　　) little rain in Osaka last summer.

(3) "I'm very sorry, Jane." "Don't worry, Tom.　Forget it!"
　　"I'm very sorry, Jane." "Never (　　　　　), Tom."　（大阪星光学院高）

(4) I think you should take it easy and rest for a while.（神奈川・慶應高）
　　(　　　　) (　　　　　) you take it easy and rest for a while?

(5) The woman made a bicycle trip alone.　　　　（京都・同志社高）
　　The woman (　　　　) alone (　　　　) bicycle.

(6) Five minutes' walk brought me to the park.　（東京・大妻中野高⊠）
　　It (　　　　) me five minutes to (　　　　) to the park.

(7) I paid 50,000 yen for this camera.　　　　（東京・開成高）
　　This camera (　　　　) (　　　　) 50,000 yen.

(8) I'm sure that my friend is a good speaker of English.（東京・法政大高）
　　My friend (　　　　) (　　　　) a good speaker of English.

(9) The news cannot be true.　　　　（鹿児島・ラ・サール高）
　　The news (　　　　) be false.

(10) You ought to finish this work before eating lunch.
　　You (　　　　) finish this work before eating lunch.

●▶(11) All you have to do is to do your best.
　　You (　　　) (　　　) (　　　) do your best.

●▶(12) There'll be trouble if you say that.　　　（神奈川・慶應高⊠）
　　You (　　　) (　　　) (　　　) (　　　) that.

(13) The guide could not answer the tourists' questions.
　　The guide was (　　　　) to answer the tourists' questions.
　　　　　　　　　　　　　　　　　　　（鹿児島・ラ・サール高）

●▶(14) Is it possible that he is so dishonest?　　（福岡・久留米大附設高）
　　(　　　　) he (　　　　) so dishonest?

着眼

5 (5) bicycle trip 自転車旅行　(6) bring＋O＋to ～ Oを～に連れて来る・持って来る・導く　(7) paid [péid] ＜ pay [péi] ～を支払う　(8) I'm sure (that) ～ きっと～だと思う　(10) ought to ～ ～すべきである，before -ing ～する前に　(11) do *one's* best 最善を尽くす　(14) possible [pá [ɔ] səbl] 形可能な

*6 次の文を（　　）内の指示に従って書きかえなさい。ただし，⑷は（　　）内の指示に従って答えること。

(1) Mariko cuts her birthday cake with a knife. （yesterdayを加えて）

(2) He read the newspaper. （進行形の文に）

(3) You can play the guitar very well. （next yearを加えて）

(4) I must clean my room. （疑問文にして，Noで答える）

(5) <u>Taro</u> broke my cup last week. （下線部が答えの中心になる疑問文に）

(6) They are going to <u>study the history of Europe</u>.
（下線部が答えの中心になる疑問文に）

(7) Lucy would like to have <u>sandwiches</u> for lunch.
（下線部が答えの中心になる疑問文に）

*7 日本文の意味を表すように，（　　）内に適当な1語を入れなさい。ただし，⑹は（　　）内に示されたアルファベットで始まる語を入れなさい。

(1) 誰が彼を空港で見送るのですか。　　　　　　　　　　（東京・明星高⑰）
Who (　　　　) going to (　　　　) him (　　　　) at the airport?

(2) あなたはその机を動かす必要はありません。　　　　　（広島・如水館高）
You don't (　　　　) to move the desk.

(3) あなたは明日早く起きなければならないでしょう。
You (　　　) (　　　) (　　　) get up early tomorrow.

(難)(4) コンピューターは今，以前よりずっとわかりやすい。　（東京・開成高⑰）
Computers are now much easier to understand than they
(　　　　) to be.

(5) 今日は雨が降るかもしれません。　傘を持って行ったほうがいいですよ。
It (　　　) (　　　) today.　You (　　　) (　　　)
take an umbrella with you.

(難)(6) ピーターは間違った道を選んでしまったにちがいない。　（東京・開成高⑰）
Peter (　　　　) have (*c*　　　　) the wrong route.

着眼
6 (1) with ～（道具）で　(6) Europe [jú(ə)rəp] ヨーロッパ　(7) sandwich [sǽn(d)witʃ] サンドイッチ

7 (1) 「～を見送る」see ～ off　(5) 「傘を持って行く」take an umbrella with ～

★8 次の日本文の意味を表すように，（　）内の語句と符号を並べかえなさい。ただし，1語不足するものについては，その語を補うこと。

(1) あなたのお父さんは昨日車で会社へ行きましたか。

(car / did / go / your father / to / his office / by / ?)

(2) もう1度あなたの電話番号を教えてください。[1語不要]　　（大阪・関西大倉高図）

(number / your / again / may / have / phone / I / spend / ?)

(3) すみませんが，野球場へ行く道を教えてください。[1語不足]　　（大阪・四天王寺高）

Excuse me, but (to / I / get / the ballpark / can / ?)

(4) そのとき，雨がやみました。

(that / it / stopped / at / raining / time).

(5) もうすぐトムの誕生日です。

(soon / Tom's / is / coming / birthday).

(6) 数週間で自転車に乗れますよ。

(a / bicycle / a few / able / be / in / ride / to / weeks / will / you).

(7) 弟と私は学校に向かって歩いていました。

(to / were / brother / school / I / walking / my / and).

(8) あなた方はパーティーを楽しみましたか。[1語不足]

(the / you / at / party / did / enjoy)?

(9) コーヒーを持ってきてあげましょうか。

(you / coffee / cup / I / of / shall / bring / a)?

(10) 病院では静かにしているべきです。

(quiet / hospital / should / a / we / be / in).

(11) 空を見て。もうすぐ晴れますよ。

Look at the sky. (up / to / going / soon / it / clear / is).

(12) 図書館の前の店でコーヒーを飲みませんか。

Why (in front of / we / the shop / don't / some coffee / have / at) the library?

難▶(13) きれいな夕日を見そこなってしまったね。もう数分早く来ればよかったのにね。

[1語不足]　　　　　　　　　　　　　　　　　　　　（東京・開成高）

You just missed a beautiful sunset. You (a / come / earlier / few / minutes / should).

8 (1)「車で〜に行く」go to 〜 by car = drive to 〜　(2)「電話番号」phone number
(3)「私に〜へ行く道を教える」how can I get to 〜 = tell[show] me the way to 〜
(6)「（期間）で」in 〜　(8) enjoy oneself = have a good time（楽しく時を過ごす），主語が複数形であることに注意。

★9 次の文を日本語になおしなさい。

(1) My sister will be able to swim one hundred meters in a few weeks.

(2) Your face is red.　You must have a fever.

(3) You had better not eat too much.

(4) Each of you will have to write the sentences five times.

(5) We looked for the treasure but couldn't find anything.

(6) One evening at the hospital, Dick had to carry a woman from her bed to the operating room.　　　　　　(智辯学園和歌山高囡)

(7) A person is able to reduce his sleeping time by waking up early and raising his body temperature in the morning.

(京都・洛星高囡)

(8) There will be trouble if you say so.　　　　(神奈川・慶應高囡)

(9) Before I left, I read about English language schools in London.

(10) How much longer do I have to wait?　　　　(東京・開成高囡)

★★10 次の日本文を英語になおしなさい。

(1) 今夜は風が強いにちがいない。　　　　　　　　(高知・土佐高)

(2) ところで，彼は今出張でロンドンを訪問しているところだよ。(鹿児島・ラ・サール高)
By the way, _____ now.

(3) 彼女はすぐに英語を話せるようになるでしょう。　(北海道・函館ラ・サール高)

(4) 彼は昨夜，その木の下で何か奇妙なものを見た。

(5) 子供のころには，地球が太陽の周囲を回転しているとは思いませんでした。

難▶(6) 「宿題がなかったら，今日の午後，買い物に行きましょう」
「いいよ。1時半ごろ，デパートの前で待っています」　　(東京・青山学院高)

(7) フレッドは宿題を終えた後，映画へ出かけた。　　(東京・開成高)

難▶(8) 今度の春休みは何をして過ごしますか。どこか行く予定でもありますか。

(福岡・久留米大附設高)

着眼

9 (2) fever [fíːvər] 熱　(4) each of ～ ～のめいめい　(5) treasure [tréʒər] 宝物
(6) operating room 手術室　(7) reduce [ridjúːs] 減じる，wake up 目ざめる，
temperature [témpərətʃər] 温度
10 (1) 「風が強い」 windy [wíndi] 厖　(2) 「出張で」 on business　(4) 「奇妙な」 strange
[stréindʒ] 厖　(7) 「フレッド」 Fred，「出かけた」⇒「行った」と考える。　(8) 「春休み」
spring vacation

2 比 較

解答 別冊 p.7〜p.12

*11 次の単語の比較級・最上級を書きなさい。

	原級	比較級	最上級
(1)	large	( )	( )
(2)	big	( )	( )
(3)	pretty	( )	( )
(4)	difficult	( )	( )
(5)	good, well	( )	( )
(6)	bad, ill	( )	( )
(7)	many, much	( )	( )
(8)	little	( )	( )

*12 次の文の（　）内に入れるのに最も適当なものを下から選び，記号で答えなさい。

(1) He has (　　) brothers than I do.　　　　　　　　　　（大阪女学院高）
　　ア many　　イ much　　ウ most　　エ more

(2) Bob can speak Japanese as (　　) as Jane.
　　ア good　　イ better　　ウ well　　エ more

(3) What is (　　) sport in Japan?　　　　　　　　　　　（岡山白陵高）
　　ア more popular　イ popular　ウ popularest　エ the most popular

(4) He made (　　) mistakes on the exam than I.
　　ア many　　イ much　　ウ fewer　　エ less

(5) I can speak German a little but (　　) you do.
　　ア not as well as　　　　　　　イ not well than
　　ウ not so better than　　　　　エ not so better as

(6) His garden is (　　) mine.
　　ア as three time as big as　　　イ three times as big as
　　ウ three numbers as big as　　　エ as three times as big

☆*13* 次の文中の誤りを正しなさい。

(1) Tom is very taller than I.

(2) "Who has much coffee at breakfast than you?"
   "Kumi does." （大阪・四天王寺高図）

(3) Baseball is one of the most popular sport in Japan. （広島・如水館高）

(4) Who gets up early, your father or your mother? （岡山白陵高）

(5) He read three times many as books as I. （兵庫・滝川高図）

(6) Osaka is the second large city in Japan. （東京・明星高図）

☆*14* 次の文の中から正しい文を1つ選び，記号で答えなさい。 （東京・早稲田実業高）

　ア　He is the youngest in my uncle's five children.

　イ　She has many money, but he has much more.

　ウ　Who is a more good swimmer, you or he?

　エ　Mother looks happier now than yesterday.

☆*15* 次の文を（　　）内の指示に従って書きかえなさい。 ◀頻出

(1) You can't run as fast as I. （兵庫・関西学院高）
   （I で始まる文に）

(2) Tom has more books than I. （佐賀・東明館高）
   （many を用いて同じ意味を表す文に）

(3) Who runs fastest in our school?
   （Who is で始まる文に）

(4) Mt. Fuji is higher than any other mountain in Japan.
   （最上級の文に）

(5) He is the oldest man in the city.
   （No で始まる文に）

　　15 (3)「速く走る→速い走者」と考える。

★16 次の各組の文がほぼ同じ意味を表すように，（　　）内に適当な1語を入れなさい。 ◁頻出

(1) Hiroshi doesn't study as hard as his brother.　　（兵庫・関西学院高）
Hiroshi's brother studies (　　　) (　　　) Hiroshi.

(2) This question is easier than that one.　　（北海道・函館ラ・サール高）
This question is not (　　　) (　　　) as that one.

(3) She is not so young as she looks.　　（兵庫・灘高）
She looks (　　　) (　　　) she really is.

(4) I like that singer the best.　　（東京・開成高）
① She is my (　　　) singer.
② I like her better than any (　　　) singer.

(5) Lake Baikal is the deepest in the world.　　（福岡・久留米大附設高）
Lake Baikal is (　　　) (　　　) any other (　　　) in the world.

(6) My father is the (　　　) cook in my family.　　（東京学芸大附高）
(　　　) other person in my family cooks as well as my father.

(7) Time is the most important thing.　　（東京・明星高）
Time is (　　　) important than (　　　) else.

(8) Vegetables seem to be getting more expensive these days.
Prices for vegetables seem to be getting (　　　) these days.

(9) Repeating the same mistakes is the most stupid thing to do.
There is (　　　) (　　　) stupid than repeating the same mistakes.

(10) Mariko did as much as she could to pass the test.
Mariko did her (　　　) to pass the test.　　（東京・早稲田実業高⊠）

(11) That park is half the size of this park.　　（北海道・函館ラ・サール高）
This park is (　　　) as (　　　) as that park.

難(12) He is two years junior (　　　) me.　　（兵庫・甲陽学院高）
He is younger than I (　　　) two years.

(13) The day was less cold than the day before.　　（東京・早稲田大高等学院）
The day was (　　　) (　　　) cold (　　　) the day before.

着眼
16 (5) Lake Baikal バイカル湖，deep [díːp] 深い　(9) stupid [stjúːpid] 愚かな　(11) half [hæf, háːf] 半分（の）　(12) junior [dʒúːniər] 年少の・下級の⇔senior [síːniər] 年長の・上級の

★17 日本文の意味を表すように，（　　）内に適当な1語を入れなさい。

(1) 木星は太陽系のどの惑星よりも大きい。　　　　　　　　（広島・修道高）

Jupiter is larger (　　　) (　　　) (　　　) planet in the solar system.

(2) 私たちは日本で2番目に高い山に登ろうと考えています。　（愛知・東海高）

We are (　　　) of (　　　) the (　　　) (　　　) mountain in Japan.

(3) カナダの人口は日本の人口よりずっと少ない。　（東京・お茶の水女子大附高）

The population of Canada is (　　　) smaller than (　　　) (　　　) Japan.

(4) 東京は世界で最も大きな都市の1つです。

Tokyo is one of the (　　　) (　　　) in the world.

(5) このクラスで，彼ほど賢い男の子はいない。

(　　　) (　　　) (　　　) in this class is as clever as he.

(6) あなたはこの絵とあの絵とでは，どちらが好きですか。

(　　　) do you like (　　　), this picture or that one?

難▶(7) 彼は2人の少年のうちで，背の低いほうでした。

He was (　　　) (　　　) of the two boys.

(8) 駅に着いたのは私たちのほうが彼らより30分遅かった。　（福岡・久留米大附設高）

We arrived at the station (　　　) (　　　) (　　　) than they did.

(9) できるだけたくさん葉っぱを集めて，大きい火を起こしましょう。　（東京・開成高）

Let's collect (　　　) many (　　　) as we can to make a big fire.

難▶(10) 大学の図書館には，私たちの学校の図書館よりも，はるかに多くの本がある。

The university library has (　　　) more books than our school library.　（東京・早稲田実業高⊠）

難▶(11) あまり考えない人ほど多くしゃべる。　（福岡・久留米大附設高）

(　　　) (　　　) men think, (　　　) (　　　) they talk.

難▶(12) 彼は昔ほどしゃべらなくなった。　（東京・開成高）

He is (　　　) talkative than he used to be.

着眼

17 (1) 「木星」Jupiter [dʒúːpətər]，「太陽系」solar system，「惑星」planet [plǽnit]
(3) 「人口」population [pɑ(ɔ)pjuléiʃən]　(8) 「30分」half an hour
(9) 「葉っぱ」leaf [líːf]

★18 日本文の意味を表すように，（　　）内の語句を並べかえなさい。ただし，1語
不足するものについては，その語を補うこと。

(1) ここは最も印象に残る都市です。[1語不要]　　　　　　　　（大阪・関西大倉高図）
(all / city / the / is / most / in / of / this / impressive).

(2) 夜の海で泳ぐことほど危険なことはない。
(in / at night / dangerous / is / swimming / nothing / than /
more / the sea).

(3) まゆみは英語を話すのがクラスで最も上手な1人です。[1語不足]（東京学芸大附高）
Mayumi is (the class / best / English / in / of / of / one / the).

(4) 今朝私はいつもより30分早く起きた。　　　　　　　　　　（東京・明星高）
This morning I woke (earlier / up / usual / half an hour / than).

(5) 彼は学校で走るのが一番速い。[1語不足]
(faster / he / his / in / other / runs / school / student / than).

(6) 私はできるだけ早く宿題を終わらせなければなりません。[1語不足]（大阪・清風高図）
(soon / have / my / as / as / I / I / finish / to / homework).

(7) あとどれくらい待たなければいけないのですか？[1語不足]　　（東京・開成高）
How (do / have / I / longer / to / wait)?

(8) 新しいビルは古いビルの2倍の大きさになるでしょう。[1語不要]（大阪・関西大倉高）
(building / the / will / the / as / twice / one / two / as / be /
old / large / new).

難▶(9) 新聞によると，20年ぶりの寒い冬になりそうだ。[1語不要]　（東京・早稲田実業高）
(says / be / coldest / in / it / newspaper / that / the / the /
twenty / will / writes / winter) years.

(10) 彼女は日本で最も有名なピアニストです。[1語不足]　（北海道・函館ラ・サール高）
(the / she / famous / in / is / pianist / Japan).

難▶(11) こんな寒い日には熱いコーヒーほどありがたいものはない。
(more / on / nothing / such / hot coffee / there / is / a / a
cup of / than / welcome) cold day.

(12) ますます暑くなってきている。
(and / it / getting / is / hotter / hotter).

(13) 天候は期待していたよりずっと悪かった。
(than / much / the weather / worse / was / expected / we).

着眼
18 (1)「印象的な」impressive [imprésiv]形　(2)「危険な」dangerous [déindʒərəs]形
＜danger [déindʒər]名 危険　(9)「新聞によると～」The newspaper says (that) ～
(11)「ありがたい，歓迎される」welcome [wélkəm]形　(13)「期待する」expect [ikspékt]

⁑*19* 次の文を日本語になおしなさい。

(難)(1) In fact the sooner they were back home, the better. (東京・開成高國)

(2) It is said that the sun is about 1,300,000 times larger than the earth. (東京・芝浦工大高)

(難)(3) I just can't imagine spending as much on one set of clothes as I do for all your clothes. (東京・早稲田実業高)

(難)(4) Earlier Chinese writing is more like pictures than the modern Chinese writing. (大阪教育大附高平野國)

(5) Chinese is the language with the most speakers in the world, but some of the languages of Africa have less than one hundred speakers. (長崎・青雲高國)

⁑*20* 次の日本文を英語になおしなさい。

(1) 屋久島は日本で5番目に大きい島なんだ。 (鹿児島・ラ・サール高)

Yakushima Island ＿＿＿＿＿＿＿＿＿＿＿＿＿＿＿＿＿.

(2) 今朝はいつもより早く起きて，散歩に出かけました。

(3) 世界で一番大きな都市はどこですか。 (北海道・函館ラ・サール高)

(難)(4) 今や日本は，世界で最も豊かな国の1つであると，私たちは思っています。 (高知学芸高)

(5) 約束を守ることほど大切なことはない。

(6) 最近日本語を勉強する外国人が増えている。 (東京・桐朋高)

(7) 日本の気候はカナダの気候よりずっと温暖です。

(8) 若い間にできるだけたくさんの良書を読んでおくべきです。 (高知・土佐塾高)

(難)(9) この冬は例年より雪が多いので，大いにスキーを楽しめそうです。 (東京・青山学院高)

(難)(10) 初めて会ったとき，彼女はぼくの1番上の姉と同じくらい若く見えたので，ぼくの母よりも年上とは信じられなかった。 (東京・筑波大附駒場高)

(11) 愛ほど大切なものはないと，多くの人が口にする。 (岡山白陵高)

(着眼)

19 (3) one set of clothes 上下1組の洋服 (4) earlier [ə́ːrliər] 初期の，writing [ráitiŋ] 書法・筆跡・文体

20 (2)「散歩に出かける」go out for a walk (4)「豊かな」rich [rítʃ] (5)「約束を守る」keep *one's* promise (6)「最近」these days (7)「気候」climate [kláimit]，「温暖な」mild [máild] (8)「良書」good books (9)「～して大いに楽しむ」enjoy ～ very much / have great fun -ing (10)「初めて」for the first time (11)「口にする」⇒「言う」と考える。

3 受動態

解答 別冊 p.12~p.17

*21 次の文の（　）内に入れるのに最も適当なものを下から選び，記号で答えなさい。

(1) I read a book about Mother Teresa. She helped poor people in India. I was (　) by her life. （大阪・桃山学院高）

ア proud　イ afraid　ウ impressed　エ interesting

(2) When I (　) about Japanese movies, I couldn't answer very well. （東京・明治学院高）

ア asks　イ was asked　ウ am asked　エ asked　オ have asked

(3) Most of the houses in Japan are (　) wood. （神奈川・日本大高圏）

ア makes of　　　イ made of
ウ made from　　　エ made by

(4) I was spoken (　) a stranger in front of the bank.

ア to　　　イ of　　　ウ to by　　　エ of by

(5) (　) English spoken in Australia? （広島・如水館高圏）

ア Is　　　イ Are　　　ウ Does　　　エ Do

(6) Were you (　) to the party?

ア to invite　イ invites　ウ inviting　エ invited

(7) (　) are you called by everyone?

ア When　イ What　ウ Where　エ Which

(8) My room (　) by my mother tomorrow.

ア is cleaned　　　イ was cleaned
ウ will be cleaned　　エ was cleaning

(9) He was (　) at the bad news. （京都・立命館高）

ア surprise　　　イ surprising
ウ surprised　　　エ to surprise

(10) Forest fires are often (　) by cigarette butts. （国立高専圏）

ア make　　イ caused
ウ taken　　エ caught

着眼
21 (1) Mother Teresa マザー・テレサ［人名］ (3) most of ~ 多くの~
(10) forest fire 山火事，cigarette butt タバコの吸いがら

☆☆22 次の各組の文がほぼ同じ意味を表すように，（　）内に適当な1語を入れなさい。

(1) Somebody stole his car during the night. （神奈川・法政大二高）
His car (　　　) (　　　　) during the night.

(2) When were these sandwiches made? （岡山白陵高）
How (　　　) are these sandwiches?

(3) When did they take these pictures? （東京・桜美林高）
When (　　　) (　　　) (　　　) (　　　) by them?

(4) Who invented the telephone? （愛知・滝高）
Who (　　　) the telephone invented (　　　)?

(5) The pictures were interesting to him. （高知・土佐高）
He (　　　) (　　　) (　　　) the pictures.

(6) Many kinds of flowers are sold at that shop. （東京・明星高）
(　　　) (　　　　) many kinds of flowers at that shop.

(7) People mustn't take these books out. （東京・明治高⊠）
These books mustn't (　　　) (　　　) (　　　).

(8) What is the Japanese for that tree? （大阪・関西大倉高）
What is (　　　) (　　　) (　　　) in Japanese?

(9) The fifth of March is my birthday. （京都・同志社高）
I (　　　) (　　　) (　　　) the fifth of March.

●➤(10) We know that Jack is a hard worker.
Jack is (　　　) (　　　) a hard worker.

●➤(11) Are you looking for Bill Cross? （東京・早稲田大高等学院）
Is Bill Cross (　　　) (　　　) (　　　) by you?

●➤(12) They say that he was killed in a railway accident. （兵庫・灘高）
He is (　　　) (　　　) have been killed in a railway accident.

(13) They say that he is a good swimmer. （千葉・昭和学院秀英高）
It (　　　) (　　　) that he is a good swimmer.

着眼

22 (4) invent [invént] 発明する　(6) many kinds of 〜 多くの種類の〜　(7) take 〜 out
〜を持ち［運び］去る　(8) for 〜 〜に対する　(11) Bill Cross は人名。　(12) be killed
in 〜 〜で死ぬ(特に事故や戦争で死ぬときはこの表現を使う)，railway [réilwei] 鉄道，
accident [ǽksədənt] 事故

★23 次の文の（　　）内に入れるのに最も適当なものを下から選びなさい。ただし，各語は1度しか使えません。

(1) He is interested (　　　　) collecting coins.

(2) Mt. Fuji is covered (　　　　) deep snow.

(3) That writer is known (　　　　) everyone in Japan.

(4) I was surprised (　　　　) the news.

(5) Butter is made (　　　　) milk.

(6) This toy house is made (　　　　) paper.
　　[with　　　to　　　in　　　of　　　from　　　at]

★24 次の文を（　　）内の指示に従って書きかえなさい。 ◀ 頻出

(1) Sugar is sold at that shop. （能動態に）

(2) Japanese is spoken in Japan. （能動態に）

(3) Lucy took care of the little cat. （受動態に）

(4) Mr. Brown teaches them English. （2通りの受動態に）

(5) We must keep our bodies clean. （受動態に）　　　　　（大阪学院大高）

(6) Can you see Mt. Fuji from your room? （受動態に）　（佐賀・東明館高）

(7) That store will be closed at 18:00.
　　（下線部が答えの中心になる疑問文に）

(8) When was Todaiji built? （能動態に）　　　　　　　（佐賀・東明館高）

(9) Who wrote this letter? （受動態に）

(10) What language do they speak in Canada? （受動態に）

★★25 次の日本文を英語になおしたとき，最も適当なものを選び，記号で答えなさい。

(1) この本は英語で書かれている。　　　　　　　　　　（東京・明治学院高）

　　ア　This book is written in English.

　　イ　This book was written with English.

　　ウ　This book writes in English.

　　エ　This book wrote with English.

　　オ　This book is write in English.

着眼
　24 (1) sugar [ʃúgər] 砂糖　(3) Lucy ルーシー（女性の名）　(5) keep＋O＋Cは「OをC
　に保つ」の意味。

(2) スタジアムは人でいっぱいだった。
　ア　The stadium were filled with people.
　イ　The stadium was filled by people.
　ウ　The stadium is filled with people.
　エ　The stadium was filled with people.
　オ　The stadium were filled by people.

★★26 次の文の中から正しい文を1つ選び，記号で答えなさい。　（埼玉・早稲田大本庄高）
　ア　He was laughed by all the people.
　イ　She is said that she is a very good pianist.
　ウ　We were caught at a shower on our way home.
　エ　A tree is known by its fruit.
　オ　She was never heard sing a song.

★★27 日本文の意味を表すように，（　　）内に適当な1語を入れなさい。
(1) その車の事故で10人以上の人が死んだ。　（東京・城北高）
　　More than ten people（　　　　）（　　　　）（　　　　）the car
　　（　　　　）.
(2) 彼女はフランスで生まれ育った。　（神奈川・湘南学園高）
　　She was born and（　　　　）（　　　　）in France.
(3) 彼女はパーティーに招待されるでしょう。
　　She（　　　　）（　　　　）（　　　　）to the party.
(4) 私は友達に笑われた。
　　I（　　　　）（　　　　）（　　　　）by my friends.
(5) あなたの宿題はあなたひとりでしなければならない。
　　Your homework（　　　　）be（　　　　）by you alone.
(6) 余った牛乳はバターにされる。
　　The surplus milk is（　　　　）（　　　　）butter.

　26　エ　fruit［frúːt］果物
　27　(1)「事故」accident［ǽksədənt］　(2)「生まれる」be born　(3)「(人)を～に招待する」
　　　invite（人）to ～　(4)「～を笑う」laugh at ～　(6)「余った，過剰の」surplus［sə́ːrplʌs］

(7) この絵は誰が描いたの？　　　　　　　　　　　　　　（鹿児島・ラ・サール高）

Who was (　　　　) (　　　　　) (　　　　　) (　　　　　) ?

(8) 交通事故でけがをした人はほとんどいませんでした。　　（東京・明治大付中野高）

(　　　　) people (　　　　) (　　　　　) in the traffic accident.

(9) 当時はほとんどの建物が木で作られていた。　　　　（東京・お茶の水女子大附高）

(　　) (　　　) (　　　　　), most of the buildings were
(　　) (　　　) (　　　　).

★28 日本文の意味を表すように，(11)は英文の意味が通るように，(　　　)内の語句と符号を並べかえなさい。

(1) その本は英語で書かれていますか，それともスペイン語でしょうか。（東京・成城学園高）

(in / Spanish / written / the book / or / English / is / ?)

(2) 私は日本の歴史に興味を持っています。［1語不要］　　　　　（滋賀・近江高）

(interested / Japanese history / am / by / I / in).

(3) そのテーブルはすてきな食べ物でおおわれていた。　　　（東京・國學院高）

(was / the table / with / nice / things / eat / covered / to).

(4) あの花瓶の花は英語で何と言うのですか。［1語不要］　　（埼玉・淑徳与野高）

What (that / called / are / in / you / the flowers / vase) in English?

(5) あなたの誕生日パーティーには何人招待されましたか。［1語不要］（大阪・関西大倉高）

(party / birthday / were / to / your / many / people / invited / how / much)?

(6) その飛行機は悪天候のために2時間遅れた。

(by / two / was / weather / bad / the plane / the / delayed / hours).

(7) そのびんはお湯でいっぱいだ。　　　　　　　　　　　（広島・如水館高）

The bottle (hot / with / is / filled / water).

(8) 私の弟は1時間前に病院へ連れて行かれた。　　　　　（広島・如水館高）

(the hospital / was / an hour / my brother / taken / to / ago).

(9) ぼくのギターは壊れているので，新しいのが欲しい。［1語不足］　（佐賀・弘学館高）

My guitar (buy / I / a / to / one / want / is / new / so / ,).

着眼

27 (8)「交通事故」the traffic accident　(9)「当時」in those days.「木」wood〔wúd〕

28 (5) How many people が主語。　(6)「遅らせる」delay　(7)「～で満たされる」be filled with ～　(8)「（人）を～に連れて行く」take（人）to ～

(10) 世界中ではいくつの言語が話されていますか。　　　　（佐賀・弘学館高改）

(spoken / languages / how / are / in / many / the world)?

🏅(11) (was / his / true / up / knowing / he / identity / brought / without), but it seems he has a special destiny.　（神奈川・慶應高改）

⭐⭐29　次の文を日本語になおしなさい。

(1) I am also worried, because my hair may not be cut as well by the new young man as by my old friend.　　（京都・同志社高改）

🏅(2) Sometimes at a party, you are introduced to only a few people. If that happens, don't wait to be introduced before talking to the other guests.　　　　（京都・洛星高改）

(3) Gorillas live in the jungles of Africa.　They are also found in the rain forests of some tropical countries.

🏅(4) The dead are believed to return to their homes and they are welcomed by the living.　　　　（大阪星光学院高）

⭐⭐⭐30　次の日本文を英語になおしなさい。

(1) 生ゴミの収集日はいつですか。

(2) カナダでは英語とフランス語の両方が話されます。　　（広島・修道高）

(3) 昨日公園で外国人の男の人に話しかけられたんです。　　（岡山白陵高）

(4) 私の姉は，上手ではありませんが，テニスに大変興味を持っています。（高知学芸高）

(5) 5階にある図書館は，放課後いつも生徒たちでこみあっています。（京都・同志社国際高）

🏅(6) 通りはいつも大変混雑しています。それで，私は時々騒音に悩まされます。

（東京・青山学院高）

着眼

28 (10) How many languages が主語。　(11) identity [aidéntəti] 身元・素性・同じ人［物］であること；アイデンティティ，destiny [déstəni] 運命・宿命

29 (1) ここのcutは前にbeがあるから過去分詞。　(2) happen [hǽpn] 起こる，guest [gést] 客　(3) gorilla [gərílə] ゴリラ，rain forest 雨林，tropical country 熱帯の国
(4) the dead [複数扱い] 死者たち⇔the living (people) 生きている人々，return to ～ ～に戻る・帰って来る

30 (1)「生ゴミはいつ収集されますか」と考える。「生ゴミ」garbage　(2)「AとBの両方」both A and B　(5)「5階の」on the fifth floor，「～でこみあっている」be crowded with ～　(6)「～に悩まされる」be bothered by ～，「騒音」noise [nɔ́iz]

4 重要な文型；感嘆文；付加疑問

解答 別冊 *p.17~p.20*

*31 次の文の（　　）内に入れるのに最も適当なものを下から選び，記号で答えなさい。

(1) He looked quite (　　).
　　ア angry　　　イ angrily　　　ウ anger　　　エ at angry

(2) It will be (　　) today.
　　ア sunrise　　イ sunny　　　ウ sun　　　エ sunshine

(3) We must (　　) the room warm for the baby.
　　ア put　　　　イ keep　　　　ウ show　　　エ call

🎯(4) The story (　　) strange to me.　　　　（京都・立命館高）
　　ア sounds　　イ hears　　　ウ makes　　　エ has

(5) I'll get (　　) next time.
　　ア you it　　　イ it to you　　ウ it for you　　エ you for it

🎯(6) The news (　　) me happiness.
　　ア brought　　イ told　　　　ウ made　　　エ left

(7) Our actions will (　　) the earth healthier.　　（京都・東山高）
　　ア be　　　　イ give　　　　ウ become　　エ make

(8) I'll (　　) them my new car.
　　ア keep　　　イ use　　　　ウ show　　　エ put

(9) (　　) pretty dolls they are!
　　ア What　　　イ How　　　　ウ Very　　　エ Too

(10) (　　) well Tom speaks Japanese!
　　ア What　　　イ How　　　　ウ Much　　　エ Very

(11) Rebecca read the book, (　　) she?　　（東京・法政大高）
　　ア doesn't　　イ does　　　　ウ didn't　　エ did

(12) Let's go to the movies tomorrow, (　　)?　　（東京・中央大附高）
　　ア aren't we　　イ don't we　　ウ shall we　　エ will you

着眼

31 (1) ア angry [ǽŋgri] 形 怒った　イ angrily [ǽŋgrili] 副 怒って　ウ anger [ǽŋgər] 名 怒り
(2) ア sunrise [sʌ́nraiz] 名 日の出　イ sunny [sʌ́ni] 形 快晴の・日当たりのよい　ウ sun [sʌ́n] 名 太陽　エ sunshine [sʌ́nʃain] 名 日光・晴天　(6) happiness [hǽpinəs] 名 幸福 < happy [hǽpi]　(7) action [ǽkʃən] 行動・活動，healthier [hélθiər] < healthy [hélθi] 形 健康な　(11) Rebecca レベッカ（女性の名，愛称は Becky）

⋆*32* 次の各組の文がほぼ同じ意味を表すように，（　　）内に適当な1語を入れなさい。◀頻出

(1) Both of my parents are dead.
  (　　　　) of my parents are alive.

(2) Is this car yours?
  (　　　　) this car (　　　) (　　　　) you?

(3) That man showed me the way to the bus stop.
  That man showed the way to the bus stop (　　　) me.

(4) His parents bought him a dog as a birthday present. (東京・桜美林高)
  His parents bought a dog (　　　) him as a birthday present.

(5) We can be happy by working hard. (長崎・青雲高)
  Working hard can make (　　) (　　　).

(6) If she hears this news, she will be happy. (北海道・函館ラ・サール高)
  This news will (　　　) her happy.

🐣▶(7) He never breaks his promise.
  He is a (　　　) of his (　　　).

🐣▶(8) We heard that his mother died. (東京・早稲田高)
  We heard (　　　) his mother's (　　　).

(9) I could not sleep because of the noise. (東京・開成高)
  The noise (　　　) me awake.

🐣▶(10) Why did Takeshi change his mind? (高知・土佐高)
  (　　) (　　　) Takeshi change his mind?

🐣▶(11) Many people visited the library. (福岡・久留米大附設高)
  There were (　　) (　　　) at the library.

(12) How early you rise! (神奈川・法政大二高)
  What (　　) early (　　) you are!

(13) What a good pianist she is! (愛知・滝高)
  (　　) (　　　) she plays the piano!

(14) The Carters have a wonderful son. (神奈川・慶應高)
  (　　) a (　　　) son the Carters have!

着眼
32 (7) break *one's* promise 約束を破る　(9) awake [əwéik] 形 目が覚めた
  (10) change *one's* mind 心［気持ち］を変える

★33 次の文の下線部が主語 (S) か目的語 (O) か補語 (C) かを指摘しなさい。また，文型を答えなさい。

(1) <u>My mother</u> is in the kitchen now.

(2) The leaves of that tree turned <u>red and yellow</u>.

(3) My sister became <u>a nurse</u> five years ago.

(4) I want <u>to be a music teacher</u>.

(5) My mother made <u>a cake</u> for me.

(6) My mother made <u>me</u> a delicious cake.

(7) My mother made <u>me</u> an honest person.

★★34 次の文と同じ文型の文を選んで，記号で答えなさい。 ◁**頻出**

(1) What did those poor animals do to you? （大阪・清風高）
　　ア Where did you swim yesterday?
　　イ I will be busy next Sunday.
　　ウ She made the cake for me.
　　エ He gave me many books.
　　オ His father named him "Ichiro."

(2) I gave him a bicycle. （神奈川・法政大二高）
　　ア He had only the big iron anchor.
　　イ One day Antonio saw Pablo coming down the road.
　　ウ What a lazy man I was!
　　エ His plan was working well.
　　オ Could you lend me your car?

(3) Ms. Milton asked them some questions about their speech.
　　ア They named their baby Mayu. （大阪・関西大一高）
　　イ I swam in Lake Biwa with my friends.
　　ウ Emi became a good English teacher.
　　エ I'll send Marie a Christmas card this year.
　　オ John enjoyed watching a soccer game on TV last Sunday.

着眼

34 (2) ア iron [áiərn] 鉄製の，anchor [ǽŋkər] いかり　ウ lazy [léizi] 怠惰な
　　エ work well うまくいく

★**35** 次の文を（　　）内の指示に従って書きかえなさい。

(1) My father bought me a nice baseball glove.
(第3文型の文に)

(2) Mr. White is our French teacher.
(第4文型の文に)

(3) I heard the news and I became happy. （大阪・履正社高）
(The news を主語にして同じ意味を表す文に)

(4) Why was she so angry?
(What を主語にして同じ意味を表す文に)

(5) Here is a tall tree.
(a を some にかえて)

(6) It was a very long and difficult voyage. （大阪・開明高）
(感嘆文に)

(7) She sings very well. （大阪女学院高）
(What で始まる感嘆文に)

(8) What a good cook my father is!
(How で始まる感嘆文に)

(9) What a good speaker of English she is! （大阪・明浄学院高）
(How で始まる感嘆文に)

(10) Jun likes basketball. （大阪・樟蔭高）
(付加疑問文に)

難▶(11) There is no water in the pot. （京都女子高）
(付加疑問文に)

(12) You're not going out this evening. （佐賀・東明館高函）
(付加疑問文に)

(13) John has not eaten lunch yet. （福岡・西南学院高函）
(付加疑問文に)

(14) Bring me a cup of coffee.
(付加疑問文に)

(15) You are too tired to eat anything.
(付加疑問文に)

着眼
35 (6) voyage [vɔ́iidʒ] 航海

★**36** 日本文の意味を表すように，（　）内に適当な1語を入れなさい。

(1) ぼくは女の子のように見えますか。

Do I (　　　) (　　　) a girl?

(2) 彼女は，娘をピアニストにした。

She (　　　) (　　　) (　　　) a (　　　).

(3) そのニュースを聞いて私は悲しくなった。

The news (　　　) me (　　　).

(4) 彼は私に，おもしろい話をしてくれた。

He told an interesting story (　　　) me.

(5) あなたのお姉さんは，何て若く見えるんだろう。

(　　　) (　　　) your sister looks!

(6) あなたは，何て慎重に運転するのでしょう。

(　　　) a (　　　) (　　　) you are!

(7) 明日，雨は降りませんね。

It won't rain tomorrow, (　　　) (　　　)?

(8) このレストランで食事をしましょう。

Let's have dinner at this restaurant, (　　　) (　　　)?

●►(9) その町は川の近くにある。

The town (　　　) near the river.

(10) ホテルまで乗せて行ってくれませんか。　　　　　（東京・青山学院高）

Will you (　　　) me a ride to my hotel?

●►(11) 彼女が大きな帽子をかぶって踊っているところを見ましたか。（東京・恵泉女学園高）

Did you see her (　　　) with a big hat (　　　)?

(12) ナンシーは間に合うようにそこに着くでしょうね。　　（埼玉・慶應志木高）

Nancy will get there (　　　) (　　　), (　　　) (　　　)?

●►(13) 「あなたは今までに一度もこの鳥を見たことがありませんね」

「いいえ，あります」

"You have never seen this bird before, (　　　) (　　　)?"

"(　　　), I (　　　)."

着眼

36 (6)「慎重に」carefully [kéərfəli] 圖＜careful [kéərfəl] 形 慎重な・注意深い　(10) ride [ráid] 乗る［乗せる］こと」　(12)「間に合って」in time　(13) have never seen 一度も見たことがない（⇒現在完了）

★37 日本文の意味を表すように，（　　）内の語句と符号を並べかえなさい。

(1) 彼は自分の息子を医者にするだろうと言った。　　　　　　　　　（神奈川・日本大高）

He (his son / would / said / a doctor / that / make / he).

(2) その知らせを聞いて，私たちはみな大喜びしました。[1語不要]（千葉・専修大松戸高）

(us / very / heard / made / the news / all / of / happy).

(3) 私の兄は，いつも私をテッドと呼んでいる。[1語不要]　　　　（大阪・関西大倉高）

(Ted / my / me / calls / brother / always / tells).

(4) おばは，私に誕生日のプレゼントをくれました。　　　　　　　　（広島・如水館高）

My aunt (present / me / gave / a / birthday).

(5) この魚を英語で何と言いますか。[1語不足]　　　　　　　　　　（大阪・清風高図）

(what / this / called / in / fish) English?

(6) あなたは，あの女優に会ったことがありませんね。

(the actress / you / have / haven't / met / you / ,)?

(7) 電車の中に傘を忘れるなんて，私は何て不注意だったんだろう。

(the train / how / leave / careless / I / my umbrella / was / to / on)!

(8) この本を読めばアメリカ人の食事の作法がよくわかります。

(you / will / American / idea / a / this book / table manners / good / give / of).

★★★38 次の日本文を英語になおしなさい。

(1) ちょっと，お疲れのようですね。

(2) 部屋を暖かくしておいてください。

(3) 私たちは，そのネコにタマという名前をつけた。

(4) 彼は何て大きな間違いをしたのでしょう。

(5) これは，あなたの車ではありませんね。　——いいえ，私のです。

(6) 君は宿題をしませんでしたね。　——はい，しませんでした。　（長崎・青雲高図）

🈔▶(7) この時計を修理してもらうのにどれくらい時間がかかるでしょうか。

（鹿児島・ラ・サール高）

─────────────────────────────

(着)(眼)

　　　37 (6)「女優」actress [ǽktrəs] ⇔ actor [ǽktər] 男優　(7)「傘を置き忘れる」leave *one's* umbrella　(8) idea [aidí(:)ə] 考え

　　　38 (1)「ちょっと」a little　(4)「間違いをする」make a mistake [mistakes]　(7)「修理する」repair [ripéər] [fix, mend].「～するのにどれくらい時間がかかりますか」How long does it take to ～ ?　※ここは未来を表す形にする。

5 現在完了(1) —— 継続

解答 別冊 *p.20~p.23*

*39 次の文の（　　）内に入れるのに最も適当なものを下から選び，記号で答えなさい。

(1) His father (　　) these five years.　　　　　　　　　　（兵庫・白陵高図）
　　ア　died　　　イ　has died　　　ウ　has been dead　　　エ　was dying

(2) Taro and I are good friends.　We (　　) each other since we were 5 years old.　　　　　　　　　　　　　　　　　　　（東京・法政大一高）
　　ア　know　　　イ　knew　　　ウ　have known　　　エ　are knowing

(3) A : How long have you played the piano?　　　　　　　（福岡・西南学院高）
　　B : (　　).
　　ア　About twenty minutes before　　　　イ　Since I was three
　　ウ　For I was a high school student　　　エ　Yes, I have

(4) (　　) have you lived in this town?　　　　　　　　　（福岡大附大濠高）
　　ア　When　　　イ　How many　　　ウ　How long　　　エ　What year

(5) How (　　) hours have you been in this restaurant?（広島・修道高）
　　ア　long　　　イ　many　　　ウ　great　　　エ　much

*40 次の各組の文がほぼ同じ意味を表すように，（　　）内に適当な1語を入れなさい。◁頻出

(1) I got sick yesterday and I'm still in bed.　　　　（北海道・函館ラ・サール高）
　　I have (　　　) sick (　　　　) yesterday.

(2) Three hundred years have passed since this temple was built.
　　This temple (　　　　) three hundred years (　　　　).
　　　　　　　　　　　　　　　　　　　　　　　　　　　　（東京・筑波大附駒場高）

(3) We have had no rain for two months.
　　(　　　) (　　　　) rained for two months.

---

39 (1) die [dái] 動 死ぬ, dead [déd] 形 死んだ　(2) each other (2人の間で) お互いに, since [síns] 接 ～以来　(3) ウ for 接 なぜなら～だから (前に述べたことについて補足的に理由を付け加えるときに使う)

40 (2) pass [pǽ[ɑ:]s] (時間が) 経過する, temple [témpl] 寺・寺院

⑷ I haven't heard from him for many years. （東京・明治大付中野八王子高）
He (　　　　) (　　　　) to me for many years.

⑸ It is over five years since my aunt died. （大阪・関西大倉高）
My aunt (　　　) (　　　) (　　　　　) for more than five years.
More than five years (　　　) (　　　) (　　　　) my aunt's death.

⑹ It is eight years since we first went to Britain. （神奈川・慶應高）
We (　　　) (　　　　) to Britain for eight years.

⑺ I have not seen you for a long time. （東京・中央大杉並高）
It is a long time (　　　) I saw you last.

難▶⑻ It began to rain last night and it is still raining now. （東京・開成高）
It (　　　) (　　　) (　　　) since last night.

難▶⑼ Ms. Quyen began teaching Chinese ten years ago.
Ms. Quyen has (　　　) (　　　) Chinese (　　　) ten years. （福岡・久留米大附設高図）

難▶⑽ Tom was last seen in January 1980. （福岡・久留米大附設高図）
(　　　) one has (　　　) Tom (　　　) January 1980.

★41 次の文を（　　）内の指示に従って書きかえなさい。 ◀頻出

⑴ Are you angry? （since yesterdayを加えて，現在完了の文に）

⑵ My brother got sick three days ago.　He is still in bed now.
（現在完了を用いて1文に）

⑶ Three years have passed since I began to study English.
（Iで始めて，同じ意味を表す文に） （鹿児島・ラ・サール高）

⑷ I have been a lawyer <u>for ten years</u>.
（下線部が答えの中心になる疑問文に）

⑸ We have been talking about <u>old times</u>.
（下線部が答えの中心になる疑問文に）

着眼
40 ⑷ hear from ~ ~から便りがある，for many years 何年も（の間）　⑸ over ~ ＝ more than ~ ~以上　⑺ for a long time 長い間　⑽ last [lǽst, lάːst] 圖 最後に
41 ⑵ get sick 病気になる　⑷ lawyer [lɔ́ːjər] 弁護士　⑸ time には「時間・時刻」のほかに，複数形で「時代・時勢・情勢」という意味がある。

★42 日本文の意味を表すように，（ ）内に適当な1語を入れなさい。

(1) 私は10年前から茨木市に住んでいます。　　　　　　　　　　　（大阪・関西大倉高）

I have lived in Ibaraki city (　　　　　) ten years.

(2) ブラウンさんは3年間私たちの音楽の先生です。

Mr. Brown (　　　　) (　　　　　　) our music teacher (　　　　)
three years.

(3) 彼はその時からずっとこの町に住んでいる。

He (　　　　　) lived in this town (　　　　　) (　　　　　　).

(4) 彼は1週間病気で寝ています。

He (　　　　) (　　　　　) (　　　　　　) in bed for a week.

(5) 私が野球を始めて半年になります。

I (　　　　) (　　　　　) baseball (　　　　) half a year.

(6) 私が彼女と知り合って15年になる。　　　　　　　　　　　　　（大阪・開明高）

I (　　　　) (　　　　　) her (　　　　) 15 years.

(7) ルーシーは長い間北海道を訪れたがっています。

Lucy (　　　　) (　　　　) (　　　　　　) visit Hokkaido (　　　　　)
a long time.

(8) その門は昨日からずっと閉まっています。　　　　　　　　　　（東京・開成高）

The gate has (　　　　) closed (　　　　　　) yesterday.

(9) 私は長い間彼女について何も聞いていません。　　　（大阪教育大附高平野図）

I (　　　　) (　　　　　) anything about her for a long time.

(10) 彼はどのくらい学校を休んでいますか。　　　　　　（東京・明治大付中野高）

How long (　　　　) (　　　　) (　　　　) (　　　　　) from
school?

(11) 私は子供のころから，ずっと両親を誇りに思っています。（東京・お茶の水女子大附高）

I have (　　　　) (　　　　) (　　　　　) my parents since I
was a child.

---

42 (7)「～したがる」want to ～　(8)「門」は「閉まる」のではなく，「閉められる」のだから受動態にする。　(10)「～を欠席する」be absent from ～　(11)「～を誇りに思う」be proud of ～

★43 日本文の意味を表すように，（　）内の語句を並べかえなさい。

(1) 私は，初めて日本を訪れて以来，彼を知っている。　　　　（熊本学園大付高）

（ I / to / known / visit / since / Japan / my / have / first / him ）.

(2) あの寺が建ったのは300年以上前だ。[1語不足]　　　　（大阪・清風高図）

More （ that / have / since / temple / than / passed / years / built / 300 ）.

(3) 先週から雨が多い。[1語不要]　　　　（大阪・関西大倉高図）

（ week / much / we / last / it / had / since / rain / have ）.

(4) 彼がカナダへ行ってから便りがありましたか。[1語不足]　　　　（徳島文理高）

（ he / from / Canada / you / went / him / heard / to / have ）?

(5) 彼のお母さんは3日前から入院している。

（ been / in / his mother / has / three days / for / the hospital ）.

(6) この前の日曜日からずっと寒い。

（ last / it / since / has / cold / been / Sunday ）.

(7) あなたはどのくらい日本にいるのですか。　　　　（東京・城北高）

（ long / in / been / Japan / you / how / have ）?

(8) あなたが名古屋に引っ越してきてから何か月ですか。　　　　（愛知・滝高）

How （ passed / many / moved / months / since / have / you ） to Nagoya?

★★44 次の日本文を英語になおしなさい。

(1) ここに来てから10か月ほどになるわ。　　　　（東京・筑波大附高図）

(2) 私は長い間彼に手紙を書いていません。　　　　（神奈川・法政大二高）

(3) ぼくは3年前にドイツ映画を見てから，ずっとドイツに興味があるんだ。

（鹿児島・ラ・サール高）

(4) その眼鏡よく似合ってますね。かけ始めてからどれくらいになるのですか。

(5) 彼女はいつから日本に来ているのですか。[Howを用いて]（北海道・函館ラ・サール高）

(6) 私は英語を習い始めてから3年になります。　　　　（兵庫・灘高）

(7) 私のいとこは高校を出て以来，何の消息もありません。

● (8) その古い木造の図書館は長い間多くの人に利用されてきました。　　　（神奈川・慶應高）

着眼

43 (7)「ずっと～にいる」have[has] been in ～

44 (2)「～に手紙を書く」write (a letter/letters) to ～　(3)「～に興味がある」be interested in ～.「ドイツの」German [dʒə́ːrmən],「ドイツ」Germany [dʒə́ːrməni]
(5)「いつから」⇒「どのくらいの間」と考える。　(7)「いとこ」cousin [kʌ́zn],「消息がない」⇒「便りがない」　(8)「木造の」wooden [wúdn]

6 現在完了(2) —— 経験

解答 別冊 *p.23~p.26*

*45 次の文の( )内に入れるのに最も適当なものを下から選び，記号で答えなさい。

(1) A : Have you ever been abroad? （広島・修道高）
B : Yes. I ( ) to London three years ago.
ア have been　イ have gone　ウ visited　エ went

(2) A : Yumi has been here once. （熊本・真和高）
B : Really? When ( ) she come?
ア does　イ have　ウ has　エ did

(3) How ( ) have you played tennis?
ア often　イ many　ウ much　エ more

(4) How ( ) times have you visited Okinawa?
ア much　イ many　ウ often　エ more

(5) Have you ever ( ) a wolf?
ア seeing　イ sees　ウ seen　エ saw

*46 次の各組の文がほぼ同じ意味を表すように，( )内に適当な1語を入れなさい。 ◁ 頻出

(1) She went to Kyoto in 2000, and again in 2004. （東京工大附科学技術高）
She has ( ) to Kyoto ( ) since 2000.

(2) I have no experience of going abroad. （神奈川・慶應高）
I ( ) ( ) ( ) abroad.

(3) I have never been in this town. （東京・開成高）
① This is my first (*v*) to this town.
② I am a ( ) in this town.

(4) I've never seen such a big fish before. （東京・成城学園高）
This is the ( ) fish that I've ( ) seen.

(5) She is quite a stranger to me. （東京・早稲田高）
I ( ) never ( ) her before.

着眼

46 (4) ここの that は関係代名詞(→p.72)といい，that 以下の文が fish を修飾している。
(5) quite [kwáit] 圖 全く，stranger [stréindʒər] 見知らぬ人

☆47 次の文を（　）内の指示に従って書きかえなさい。

⑴ Did you see the TV show?
（everを加えて現在完了の文に）

⑵ She has made beef stew before.
（疑問文に）

⑶ She has told a lie once.
（否定文に）

⑷ I have climbed Mt. Fuji three times.
（下線部が答えの中心になる疑問文に）

⑸ He didn't go to Kyushu.
（neverを用いて現在完了の文に）

⑹ My brother went to Okinawa.
（many timesを加えて現在完了の文に）

☆48 日本文の意味を表すように，（　）内に適当な1語を入れなさい。

⑴ あなたは何回，東京ドームに行ったことがありますか。　　　　（東京・駒込高）
（　　　）（　　　） have you been to Tokyo Dome?

⑵ 私は以前，東京にいたことがある。
I have （　　　）（　　　） Tokyo （　　　）.

⑶ 私の姉はカナダに住んでいたことがある。
My sister （　　　）（　　　）（　　　） Canada.

⑷ 私は以前，その公園で写真を撮ったことがあります。
I （　　　）（　　　） pictures in the park before.

⑸ そんな奇妙な話は聞いたことがありません。
I （　　　）（　　　）（　　　） such a strange story.

⑹ この湖で泳いだことがありますか。
（　　　） you ever （　　　） in this lake?

⑺ あなたはフランス語で手紙を書いたことがありますか。
（　　　） you ever （　　　） a letter （　　　） French?

着眼
47 ⑵ beef stew ビーフシチュー　⑶ tell a lie うそをつく
48 ⑸「奇妙な」strange [stréindʒ]形

(8) 何度その車を運転したことがありますか。

(   ) (   ) (   ) have you (   ) the car?

(9) 彼女はテストで満点を取ったことがありますか。

(   ) she ever (   ) a perfect mark on the test?

(10) 山田先生は学生たちを3回六甲山に連れて行ったことがある。　　　(大阪女学院高)

Mr.Yamada (   ) (   ) his (   ) (   )
Mt. Rokko (   ) (   ).

(11) あなたはあの新しいペンで手紙を書いたことがありますか。　　　(東京・佼成学園高)

Have you ever (   ) a letter (   ) that new pen?

(12) 誰一人そんなものを見たことがなかった。

No one (   ) (   ) seen such a thing.

★49 日本文の意味を表すように，（　）内の語と符号を並べかえなさい。

(1) ベンは何回その本を読んだことがありますか。　　　(北海道・函館ラ・サール高)

How (the book / Ben / many / has / times / read)?

(2) 私は今までにカナダに行ったことがない。[1語不足]　　　(東京・法政大一高)

(have / Canada / I / to / never).

(3) 英語で日記をつけたことがありますか。[1語不要]　　　(佐賀・東明館高)

(English / diary / you / in / kept / been / have / a / ever)?

(4) 九州まで列車で旅行したことがありますか。　　　(東京・明治学院高)

(by / Kyushu / have / to / ever / trip / you / train / made / a)?

(5) 彼に会ったことがないから，どんな人かわかりません。

As I (like / have / tell / is / met / cannot / him / I / never / what / he / you / ,).

(6) これは今までに読んだうちで，一番おもしろい話の1つだ。

(ever / one / this / that / read / the / stories / is / have / I / of / most / interesting).　　　(東京・筑波大附駒場高)

48 (9)「満点を取る」get a perfect mark　(10)「人を〜に連れて行く」take (人) to 〜
(12)「誰も〜ない」no one，「そんなもの」such a thing

49 (3)「日記をつける」keep a diary　(4)「旅行する」make a trip = travel [trǽvl]

★★50 次の文を日本語になおしなさい。

(1) ① I have been in Europe for a year.
　② I have been to Europe many times.
　③ I have once been in Europe.

(2) ① How long has your father been in Tokyo?
　② How often has your father been to Tokyo?

(3) Have you ever imagined that we were living at the bottom of the ocean?　　(鹿児島・ラ・サール高)

(4) By the way, have you ever heard of the movie, "Last Samurai"?　　(大阪国際大和田高)

(5) I'm sure you have seen him, because you know all about him.　　(京都・同志社高)

(6) In order to study American culture he has been to America a few times.

(7) How often has Tom visited Sydney?
　——He's visited there twice.

★★★51 次の文を英語になおしなさい。

(1) ここは，このあたりで最高のレストランの1つで，若者にとても人気があります。あなたはここに来たことがありますか。　　(智辯学園和歌山高)

(2) ぼくはオーストラリアには行ったことがないけど，オーストラリアに興味があるのです。　　(東京・明星高)

(3) あなたは沖縄に何回行ったことがありますか。　　(北海道・函館ラ・サール高)

(4) 私はこれまでに何度も久住山(Mt. Kuju)に登ったことがありますが，途中でこんな豪雨に出会ったことはありません。　　(福岡・久留米大附設高)

(5) 彼について何か悪いことを聞いたことがありますか。

難▶(6) これほど美しい鳥は見たことがありません。　　(長崎・青雲高)

難▶(7) 彼らの3分の1は，まだその山に登ったことがないそうです。　　(愛媛・愛光高)

(着眼)

50 (3) imagine [imǽdʒin] 想像する，bottom [bá(ɔ)təm] 下・底　ocean [óuʃən] 海・大洋　(4) hear of ~ ~について聞く・~のうわさを聞く　(5) I'm sure (that) ~ きっと~だと思う

51 (1) 「このあたり」around here，「最高の」⇒「最も良い」best　(4) 「こんな[そんな]に…な~」<such(+a[an])+形容詞+名詞>，「豪雨」heavy rain　(5) 「何か悪いこと」something bad

7 現在完了(3) —— 完了・結果

解答 別冊 *p.26~p.29*

*52 次の文の (　　) 内に入れるのに最も適当なものを下から選び, 記号で答えなさい。

(1) My sons have (　　) for school.
　　ア left　　　　イ leaves　　　ウ leaving　　エ be left

(2) Kate has (　　) started for London.
　　ア yet　　　　イ already　　　ウ now　　　　エ still

(3) Ten years have passed since my father (　　). （福岡・西南学院高図）
　　ア dead　　　イ was dead　　ウ death　　　エ died

(4) His father (　　) his work yesterday.
　　ア finished　イ have finished　ウ finishes　エ has finished

(5) Who (　　) broken your cup?
　　ア will　　　イ does　　　　ウ did　　　　エ has

(6) (　　) your brother sent a present to his friend?
　　ア Have　　　イ Has　　　　ウ Did　　　　エ Does

(7) He has not taken a bath (　　).
　　ア yet　　　　イ already　　　ウ just　　　エ yesterday

(8) I have never (　　) to Okinawa. （高知高）
　　ア be　　　　イ been　　　　ウ to go　　エ gone

(9) When (　　) your sister come home?
　　ア is　　　　イ was　　　　ウ has　　　エ did

(10) I have already talked to my mother (　　).
　　ア today　　イ yesterday　ウ three days ago　エ tomorrow

(11) I (　　) David when I stayed in London. （大阪桐蔭高）
　　ア met　　　イ have met　　ウ meet　　エ was meeting

(12) "Has Mike finished lunch yet?" "No, not (　　)."
　　ア yet　　　イ already　　　ウ ever　　　エ never

(着眼)
52 (1)(2) leave for ~ = start for ~ ~に向けて出発する　(11) David デイビッド（男性の名。愛称は Dave, Davy）

*53 次の各組の文がほぼ同じ内容を表すように，（　　）内に適当な1語を入れなさい。 <頻出

(1) My brother went to America and he is not here now.
　My brother (　　　　) (　　　　) to America.　　　　（東京・中央大附高）

(2) He went to the store. He is back now.　　　　（佐賀・東明館高）
　He (　　　) just (　　　) to the store.

(3) He lost his room key and doesn't have it now.　（東京・早稲田実業高）
　He (　　　) (　　　) his room key.

(4) Winter has gone and it's spring now.
　Spring (　　　) (　　　).

(5) Bill and Nancy went to the hospital to see their grandfather and have just come back.　　　　（神奈川・桐蔭学園高）
　Bill and Nancy have (　　　) (　　　) the hospital to see their grandfather.

*54 次の文を（　　）内の指示に従って書きかえなさい。ただし，(3)は（　　）内の指示に従って答えること。

(1) My father went to London. So he is not here now.
　（現在完了を用いて1文に）　　　　（大阪・関西大一高）

(2) We have already read the English book.
　（否定文に）

(3) Your mother has already washed the dishes.
　（疑問文にして，Noで答える）

(4) He does his homework in his room.
　（already を加えて現在完了の文に）

(5) Does he clean his car?
　（yet を加えて現在完了の文に）

(6) I went to the station. I have just come home.
　（現在完了を用いて1文に）

(7) My friend went to France to study art a month ago.
　（A month を主語にして，現在完了の文に）

着眼

53 (2) be back 戻っている　(3) lose [lúːz]-lost [lɔ́(ː)st]-lost [lɔ́(ː)st] 失う

★55 次の文の現在完了と同じ用法の現在完了を含む文を選び，記号で答えなさい。
◁頻出

(1) We have already found the greatest treasure in the world.

(東京・明星高)

　　ア　Have you ever visited Sendai?
　　イ　He hasn't finished his homework yet.
　　ウ　How long have you known him?
　　エ　They have lived in Osaka for ten years.

(2) For thousands years volcanoes have struck great fear and wonder into the heart of man.

(大阪・高槻高)

　　ア　I have just read this book.
　　イ　Has he come yet?
　　ウ　I have not seen him before.
　　エ　She has been sick since last Friday.

(3) Have you ever watched the Olympic Games on the television?

　　ア　How long have you been dating?
　　イ　How often have you been to Hong Kong?
　　ウ　Have you met your teacher today yet?
　　エ　Have you just finished your homework?

(4) I have known Jack since last year.

(大阪・四天王寺高)

　　ア　My sister hasn't written the letter yet.
　　イ　Jun-ichi has gone to New York.
　　ウ　I have never seen such a large building.
　　エ　How long have you been in Japan?

(5) I've just read your letter.

(京都女子高)

　　ア　I have never seen your father.
　　イ　He has been sick for two days.
　　ウ　He has already written a letter.
　　エ　Have you ever read the story?

着眼

55 (1) treasure [tréʒər] 宝物　(2) volcano [va(ɔ)lkéinou] 火山　(3) the Olympic Games 国際オリンピック大会　ア date [déit] 《米口語》デートする・交際する
イ Hong Kong [hà(ɔ)ŋ ká(ɔ)ŋ] 香港　(4) Jack ジャック (男性の名。John の愛称)

56 次の文の中から文法的または語法的に誤りのある文を1つ選び，記号で答えなさい。 (東京・明星高)

ア You must finish your homework before your mother comes home.

イ Have you done your homework before you went to bed?

ウ Have you finished your homework yet?

エ Did you do your homework last night?

57 次の文の中から正しい文を1つ選び，記号で答えなさい。 (東京・早稲田実業高)

ア The boys have reached Osaka yet.

イ Has she wanted a new dress till last week?

ウ How long has that gentleman been in Japan?

エ Father has known that great man in ten years.

58 次の文の下線部の誤りを訂正しなさい。

(1) I've just <u>gone</u> to the station to see my friends off. (岡山白陵高)

(2) I <u>have painted</u> this picture five years ago.

(3) She <u>has become</u> a teacher when she was 25 years old.

(4) Ten years have passed since my dog <u>has died</u>.

(5) <u>When</u> have you known Mary?

59 日本文の意味を表すように，（　　）内に適当な1語を入れなさい。

(1) 列車はちょうど駅に着いたところです。

The train (　　　　) (　　　　) arrived at the station.

(2) 私たちはまだ朝食を食べていません。

We (　　　　) (　　　　) eaten breakfast (　　　　).

(3) 私は友達を迎えに空港へ行ってきたところです。

I have (　　　　) to the airport (　　　　) meet my friend.

⑷ あなたはもう今日の新聞を読みましたか。

Have you (　　　　) today's newspaper (　　　　)?

⑸ ケイトはお気に入りのバッグをなくしてしまった。

Kate (　　　　) (　　　　) her favorite bag.

⑹ 彼は英語を勉強するためにアメリカへ行ってしまった。

He has (　　　　) to America (　　　　) study English.

⑺ あなたのお姉さんはもう買い物に行きましたか。

(　　　　) your sister (　　　　) shopping (　　　　)?

⑻ 吾輩はネコである。名前はまだない。　　　　　　　（大阪・帝塚山学院高）

I am a cat. I have (　　　　) gotten a name (　　　　).

⑼ 今年の冬はこの辺りではほとんど雪が降らなかった。　（京都・洛南高）

We've (　　　　) (　　　　) (　　　　) around here this winter.

⑽ 今日どこに行っていたのですか。　　　　　　　　　（大阪女学院高）

——教会に行っていました。

Where (　　　　) you (　　　　) today?

—— I (　　　　) (　　　　) to church.

★**60** 次の日本文の意味を表す英文になるように，（　　　）内の語句と符号を並べかえなさい。

⑴ あの日からもう3年の月日がたちました。[1語不足]　　（東京学芸大附高）

(that day / already / three years / since / have).

⑵ 彼は君にこの建物がたった1日で建てられた話をしましたか？

Has he (this building / built / told / you / was) in only a day?　　　　　　　　　　　　　　　　　（北海道・函館ラ・サール高）

⑶ 彼は郵便局に行ってきたところです。

(the / office / he / to / has / been / post).

⑷ 冬が来たので，今日はとても寒い。

(cold / winter / it's / has / so / come / very / today / ,).

⑸ 私の父は仕事でイングランドに行っています。

(England / gone / my father / has / to / business / on).

着眼
59 ⑺「買い物に行く」go shopping　⑻「まだ～ない」not ~ yet　⑼「ほとんど～ない」
＜few＋可算名詞の複数形＞/＜little＋不可算名詞＞

(6) 彼はスキーをしていて, 足を折ってしまった。

(his leg / he / broken / has / skiing / while).

(7) あなたはもうそのテレビ番組に飽きてしまったのですか。

(got / have / of / program / the / tired / TV / yet / you)?

(8) 私はその新入生と友達になりました。

(have / I / new / with / friends / the / student / made).

★*61* 次の文を日本語になおしなさい。

(1) The US government has introduced a form of welfare.(兵庫・六甲高)

(2) A fire has broken out on White Mountain.　　(鹿児島・ラ・サール高)

(3) I have lost my watch.　Will you help me to look for it?

(4) Now learning about a computer has become one of the most necessary things for young people.

(5) The heat of our fire has made the sand into a bright, beautiful thing.　　　　　　　　　　　　　　　　　　　(京都・立命館高)

★★*62* 次の日本文を英語になおしなさい。

(1) 東京行きのバスはちょうど出たところです。次のバスは30分後です。

(智辯学園和歌山高)

(2) 彼女が何も言わないで家を出てから, 数か月がたった。　　(東京・城北高囡)

(3) 私は友人を見送りに東京駅に行ってきたところです。　　　　(奈良学園高)

(4) ぼくはとても忙しくて, その本をまだ読んでいません。　　(兵庫・滝川高)

(5) 今雨が降りやんだところだ。

(6) 彼はこの会合に間に合うように来ると言ったのに, まだ来ない。

着眼

60 (6)「足を折る」break *one's* leg　(7)「～に飽きる」get tired of ～,「テレビ番組」TV program　(8)「～と友達になる」make friends with ～

61 (1) government [gávərmənt] 政府, introduce [intrədjúːs] 導入する, form [fɔ́ːrm] 形態・型, welfare [wélfeər] 生活保護　(2) break out 発生する・ぼっ発する　(3) help ～ (to) ... ～が…するのを手伝う　(4) ＜one of the ＋形容詞の最上級＋複数名詞＞ 最も…な～のうちの1つ[1人]　(5) heat [híːt] 熱, make A into B　AをBにする, sand [sǽnd] 砂

62 (1)「東京行きの」for Tokyo　(2)「～せずに」without -ing,「家を出る」leave home,「数か月」a few months　(3)「～を見送る」see ～ off　(5)「雨が降りやむ」stop raining　(6)「～に間に合って」in time for ～

8 現在完了進行形

解答 別冊 p.29~p.30

*63 次の [　] から適当なものを選びなさい。

(1) I [jog / was jogging / have been jogging] in this park since 2010.

(2) Let's take a break. We [walk / are walking / have been walking] for three hours now.

(3) My aunt [traveled / will traveled / has been traveling] around Europe for two months.

(4) What [did you do / were you doing / have you been doing] at eleven o'clock yesterday?

(5) They [waited / have waited / have been waiting] at the station for 90 minutes.

*64 日本文の意味を表すように，(　　) 内の語句を並べかえなさい。

(1) 私は今朝からずっと気分が優れない。

(have / been / I / not / well / since / feeling) this morning.

(2) 彼らのお待ち兼ねの映画が来る。　　　　　　　　　　（埼玉・慶應志木高）

(been / to / looking / have / movie / forward / they / is / the) coming.

(3) ジュリアはどのくらい長く英語を教えていますか。

(teaching / been / long / Julia / has / English / how)?

(4) デイビッドは一日中あなたのコンピューターを修理している。

(repairing / David / your / has / all day / been / computer).

*65 日本文に合う英文を下から選びなさい。

トムは一晩中映画を見ている。

ア　Tom has been watch movies all night.

イ　Tom has been watching movies all night.

ウ　Tom watches movies all night.

エ　Tom been watching movies all night.

着眼
63 (1) jog [dʒág ヂャッグ] ジョギングをする　(2) take a break 休憩する
64 (5) repair [ripέər リペア] 修理する

*66 次の文の（　　）内に，［　　］から適当なものを選び，適切な形になおして入れなさい。ただし一語とは限りません。

⑴ We (　　　) to that restaurant since last year.

⑵ Bob (　　　) to read the book for a long time.

⑶ My sister (　　　) in the kitchen since eight o'clock.

⑷ His son (　　　) for eight hours every night.

　　[sleep / go / cook / want]

*67 日本文の意味を表すように，（　　）内に適当な1語を入れなさい。

⑴ 私はこの国に20年間住んでいます。

　　I (　　　) (　　　) (　　　) in this country for twenty years.

⑵ 生徒たちは数週間遠足についての計画を立てている。

　　The students (　　　) (　　　) (　　　) plans for the school trip for several weeks.

⑶ あなたは一日中働いています。あなたはとても疲れているにちがいない。

　　You (　　　) (　　　) (　　　) all day.　You must be very tired.

⑷ 3日間雨が降り続いている。

　　It (　　　) (　　　) (　　　) for three days.

⑸ 彼はバスをどのくらい待っていますか。

　　How long (　　　) he (　　　) (　　　) for the bus?

*68 次の文を（　　）内の指示に従って書きかえなさい。

⑴ I practice the piano.

　　（文末にfor three hoursをつけて現在完了進行形の文に）

⑵ I have been on holiday since last July.

　　（否定文に）

⑶ Mary has been saving her money for many years.

　　（下線部が答えの中心になる疑問文に）

⑷ It started to snow last night.　It is still snowing now.

　　（現在完了進行形を用いて1文に）

着眼
　67 ⑵ several [sév(ə)rəl セヴラル] いくつかの，数個の　⑶ must be 〜 〜であるにちがいない

　68 ⑵ on holiday 休暇で　⑶ save [séiv セイヴ] 節約する

第1回 実力テスト

時間 **60** 分
合格点 **80** 点

得点 ／100

解答 別冊 p.30〜p.33

1 次の語の下線部と同じ発音を含む語を右から選んで，記号で答えなさい。
(1点×5＝5点)

(1) another 〔ア Japan イ mother ウ father エ watch 〕
(2) children 〔ア arrive イ visit ウ kind エ pine 〕
(3) girl 〔ア hear イ heard ウ hard エ hair 〕
(4) ghost 〔ア women イ taught ウ front エ post 〕
(5) said 〔ア breakfast イ weight ウ danger エ station〕

2 次の文の（　）内に入れるのに最も適当なものを下から選び，記号で答えなさい。
(1点×5＝5点)

(1) Who (　　　) this room every day?
　　ア clean　　イ cleaned　　ウ has cleaned　　エ cleans
(2) I'll ask him about it if he (　　　).
　　ア comes　　イ came　　ウ will come　　エ has come
(3) He (　　) for the station a few minutes ago.
　　ア leaves　　イ left　　ウ will leave　　エ has left
(4) It has been a long time (　　　).
　　ア after I saw you　　　　イ since I saw you last
　　ウ for me not to see you　エ that I did not see you
(5) This room is (　　) comfortable than mine.
　　ア very　　イ much　　ウ more　　エ most

3 次の文の（　）内に入れるのに最も適当な語を下から選び，正しい形にして入れなさい。
(2点×5＝10点)

(1) Kate (　　　　　) some delicious cookies for me yesterday.
(2) I'm (　　　　) to be a great musician.
(3) I'm sorry I (　　　　　) call you yesterday.
(4) My little brother (　　　　　) to do his homework by (　　　　　)
　　the other day.
(5) Do you think that he is (　　　　　) honest boy?
　　〔 oneself, be, a, go, have, give, make, must, can't, shall 〕

4 次の各組の文がほぼ同じ意味を表すように，（　）内に適当な1語を入れなさい。 (2点×5＝10点)

(1) This bridge is two hundred years old.
This bridge (　　　) (　　　　) two hundred years
(　　　).

(2) She started to swim thirty minutes ago, and she is still swimming.
She (　　　) (　　　) (　　　　) for thirty minutes.

(3) How long have you been in Japan?
(　　　) (　　　　) you come (　　　) Japan?

(4) Takashi went to school, and he isn't at home now.
Takashi (　　　) (　　　) (　　　　) school.

(5) It is over ten years since my grandmother died.
My grandmother (　　　) (　　　) (　　　　) for (　　　) than ten years.

5 日本文の意味を表すように，（　）内に適当な1語を入れなさい。 (2点×7＝14点)

(1) やあ，しばらくだね。
Hi, I (　　　) (　　　) (　　　　) for a long time.

(2) 森には人っ子ひとりいなかった。
(　　　) one (　　　) (　　　　) seen in the forest.

(3) 神戸の人口は大阪の人口の約半分です。
The population of Kobe is about (　　　) as (　　　) as (　　　) (　　　) Osaka.

(4) 彼は2人の少年のうちで，背の低いほうです。
He is (　　　) (　　　) of the two boys.

(5) たいていの日本家屋は木造です。
(　　　) Japanese houses are (　　　) (　　　　) wood.

(6) アンとシンディはこの2時間ずっとおしゃべりをしている。
Ann and Cindy (　　　) (　　　) (　　　　) for the last two hours.

(7) その戦争の写真を見て，私はとても悲しくなりました。
The picture (　　　) the (　　　) (　　　) (　　　) very sad.

6 日本文の意味を表すように，（　　）内の語句を並べかえなさい。ただし，それぞれ不足している1語を補うこと。 (2点×5＝10点)

(1) 彼が亡くなったという知らせを聞いて，彼女は悲しみました。

(her / the / of / death / news / his / sad).

(2) 日本には大阪ほど橋の多い都市はありません。

(other / as / as / city / many / bridges / in / Japan / Osaka / has).

(3) 夜遅く外出しないほうがいいよ。

(had / not / at / go out / you / late / night).

(4) ジョーは部屋に入ってからずっとくしゃみをしている。

(since / he / Joe / sneezing / entered / has) the room.

(5) 私たちは昔からの知り合いです。

(have / time / for / each / a / long / other / we).

7 次の文を日本語になおしなさい。 (3点×5＝15点)

(1) No one in history had more exciting adventures than Marco Polo had.

(2) He gave people a simple place to eat with popular food, low prices, friendly service and no waiting.

(3) An English speech contest will be held in the city library next month.

(4) One of the main reasons for such parties is to make the group stronger.

(5) Traveling has become not only easier and faster but also much cheaper.

8 次の文を英語になおしなさい。ただし，(3)は（　　）内の指示に従うこと。 (3点×5＝15点)

(1) 明日晴れたら，ピクニックに行きましょうか。

(2) 高校生たちはバスを20分以上待っています。

(3) 何であなたはそんなに悲しんでいるのですか。（Whatを用いて）

(4) 彼は24時間何も食べていません。空腹にちがいありません。

(5) あなたのお姉さんは結婚したばかりですよね。

9 次の英文を読んで，あとの問いに答えなさい。 (計16点)

In 1841, John Manjiro went fishing with four fishermen and met with a storm. They got to Torishima. No people lived there. Manjiro and the men lived there for five months before they were found by an American ship. ①(they / Torishima / such / able / for / were / a / long / on / how / to / time / live)? They drank rainwater and ate birds. The birds were albatrosses.

An albatross is called *ahoudori* in Japanese. ②It is one of the biggest seabirds in the world. Each wing is longer than one meter. The albatross is good at flying, but it can't move very quickly on the ground and people can catch it easily. When Manjiro arrived at Torishima, there were a lot of albatrosses. But today there are only a few of them.

In 1868, people sailed to Torishima and began to catch albatrosses. People wanted their white feathers for *futon*. In 1887, people started living on Torishima and caught more albatrosses. More than 5,000,000 albatrosses were killed in only fifty years. In 1933 there were about one hundred albatrosses and people stopped killing them at last. Only three albatrosses were found in 1947. Seven years later people began to protect them, and now the number is about five hundred. What do you think about this number?

Today, just like albatrosses, ③many kinds of animals (die) around the world. To protect animals is very important for the world.

(注) storm 嵐，sail 出航する，feather 羽毛，protect 保護する

(1) 「彼らはどうやってそんなに長い間，鳥島で生きることができたのでしょうか」という意味になるように，①の（　　）内の語を並べかえなさい。 (4点)

(2) Itが指す内容がわかるようにして，下線部②を日本語になおしなさい。 (4点)

(3) 下線部③が「多くの種類の動物が，世界中で絶滅しつつある」という意味になるように，（　　）内の語を適当な形になおしなさい。 (4点)

(4) 人間がアホウドリを保護し始めたのは西暦何年か。英語で書きなさい。 (4点)

9 不定詞の３用法

解答 別冊 p.34~p.36

★69 次の各組の文がほぼ同じ意味を表すように, ( ) 内に適当な1語を入れなさい。

(1) I must do a lot of work today. （京都外大西高）
I have a lot of work ( ) ( ) today.

(2) Do you have any food? （大阪教育大附高平野）
Do you have anything ( ) ( )?

(難)(3) I want to see you very soon. （岡山白陵高）
I just can't ( ) to see you.

(4) I was glad when I met you again.
I was glad ( ) ( ) you again.

(5) I heard the news of his death. It surprised me. （神奈川・慶應高）
I ( ) ( ) ( ) hear the news of his death.

(6) Remember to wash the dishes.
Don't ( ) to wash the dishes.

(7) I am free this afternoon. （高知・土佐塾高）
I have ( ) ( ) do this afternoon.

(難)(8) You will miss your train if you are not careful. （京都・同志社高）
Be careful ( ) ( ) ( ) your train.

(9) Don't you have some paper or something? I want to write it down. （千葉・昭和学院秀英高）
Will you give something to ( ) ( )? I want to write it down.

(10) Walk for ten minutes, and you will be at the museum.
( ) ( ) ten minutes ( ) walk to the museum.

(難)(11) My grandfather lived till he was 100 years old.
My grandfather lived ( ) ( ) 100 years old.

(難)(12) I got up early this morning so that I would not be late for school. （神奈川・慶應高函）
I got up early this morning in ( ) ( ) be ( ) ( ) for school.

---

69 (5) death [déθ] 死 (7) free [frí:] 形 暇な (8) miss [mís] 乗り遅れる (9) write ~ down ~を書きとめる

★70 次の文の不定詞と同じ用法の不定詞を含む英文を選び，記号で答えなさい。

〈頻出〉

(1) They were all happy to see that. （東京・桜美林高）
　　ア I want something cold to drink.
　　イ I went to the library to borrow some science books for my report.
　　ウ I want to meet my teacher after school.
　　エ I am sad to hear that Nancy had a traffic accident.

(2) They sweep the roads, collect garbage and try to keep the parks clean. （鹿児島・樟南高図）
　　ア I went to the airport to see my friend off.
　　イ She wants to go shopping with her mother.
　　ウ My brother has little homework to do today.
　　エ I was sad to hear the news.

(3) On a warm spring afternoon Nicole and his brother went outside to play.
　　ア I want something to drink.
　　イ I want to visit Hokkaido in July.
　　ウ To master English is not easy.
　　エ She bought a bottle of milk to make some cake.

(4) To keep the book safe, he put it between two logs in the wall next to his bed. （大阪・プール学院高）
　　ア He must be a fool to say such a thing.
　　イ To write in English isn't easy.
　　ウ Give me something to drink.
　　エ I went to the station to see my friend.

(5) People in South America were the first people to plant potatoes. （大阪・大谷高）
　　ア She stayed home to watch TV.
　　イ I was happy to hear the good news.
　　ウ My dream is to go to London.
　　エ Here is a picture to show you.

着眼
70 (2) sweep[swíːp]掃く (3) Nicole ニコル（男性の名） エ a bottle of ~（びん）1本の ~ (4) log[lɔ́(ː)g]丸太 (5) South America[sáuθ əmérikə]南アメリカ，plant[plǽ[áː]nt]植える・栽培する

★71 日本文の意味を表すように，（　　　）内に適当な1語を入れなさい。

(1) 彼は何も言うことがなかった。　　　　　　　　　　　（大阪・開明高）

He had (　　　　) (　　　　) say.

(2) 私には話す友達がいません。

I have no friends (　　　　) (　　　　) (　　　　).

(3) このケーキを切るナイフをください。　　　（鹿児島・ラ・サール高）

Give me a knife to (　　　) (　　　) (　　　) (　　　),
please.

(4) トムは学校に遅れないよう早く起きた。

Tom got up early (　　　) (　　　) (　　　) late
(　　　) school.

(5) 彼は彼女を見送りに空港へ行ってきたところです。

He has been to the airport (　　　　) (　　　　) (　　　　)
(　　　　).

🉐-(6) 彼は最善を尽くしたが，失敗しただけだった。　　　（東京・明治大付明治高⊠）

He did his best (　　　　) to (　　　　).

★72 日本文の意味を表すように，(1)は英文の意味が通るように，（　　　）内の語句を
並べかえなさい。

(1) Come and visit with us this weekend. (daughter / you / don't /
your / forget / with / to).
[bring, introduce, leave, impress のいずれかが不足] （東京・早稲田実業高）

🉐-(2) 月に1度は必ず母に手紙を書きます。[1語不足]　　　　（東京・開成高）
(a month / mother / I / my / once / to / never / to write).

🉐-(3) 古い書籍でいっぱいの部屋は働くには最良の環境ではない。[1語不要]
(best / dark / not / environment / full / in / is / of / papers /
room / a / the / to / with / work / old). （東京・早稲田実業高）

🉐-(4) 彼らの座る椅子がありませんでした。[1語不要]
(to / them / on / were / sitting / sit / for / no / there /
chairs).

(5) メアリーはヨシコと連絡を取り続ける約束をした。　　　（熊本学園大付高）
Mary (in / promised / touch / keep / to) with Yoshiko.

─────────────────────────────

(着眼)

71 (2)「～と話す」talk with[to] ～　(5)「～を見送る」see ～ off

72 (5)「～と連絡を取り続ける」keep in touch with ～．「約束する」promise [prɑ́ (ɔ́)mis]

(6) 私たちはあなたにあげるため，おもしろい物を作っています。[1語不要]
(give / are / you / to / something / of / making / we / interesting). 　　　　　　　　　　　　　　　　　（大阪・関西大倉高⚠）

(7) あなたはナイフとフォークの正しい使い方を学ばなければなりません。[1語不足]
(learn / use / the / to / have / a / right / you / to) knife and fork. 　　　　　　　　　　　　　　　　　（埼玉・立教新座高）

⭐**73** 次の文を日本語になおしなさい。

🔴(1) Most Japanese say things to make the other person feel good, but the words usually hide their true feelings. 　　（大阪星光学院高⚠）

(2) Their small ship, the Mayflower, took ten weeks to cross the stormy Atlantic Ocean. 　　　　　　　　　　　　　（愛知・東海高⚠）

(3) The first airplane to fly successfully was made by two American brothers. 　　　　　　　　　　　　　　　（大阪・清風南海高）

(4) To become their friends he tried to be like them as much as he could. 　　　　　　　　　　　　　　　　　（広島大附福山高）

(5) He managed to pull himself through the window. 　　（岡山白陵高）

⭐**74** 次の文を英語になおしなさい。ただし，(2)(3)は（　　）内の指示に従うこと。

(1) あなたがスペインを旅行するのにいくらかかりましたか。　　（東京・早稲田実業高⚠）

(2) パソコンを持ち運ぶバッグを探しているんです。（carry my PC を用いて）
　　　　　　　　　　　　　　　　　　　　　　　　（北海道・函館ラ・サール高）

(3) とうとう私はその戸を開けるかぎを見つけた。（to open を用いて）（京都・同志社高）

🔴(4) 将来は医者になって貧しい人々を助けようと，その少年は心に決めました。

🔴(5) 気温が上がり続けたら，地球は人間には住みにくい場所になるだろう。
　　　　　　　　　　　　　　　　　　　　　　　　（福岡・久留米大附設高）

🔴(6) 多くの人が元日に日記をつけ始めるが，ほとんどの人が数日たてばやめてしまう。
　　　　　　　　　　　　　　　　　　　　　　　　（福岡・久留米大附設高）

着眼

72 (6)「おもしろい物」something interesting
(7)「正しい〜の仕方」the right way to 〜，right [ráit] 形正しい
73 (1) hide [háid] 隠す　(2) the Mayflower メイフラワー号 (船の名前)，Atlantic Ocean [ətlǽntik óuʃən] 大西洋
74 (1)「人が〜するのに…がかかる [要する]」＜ It costs ＋(人)＋(金額・時間・労力)＋to 〜＞　(2)「〜を探す」look for 〜 ＝ seek 〜　(3)「とうとう」at last
(6)「ほとんどの〜」most of 〜，「〜をやめる (あきらめる)」drop 〜 ＝ give up 〜

10 動詞＋目的語＋不定詞

解答 別冊 *p.36~p.39*

★75 次の文の（　）内に入れるのに最も適当なものを下から選び，記号で答えなさい。

(1) Kathy's father couldn't find her. He asked a police officer to
（　）. （大阪・桃山学院高）
ア look for Kathy イ call a police officer
ウ make a police officer angry エ find Kathy's money

(2) I asked her （　） the window. （京都・東山高）
ア open イ opened ウ to open エ opening

(3) I want you and （　） my hometown. （東京・明星高）
ア she visiting イ her visiting
ウ for her to visit エ her to visit

(4) The doctor told my father （　） so much. （東京・明治学院高）
ア stopping to smoke イ stop something ウ to stop smoking
エ for stopping to smoke オ stop no smoking

(5) We told Tom （　） the same mistake. （佐賀・東明館高）
ア make not イ to not make
ウ not to make エ makes

(6) Son, I'd really like you （　） a little harder at school.
ア studying イ to be studying ウ study エ to study

★★76 次の文の中から正しい文を1つ選び，記号で答えなさい。 （東京・明治学院高）
ア Will you give me hot something to drink?
イ What do you know to do next for her?
ウ He asked for me to help her with her homework.
エ He told me to not go there alone again.
オ To get up early makes us healthy and wealthy.

---

75 (1) Kathy キャシー（女性の名。Katherine［Catherine］の愛称） (3) hometown
［hóumtáun］故郷 (5) make the same mistake 同じ間違いをする (6) I'd［áid］(I
would の短縮形)

76 エ alone［əlóun］1人で オ healthy［hélθi］形 健康的な，wealthy［wélθi］形 富裕な<
wealth［wélθi］名 富・財産

★77 次の各組の英文がほぼ同じ意味を表すように，（　）内に適当な1語を入れなさい。

(1) Shall I help you with your homework?　　(北海道・函館ラ・サール高)

Do you (　　　) me (　　　) help you with your homework?

(2) I said to her, "Please open the door."　　(京都・東山高)

I (　　　) her (　　　) open the door.

難(3) The man said to me, "Write your address, please." (兵庫・関西学院高)

The man (　　　) me (　　　) write (　　　) address.

(4) Paul promised his father that he would not tell a lie again.

Paul promised his father (　　　) (　　　) tell a lie again.

(神奈川・慶應高)

難(5) He lives a happy life thanks to having enough money.

Having enough money enables him (　　　) (　　　)

(　　　).　　(福岡・久留米大附設高)

★78 日本文の意味を表すように，（　）内に適当な1語を入れなさい。

(1) 電話をかけなおしてくれるよう，彼女に伝えてもらえますか。　　(獨協埼玉高)

Could you (　　　) (　　　) (　　　) (　　　) me back?

(2) その子は母親におもちゃを買ってちょうだいと言った。　　(京都・洛南高)

Her son (　　　) (　　　) (　　　) buy the toy for him.

(3) 医者にはもっと運動するようにと言われました。　　(東京・城北高)

I (　　　) (　　　) by the doctor (　　　) (　　　) (　　　) exercise.

(4) 彼女は誰にもその事実を知ってほしくなかった。　　(北海道・函館ラ・サール高)

She didn't (　　　) (　　　) (　　　) know that fact.

(5) 私は彼にその車を貸してくれるように頼みました。

I (　　　) (　　　) (　　　) lend (　　　) the car.

着眼

77 (4) tell a lie うそをつく　(5) thanks to ～ ～のおかげで

78 (1) 「(人)に電話をかけなおす」＜call＋(人)＋back＞　(2) toy [tɔ́i] おもちゃ

(3) exercise [éksərsaiz] 運動　(4) fact [fǽkt] 事実

79 日本文の意味を表すように，（　　）内の語句を並べかえなさい。◁頻出

(1) 母は私に食べ過ぎないようにと言いました。　　　　　　　　　　　　　（兵庫・甲南高）
(my mother / to / too / told / eat / not / me / much).

(2) 君にこの花を明日までに，彼女のところまで届けてもらいたい。[1語不足]
(to / to / by / flowers / I / bring / want / these / her / tomorrow).　　　　　　　　　　　　　　　　　　　　　　　（大阪・清風高）

(3) 私にあなたのお母さんをどのくらい待ってほしいの。　　　　　　（東京・十文字高）
(wait for / do / to / want / how long / you / me / your mother)?

(4) 彼は犬の世話を頼まれました。　　　　　　　　　　　　（神奈川・法政大女子高）
(was / to / he / take care / asked / the dog / of).

(5) お母さんは，大きな声で話さないように，とよく言う。[1語不足]　（奈良学園高）
(a / loud / me / mother / my / in / often / speak / tells / to / voice / such).

(6) 私はスーザンにひとりで外に出ないように言いました。　　　　　　（長崎・青雲高）
(I / go / to / not / out / told / alone / Susan).

(7) そんなにうるさくしないでくれって，君に頼まなかったかい。
(noise / to / so / I / you / not / didn't / much / make / ask)?

(8) もう少しここにいてほしい。　　　　　　　　　　　　　（神奈川・法政大二高）
(you / a / want / little / stay / to / here / longer / I).

(9) 国によって習慣が異なることを君にはわかってほしい。[1語不足]（大阪・清風高囲）
(country / you / each / I / to / want / that / understand) its own customs.

(10) 何時に，彼にそこに行ってほしいですか。　　　　　　（神奈川・法政大二高）
(want / there / what / you / go / do / time / to / him)?

(11) ここでタバコを吸うのをやめていただきたい。　　　　　　（神奈川・日本大高）
I (would / smoking / you / like / to / stop) here.

(12) 窓を開けましょうか。[1語不足]
(the windows / open / do / want / you / me)?

着眼
79 (1)「食べ過ぎる」eat too much　(2)「(人)に(物)を届ける」<bring＋(人)＋(物)>
⇔<bring＋(物)＋to＋(人)>　(3)「〜を待つ」wait for 〜
(5)「(音が)大きな」loud [láud]形　(6) Susan スーザン(女性の名。愛称はSue, Susie)
(7)「うるさくする」make a noise　(8)「もう少し…」<a little＋比較級>

⑴3 昭雄は時々私にノートを見せてくれと頼むことがある。 (福岡大附大濠高)

Akio (notebook / asks / sometimes / him / me / to / my / show).

⑴4 先生は私たちにうそを言わないようにと忠告されました。 (鹿児島・樟南高)

Our teacher (us / not / tell / advised / to) a lie.

難▶⑴5 彼は私に風邪をひかないよう注意するように忠告してくれた。 (高知・土佐高)

(advised / me / not / he / cold / careful / catch / be / to / to).

難▶⑴6 両親はそのお金を友人の誕生日のプレゼントを買うのにとっておいたらと言いました。 (高知・土佐塾高)

(me / birthday / keep / advised / my parents / a / to / the / buy / my / money / for / to / present / friend).

★**80** 次の文を日本語になおしなさい。

難▶⑴ He made up his mind to go there and ask the priests to take him as a student. (福岡・久留米大附設高)

⑵ We don't want you to give up.

⑶ Why don't you tell her not to enter this room? (東京・城北高㊐)

⑷ The police officer ordered the man to move his car at once.

★★**81** 次の文を英語になおしなさい。

⑴ 明日彼が来たら，宿題を手伝ってくれるように彼に頼みます。 (岡山白陵高)

⑵ 飛行機の中は少し寒かったので，客室乗務員さん (flight attendant) に毛布を持ってきてもらった。 (福岡・久留米大附設高)

⑶ ぼくは父に宿題を手伝ってもらいたかったのに，父は商用で沖縄に出かけてしまった。 (鹿児島・ラ・サール高)

難▶⑷ 誰もが彼にできるだけ早くその仕事を終えるように期待しています。 (神奈川・慶應高)

⑸ 入学試験は一年中でいちばん寒い季節にあるので，先生は彼らに健康に気をつけるように言いました。 (神奈川・慶應高)

着眼

79 ⒂「風邪をひく」catch (a) cold ⒃「とっておく」keep [kíːp]

80 ⑴ priest [príːst] 僧，聖職者 ⑵ give up あきらめる ⑶ enter [éntər] 入る ⑷ order [ɔ́ːrdər] 命令する

81 ⑶「商用で」on business ⑷「期待する」expect [ikspékt] ⑸「入学試験」entrance examination

11 疑問詞＋不定詞

解答 別冊 p.39~p.41

＊82 次の文の（　）内に入れるのに最も適当なものを下から選び，記号で答えなさい。

(1) She didn't know (　　) to swim.　　（大阪女学院高）
　　ア why　　　イ which　　　ウ what　　　エ how

(2) I don't know (　　) to leave here for Tokyo.　　（広島・如水館高）
　　ア where　　　イ which　　　ウ when　　　エ what

(3) I showed (　　).　　（広島・修道高）
　　ア them how to use chopsticks イ how to use chopsticks them
　　ウ them how using chopsticks エ how using chopsticks to them

＊83 次の各組の文がほぼ同じ意味を表すように，（　）内に適当な1語を入れなさい。

(1) I don't have any plans for next summer vacation.　　（東京・明星高）
　　I haven't decided (　　) (　　) spend next summer vacation.

(2) I didn't have any words for him.　　（神奈川・慶應高⊠）
　　I didn't know (　　) (　　) (　　) (　　) (　　).

(3) Please tell me how to get to the station.　　（徳島文理高）
　　Please tell me (　　) (　　) to the station.

＊84 日本文の意味を表すように，（　）内に適当な1語を入れなさい。

(1) どこで切符を買えばいいのか教えてください。　　（大阪・開明高）
　　Tell me (　　) (　　) buy a ticket.

(2) あなたはこのコンピューターの使い方がわかりますか。　　（広島・修道高）
　　Do you (　　) (　　) to use this computer?

(3) 行くべきかどうか決心がつかない。
　　I can't (　　) (　　) (　　) go.

着眼
82 (3) chopstick [tʃá(ɔ)pstik] はし
83 (1) plan [plǽn] 計画, spend [spénd] 過ごす　(3) get to ～ ～に到着する・～に行く

★★85 日本文の意味を表すように，（　　）内の語句と符号を並べかえなさい。◀頻出

(1) 美術館に行く途中，私は駅へ行く道を尋ねられた。　（北海道・函館ラ・サール高⬚）
On my way to the museum I (asked / to / how / get to / was / the station).

(2) 私はどちらの道を行ったらよいのかわからなかった。[1語不足]　（京都女子高）
(didn't / way / know / I / take / which).

(3) どこで電車を降りたらよいかと，彼は私に尋ねた。[1語不要]　（神奈川・日本大高）
(he / to / should / asked / off / me / get / the / where / train).

(4) 私は次にどうしたらよいのかわからなかった。　（神奈川・山手学院高）
(what / know / next / didn't / to / I / do).

(5) 私たちは，いつどこで集まったらいいのかわかりません。　（東京・明星高⬚）
We have (where / get / together / when and / no idea / to).

(6) あれこれ言わないでよ。　（三重・暁高）
(tell / to / don't / what / me / do / !)

🔵(7) ブラウン氏は私にその機械の使い方を説明してくれた。[1語不足]　（東京・開成高）
Mr. Brown (explained / how / me / the / to / use) machine.

(8) 駅へ行くにはどのバスに乗ったらいいのか教えてくれませんか。[1語不要]
(tell / how / you / take / bus / to the station / will / to / me / which / ?)　（佐賀・東明館高）

(9) この本を読めば日本料理の作り方がわかります。　（熊本・真和高）
This book (you / make / shows / to / food / how / Japanese).

★★★86 次の日本文を英語になおしなさい。

(1) 私はどのバスに乗ればいいのか全くわかりませんでした。　（福岡・久留米大附設高）

(2) 彼女はアメリカにいる間に，自動車の運転の仕方を覚えました。　（高知学芸高）

🔵(3) 子供たちはその犬をどうすればよいか話し合いました。　（東京・明治大付明治高）

(着)(眼)
85 (2)(8) take [téik]（道を）たどる・乗る　(3)「～を降りる」get off ～　(5)「集まる」get together　(9)「日本料理」Japanese food
86 (2)「～の間に」during [djú(ə)riŋ] 前 / while [(h)wáil] 接

12 不定詞を含む重要表現

解答 別冊 p.41~p.45

★87 次の日本文の意味を表す英文を下から選び，記号で答えなさい。（東京・明治学院高）

(1) 彼は親切にもコンピューターの使い方を教えてくれた。

ア He was so kind as he showed me how to use the computer.

イ He was so kind that he showed me the way to the computer.

ウ He was so kind that he showed me the way how to use the computer.

エ He was too kind for me to show him how to use the computer.

オ He was kind enough to show me how to use the computer.

難(2) 彼女はとても上手に絵を描いたので，多くの人々は彼女の絵に興奮した。

ア She drew so well that many people got excited by her drawings.

イ She drew beautiful drawings so that many people would get excited with it.

ウ She was a very good artist that many people were excited about her drawings.

エ She was so good at painting that many people were excited to see her draw.

オ She was such a good artist that many people got excited seeing her draw.

★★88 次の文の中から他と異なる意味の文を1つ選び，記号で答えなさい。

ア She was too tired to walk.

（埼玉・淑徳与野高）

イ She was very tired, so she couldn't walk.

ウ She was so tired because she walked.

エ She was so tired that she couldn't walk.

オ Since she was so tired, she couldn't walk.

★★89 次の各組の文がほぼ同じ意味を表すように，（　　）内に適当な1語を入れなさい。

< 頻出

(1) His son is too young to go to school.　（北海道・函館ラ・サール高）

His son is not (　　　　) (　　　　) to go to school.

(2) Nobody can finish this in a week. (神奈川・慶應高図)

It is ( ) ( ) finish this in a week.

(3) He was so kind that he gave up his seat. (北海道・函館ラ・サール高)

He was ( ) ( ) ( ) give up his seat.

(4) He had to finish the work in the morning. (東京・穎明館高)

( ) was necessary ( ) him to finish the work in the morning.

(5) It is interesting for me to study English. (大阪・賢明学院高)

I am interested ( ) ( ) English.

(6) This story is so difficult that we can't understand it. (大阪女学院高)

This story is ( ) difficult for ( ) ( ) understand.

(7) You are a fool to spend so much money on your mobile phone. (神奈川・慶應高図)

It is ( ) ( ) you ( ) spend so much money on your mobile phone.

(8) I got to the station after five minutes' walk. (東京・明星高)

It ( ) ( ) five minutes to walk to the station.

(9) He has more books than he can read. (徳島文理高)

He has ( ) ( ) books to read.

(10) The bags were too heavy for the child to carry. (東京・明治大付明治高図)

The bags were ( ) heavy ( ) the child ( ) carry ( ).

(11) I had no difficulty in finding the church. (愛媛・愛光高)

It was quite ( ) ( ) ( ) ( ) ( ) the church.

(12) It is said that he was a baseball player when young. (兵庫・灘高)

He is said ( ) ( ) ( ) a baseball player when young.

(13) I ran to the station to be in time for the meeting.

I ran to the station ( ) that ( ) ( ) be in time for the meeting. (福岡・久留米大附設高)

着眼

89 (4) necessary [nésəse(ə)ri] 必要な (10) heavy [hévi] 重い (11) difficulty [dífikəlti] 图 困難 < difficult [dífikəlt]. quite [kwáit] 非常に

✰90 次の文を（　　）内の指示に従って書きかえなさい。

(1) It is impossible for us to master English in a year.
(Weで始まる文に)　　　　　　　　　　　　　　　(兵庫・関西学院高)

(2) You are kind to say such a thing.　(Itで始まる文に)　　(佐賀・東明館高)

(3) It was difficult for me to answer the question.
(Iを主語にした文に)　　　　　　　　　　　(東京・早稲田大高等学院函)

(4) This story is easy.　You can read it in a few days.
(不定詞を用いて1つの文に)　　　　　　　　　　(兵庫・関西学院高)

✰91 日本文の意味を表すように，（　　）内に適当な1語を入れなさい。

(1) とても渋滞していたので，私がそこに着くのに大変時間がかかった。(東京・開成高函)
The (　　　　) was (　　　　) (　　　　) that it took me a
long time to get there.

(2) パーティーにお招きいただいてありがとうございます。
It's (　　　　) (　　　　) (　　　　) to invite me to the party.

(3) とても驚いたのですが，あなたと私の父どうしが友人なのですね。　(京都女子高)
(　　　　) is really (　　　　) (　　　　) know that your
father and my father are good friends.

(4) われわれは，そうするのが容易だとわかった。　　　　　(兵庫・灘高)
We found (　　　　) easy to do so.

✰92 日本文の意味を表すように，（　　）内の語句と符号を並べかえなさい。

(1) 手伝ってくれてありがとう。[1語不要]　　　　　　　(千葉・専修大松戸高)
(for / nice / is / me / help / it / you / of / to).

(2) トムは歩いてとても疲れたので，数分でぐっすり眠ってしまいました。[1語不足]
(a / fell / few / he / in / minutes / so / that / tired / Tom /
walking / was / asleep).　　　　　　　　　　(東京・早稲田実業高)

(3) 彼女はとても優秀なので，その試験でうまくいかないはずがありません。
(too / she / the / to / is / succeed / bright / not / exam / on).
(東京・開成高)

(4) 小さい子はもう寝る時間ですよ。[1語不足]　　　　　　(東京・早稲田高)
(little / time / it / children / bed / to / to / go / is).

(5) ピアノは毎日練習することが必要ですね。 (長崎・青雲高)

(every day / necessary / the piano / isn't / it / practice / is / to / it / ,)?

難▶(6) 彼女は親切にも自分の傘を貸してくれた。

She (as / was / lend / kind / to / so) me her umbrella.

難▶(7) 幼い子供たちがここで遊ぶのは危険だと思います。 (東京・開成高)

(children / think / to / I / young / it / for / dangerous / play) here.

(8) この辞書は子供でも使えるほどやさしい。

(easy / for / use / is / this dictionary / enough / children / to).

★93 次の文を日本語になおしなさい。

(1) It is necessary to learn how to use the Internet, but it is also important to learn to use it wisely. (大阪・東大谷高)

(2) It'll take at least three days before the bear gets hungry enough to come out again. (京都・立命館高)

(3) The ground is so hard that they cannot make a deep hole to spend the winter in. (智辯学園和歌山高)

★94 次の文を英語になおしなさい。ただし，(5)は（　　）内の指示に従うこと。

(1) 私はあなたが1人で釣りに行くのは危険だと思います。 (高知学芸高)

(2) 私たちみんなが世界平和について考えることが重要だ。 (岡山白陵高)

(3) 子供でも読めるようにその本は簡単な日本語で書かれている。(福岡・久留米大附設高)

(4) 学生時代は，勉強とクラブの両方に十分な時間を見出すことが大切です。

(東京・早稲田実業高)

難▶(5) 2時間目は英語で，英文の書き方を習いましたが，良い英語を書くことはやさしくないと思いました。（下線部を英訳） (東京・青山学院高)

着眼

93 (1) necessary [nésəse(ə)ri] 必要な，wisely [wáizli] 副 賢く (2) at least 少なくとも，come out 出てくる (3) hole [hóul] 穴

94 (1)「1人で」alone [əlóun]，「釣りに行く」go fishing (2)「世界平和」world peace (4)「クラブ」⇒「クラブ活動」club activities (5)「文」sentence [séntəns]

13 原形不定詞

解答 別冊 p.45~p.47

*95 次の（　）内に，ア～エより適当なものを選んで入れなさい。

(1) We will (　　) the shop deliver food to our house.
　　ア get　　　イ have　　　ウ tell　　　エ ask

(2) I felt something (　　) my shoulder.
　　ア touch　　イ touches　　ウ will touch　　エ to touch

(3) My mother doesn't like dogs, so she won't (　　) us have one.
　　ア enjoy　　イ say　　ウ let　　エ know

　　　　　　　　　　　　　　　　　　（北海道・函館ラ・サール高）

*96 次の各組の文がほぼ同じ意味を表すように，（　）内に適当な1語を入れなさい。

(1) He was made to clean the room by his mother after the party.
　　His mother (　　　　) him (　　　　　) the room after the party.

(2) If you drink a cup of tea, you will feel better.　　（神奈川・慶應高）
　　A cup of tea will (　　　　) (　　　　　) feel better.

(3) Her parents allowed Maki to go to the concert alone.
　　Her parents (　　　　) Maki (　　　　　) to the concert alone

*97 日本文の意味を表すように，（　）内に適当な1語を入れなさい。

(1) トンプソンさんは会議のために秘書にコピーを取らせた。
　　Ms. Thompson (　　　　) the secretary (　　　　) copies for the meeting.

(2) 兄は私に彼のコンピュータを使わせてくれた。
　　My brother (　　　) (　　　) (　　　) his computer.

(3) 私たちは先週末塗装工にさくにペンキを塗ってもらった。
　　We (　　　) the painter (　　　　) our fence last weekend.

(4) ブライアンは私が重い箱を運ぶのを手伝ってくれた。
　　Brian (　　　) (　　　) (　　　) the heavy boxes.

着眼

95 (1) deliver [dilívər ディリヴァ] 配達する　(3) one = a dog
96 (3) allow ... to do ～に…するのを許す

*98 日本文の意味を表すように，(5)(6)は英文の意味が通るように（　　）内の語句を並べかえなさい。

(1) 私はユミが学校のコンサートですてきな歌を歌うのを聞いた。

(song / at / I / lovely / sing / a / Yumi / heard) the school concert.

(2) ブラウン先生は生徒たちに彼らの街の歴史についてのレポートを書かせた。

Mr. Brown (made / write / the history / a report / about / his students) of their city.

(3) ジョンは昨夜，強盗が家に押し入るのを見かけた。

(John / the house / the burglar / into / saw / break) last night.

(4) 彼女の歌でみんなが踊りたくなります。　　　　　　　(福岡・久留米大附設高)

(everyone / songs / her / dance / want / to) ［1語不足］

(5) (plants / from / makes / grow / the sun / light).　(東京・巣鴨高)

(6) At lightning speed, he types a text message to (he's / know / his friend / let / on / the way).　(長崎・青雲高)

*99 次の英文を日本語になおしなさい。

(1) His words made her cry.

(2) I felt the ground shake once.

(3) Mr. Taylor doesn't let his children play violent games.

(4) Dr. Adams had the nurse take the patient's temperature.

*100 次の文を英語になおしなさい。

(1) 私は男が通りを走るのを見ました。

(2) 誰かがドアをノックするのが聞こえましたか。

(3) 父は私に彼の新車を運転させてくれました。

(4) 何が彼女の考えを変えたのですか。

着眼

98 (3) burglar [bə́ːrɡlər バ～グラァ] 押し込み強盗　(6) at lightning speed ものすごいスピードで，type [táip タイプ] タイプする，message [mésidʒ メセヂ] メッセージ

99 (2) shake [ʃéik シェイク] 揺れる　(3) violent [váiələnt ヴァイオレント] 暴力的な　(4) patient [péiʃənt ペイシェント] 患者

100 (2)「ノックする」knock [nák ナック]

14 動名詞

解答 別冊 p.47~p.50

*101 次の文の（　）内に入れるのに最も適当なものを下から選び，記号で答えなさい。

(1) At first I enjoyed (　　) to him but later it became boring.
　　ア　hearing　　イ　listening　　ウ　to hear　　エ　to listen
　　　　　　　　　　　　　　　　　　　　　　　　（北海道・函館ラ・サール高）

(2) I finished (　　) my dog for a walk.　　（神奈川・法政大女子高）
　　ア　to talk　　イ　took　　ウ　taken　　エ　taking

(3) I am looking forward to (　　) you soon.
　　ア　see　　イ　saw　　ウ　seen　　エ　seeing

(4) Thank you (　　) coming all this way.　　（大阪・清風高）
　　ア　to　　イ　at　　ウ　for　　エ　before

(5) This truck was used for (　　) vegetables from the farm to town.　　（東京・青山学院高）
　　ア　carry　　イ　carrying　　ウ　to carry　　エ　carried

(6) He is proud of (　　) Japanese.
　　ア　to be　　イ　be　　ウ　being　　エ　is

(7) Would you mind (　　) me tomorrow afternoon?
　　ア　call　　イ　to call　　ウ　called　　エ　calling

(8) I think Kurashiki is a good place (　　).　　（岡山白陵高）
　　ア　visiting　　イ　visiting to　　ウ　to visit to　　エ　to visit

**102 次の文中の誤っている部分を抜き出して訂正しなさい。

(1) Reading books are a lot of fun.　　（佐賀・弘学館高㊪）

(2) You have to finish to do your homework before dinner.
　　　　　　　　　　　　　　　　　　　　　　　　（熊本・真和高）

(3) How about to have a welcome party for her?

着眼

101 (1) boring [bɔ́:riŋ] 退屈な　(4) all this way はるばる　(5) truck [trʌ́k] トラック，vegetable [védʒ(ə)təbl] 野菜，farm [fɑ́:rm] 農場
102 (3) welcome party 歓迎会

★103 次の各組の文がほぼ同じ意味を表すように，（　　　）内に適当な1語を入れなさい。◀頻出

(1) She can swim very well. （東京・駒込高）
She is (　　　) at (　　　　).

🔷(2) She can't get into the habit of studying every evening.
She can't get used (　　　) (　　　　) every evening.
（福岡・久留米大附設高図）

(3) He went out of the room quietly. （埼玉・立教新座高）
He went out of the room (　　　) (　　　　) a sound.

(4) Would you open the window? （神奈川・慶應高）
Would you (　　　) (　　　　) the window?

(5) Can I eat something here? （千葉・昭和学院秀英高）
Do you mind (　　　) (　　　　) something here?

(6) What do you say to going to the movies? （長崎・青雲高）
(　　　) (　　　　) going to the movies?

(7) We couldn't swim across the river. （岡山白陵高）
(　　　) across the river was impossible for us.

(8) Will you be kind enough to post this letter for me?
Would you (　　　　) posting this letter for me? （鹿児島・ラ・サール高）

🔷(9) He insisted that I should do the work by myself.
He insisted (　　　) (　　　　) (　　　　) the work by myself.

🔷(10) This book is not worth reading again. （兵庫・灘高）
(　　　) is not worth (　　　) to read this book again.

🔷(11) I couldn't but jump for joy at the good news. （神奈川・湘南学園高）
I couldn't (　　　) (　　　　) for joy at the good news.

🔷(12) The darkness kept us from seeing you. （神奈川・慶應高）
We (　　　) see you because (　　　) was (　　　).

🔷(13) This train could not arrive on time because there was the accident. （神奈川・慶應高）
The accident (　　　) the train from (　　　) on time.

着眼
103 (2) habit [hǽbit] 癖・習慣　(3) quietly [kwáiətli] 副 静かに　(7) swim across ～ ～を泳いで渡る　(8) post [póust] 投函する　(9) insist [insíst] 主張する，by *oneself* 1人で・自力で　(10) worth [wə́ːrθ] 価値がある　(11) joy [dʒɔ́i] 喜び

(14) My father has finally stopped smoking. （東京・開成高）
① My father has finally (q   ) smoking.
② My father has finally (   ) up smoking.

(15) Why did she cry so hard? （東京・早稲田実業高）
What's the (   ) (   ) her crying so hard?

(16) Mary has a son and she is proud that he is a member of a famous football team. （愛知・滝高）
Mary has a son and she is proud of (   ) (   ) a member of a famous football team.

★104 日本文の意味を表すように，（　）内に適当な1語を入れなさい。 ◀頻出

(1) 英語を話すときには間違うのを恐れてはいけません。
Don't be (   ) (   ) (   ) mistakes when you speak English.

(2) 暇なときには何をするのが好きですか。
What (   ) you (   ) of doing in your free time?

(3) ラッシュアワーに車で出かけるのはやめとけよ。 （東京・開成高）
You'd better avoid (   ) during the rush hour.

(4) 昨日は大雪で私たちは外出できなかった。 （東京・開成高図）
The (   ) snow (   ) us from (   ) out yesterday.

★105 日本文の意味を表すように，（　）内の語句を並べかえなさい。

(1) 一日中漫画ばかり読んでいないで勉強をしなさいと，いつも言っているだろう。
(all / always / am / comic books / day / instead / I / of / study / reading / telling / to / you).

(2) 私の友達は泳ぐのがあまり得意ではない。 （東京・実践学園高）
(my / swimming / good / not / very / at / is / friend).

(3) メッセージを残すのにこのカードが使えるよ。 （神奈川・法政大二高図）
(for / you / use / can / leaving / this card / a message).

着眼
104 (1)「間違う」make mistakes　(3) avoid [əvɔ́id] 〜を避ける
105 (1)「〜していないで」⇒「〜の代わりに」instead of 〜，「一日中」all day　(3)「メッセージを残す」leave a message

(4) 彼女の兄は外国の音楽を聴くことに興味を持っているにちがいない。
(in / be / foreign / brother / listening / must / to / interested / her / music).　　　　　　　　　(東京・明治大付中野八王子高)

(5) 今夜はパーティーにお招きいただきありがとうございます。[1語不足] (大阪・清風高)
(tonight / inviting / thank / party / to / us / the / you).

(6) 彼は川へ泳ぎに行くことを楽しみにしています。[1語不足]　　(東京・開成高)
(to / swimming / looking / river / going / he / the / in / is).

(7) お互いに助け合う必要があることはわかっています。　　(岡山白陵高)
(other / know / we / helping / is / each / necessary).

(8) ここでタバコを吸ってもよろしいでしょうか。
(my / would / mind / you / here / smoking)?

(9) 大切なことは世界の平和のために働くことです。　　(東京・明治学院高)
The (peace / important / for / is / thing / world / working).

(難)(10) 仕事があって，デイビッドはその会合に出席できませんでした。(東京・明治大付明治高)
David's business (kept / from / attending / him / the meeting).

☆☆*106* 次の文を日本語になおしなさい。

(1) She would sometimes become so tired that she felt like crying.

(2) The great interest in growing tulips started in Holland and then spread to other countries.　　(東京・学習院高函)

☆☆☆*107* 次の文を英語になおしなさい。

(1) 彼女は一言も言わずに部屋を出て行った。　　(兵庫・白陵高)

(2) 彼らは放課後，野球をして楽しんだ。　　(広島・修道高)

(3) もし明日雨なら，英語の手紙を書き終えるつもりです。　　(高知・土佐高)

(難)(4) 鹿児島の若い女性がヨットで太平洋を単独で横断することに成功した。
　　(鹿児島・ラ・サール高)

(5) 彼女から手紙が来るのを首を長くして待っています。　　(岡山白陵高)

着眼
105 (4)「外国の」foreign [fɔ́(:)rin]　(9)「世界の平和」world peace
106 (2) interest [íntərist] 興味・関心，Holland [hɑ́(ɔ́)lənd] オランダ，spread to ~
　　　　～に広がる
107 (3)「英語の手紙」the letter in English　(4)「ヨットで」in a yacht，「太平洋」the
　　　　Pacific Ocean，「単独で」=「1人で」alone [əlóun]，「横断する」cross [krɔ́(:)s]

15 分　詞

解答 別冊 p.50~p.52

*108 次の文の（　　）内に入れるのに最も適当なものを下から選び，記号で答えなさい。

(1) My father bought a car (　　) in America. （北海道・函館ラ・サール高）
　　ア make　　イ made　　ウ making　　エ to make

(2) The young girl (　　) next to him is his daughter. （岡山白陵高）
　　ア stand　　イ stands　　ウ standing　　エ stood

(3) These islands (　　) from the top of the mountain are very beautiful. （東京・明治学院高）
　　ア to see　　イ see　　ウ saw　　エ seen　　オ seeing

(4) He looked (　　) at the sight. （北海道・函館ラ・サール高）
　　ア to surprise　イ surprise　ウ surprising　エ surprised

*109 次の各組の文がほぼ同じ意味を表すように，（　　）内に適当な1語を入れなさい。 ◁頻出

(1) Who is the girl in the room?　She is playing the violin.
　　Who is the girl (　　　　) the violin in the room? （京都・立命館高）

(2) The pictures are beautiful.　Joe took them. （福岡・久留米大附設高）
　　The pictures (　　) (　　) Joe are beautiful.

(3) I use the wooden desk in my study. （東京・開成高）
　　I use the desk (　　) (　　) wood in my study.

(4) What language do Brazilians speak? （神奈川・慶應高）
　　Do you know the language (　　) (　　) Brazil?

(5) She is a very famous singer in that country. （大阪・関西大倉高）
　　She is a singer (　　) to many people in that country.

(6) I have started reading one of Shakespeare's plays. （東京・成蹊高）
　　I have started reading a play (　　) (　　) Shakespeare.

着眼
109 (2) Joe ジョー（男性の名） (3) wooden [wúdn] 形 木製の，wood [wúd] 木，study [stʌ́di] 名 勉強部屋 (6) play [pléi] 名 劇・演劇，Shakespeare [ʃéikspiər] シェークスピア（1564-1616. イギリスの劇作家・詩人）

★110 日本文の意味を表すように,（　　　）内に適当な1語を入れなさい。◀頻出

(1) 丘の上に立っている教会は50年前に建てられた。　　　　　　　　（東京・巣鴨高）

The (　　　　) (　　　　) on the hill was (　　　　) fifty years ago.

(2) 私は村上春樹が書いた小説を2冊持っています。　　　　　　　　（東京・巣鴨高）

I have two (　　　　) (　　　　) (　　　　) Murakami Haruki.

(3) そのびっくりするような知らせを聞いても,彼は全く心配そうな表情を見せなかった。

He didn't look (*w*　　　) at all even when he heard the (*s*　　　) news.　　　　　　　　　　　　　　　　　（東京・開成高）

(4) うちのじいさんは空襲で死んだ。　　　　　　　　　　　（東京・開成高[函]）

My grandfather was (　　　　) in an air raid.

難▶(5) そのドアはカギがかかったままだった。　　　　　　　　　（東京・開成高）

The door remained (　　　　).

★111 日本文の意味を表すように,（　　　）内の語句を並べかえなさい。

(1) 彼は私に彼の母が描いた絵を見せてくれました。　　（北海道・函館ラ・サール高）

He (his / me / mother / showed / by / drawn / picture / a).

(2) 山頂から見る日の出はとても美しかった。[1語不足]　　　（大阪・清風高[函]）

The (top / the / the / from / of / sunrise / was / mountain) very beautiful.

(3) 話し言葉で書かれているこの物語本は,この図書館にやって来る子供たちに人気があります。　　　　　　　　　　　　　　　　（東京・早稲田実業高[函]）

This story book (in / this library / style / the children / popular / written / among / spoken / is / visiting).

★112 次の文を英語になおしなさい。

(1) 通りを歩いている人々は,ありのように小さく見えました。　（広島女学院高[函]）

難▶(2) バスを待っている人たちは,バスが来なくて怒っているようです。（東京・早稲田実業高）

(3) 20年前に建てられたこの校舎は,来年修理されます。　　　（神奈川・慶應高）

(4) 10年前に創設されたソフトボールチームには,私の友人がたくさん在籍している。

（福岡・久留米大附設高）

(5) 野球は,野球場で見ると,よりわくわくする。　　　（東京・早稲田実業高[函]）

着眼

110 (4) air raid 空襲　(5) remain [riméin] ～のままでいる

112 (1)「通り」street [stríːt]　(3)「修理する」repair [ripéər]/ fix [fíks]/ mend [ménd]

第2回 実力テスト

時間 **60**分
合格点 **80**点

得点 / 100

解答 別冊 *p.52~p.55*

1 次の文の（　）内に入れるのに最も適当なものを下から選び, 記号で答えなさい。 (1点×3＝3点)

(1) I have no records (　　).
　　ア to listen　イ to listen to　ウ to listening　エ to listening to

(2) She asked her daughter (　　) shopping with her little sister.
　　ア go　　　　イ goes　　　　ウ to go　　　　エ going

(3) I'm looking forward to (　　) you this summer.
　　ア meet　　　イ met　　　　ウ have met　　　エ meeting

2 次の文の（　）内の語を適当な形になおしなさい。ただし, 2語になる場合もあります。 (2点×5＝10点)

(1) Take as much as you want, but remember (go) before sunrise.

(2) After (return) to consciousness, she lay on the path.

(3) She is afraid of (catch) cold so she stays away from (crowd) places.

(4) What do you say to (go) for a walk?　You need the exercise.

(5) When Jeff talked about his experiences in Spain, his friends looked really (interest).

3 次の各組の文がほぼ同じ意味を表すように, （　）内に適当な1語を入れなさい。 (2点×4＝8点)

(1) Can you solve this problem?
　　Do you (　　　　) (　　　　) (　　　　) solve this problem?

(2) Do you know the girl?　She is dancing with Tom.
　　Do you know the (　　　　) (　　　　) with Tom?

(3) The boxes were (　　　　) heavy for me to lift.
　　The boxes were so heavy that I (　　　　) lift (　　　　).

(4) They were kind (　　　　) to show me the way to the library.

It was (　　　) (　　　　) (　　　　) to show me the way to the library.

---

4 日本文の意味を表すように，(　　)内に適当な1語を入れなさい。

(2点×5＝10点)

(1) あそこで携帯電話で話しているあの男の人を見て！

Look at that man (　　　　) (　　　　) the cellular phone over there!

(2) 初心者に英語を教えるのは難しいと思いました。

I thought (　　　　) (　　　　) (　　　　) to teach English (　　　　) beginners.

(3) どちらの方法を採るべきか，私に教えてください。

Please tell me (　　　　) (　　　　) (　　　　) take.

(4) 私はそのバンドがその歌を演奏するのを聞いたことがありません。

I have never (　　　　) the band (　　　　) that song before.

(5) おばさんからもらったCDはどこかしら。

Where is the CD (　　　　) to me (　　　　) my aunt?

---

5 日本文の意味を表すように，(　　)内の語句を並べかえなさい。ただし，それぞれ不足している1語を補うこと。

(3点×5＝15点)

(1) ほんの数分でお茶が入りますよ。

(a / only / to / tea / minutes / take / will / make / few).

(2) その部屋には窓際で漫画を読んでいる少年しかいませんでした。

(a boy / by / was / the room / only / the window / there / a comic / in).

(3) 彼は年をとりすぎていて，息子より速く走れなかった。

(son / old / than / run / faster / his / was / too / he).

(4) 母は口癖のように，「ラジオをつけて勉強してはダメ」と言います。

(always / me / Mother / on / study / tells / to / with / the radio).

(5) 彼女は昨夜息子にごみを出してもらった。

(her / she / garbage / out / son / take / the) last night.

6 次の文を日本語になおしなさい。 (3点×5＝15点)

⑴ We had a chance to visit an Australian high school to see a Japanese class.

⑵ As the water of the river was still and clear, he stopped to take a look at it.

⑶ I got an e-mail from Lucy saying that she would have a baby in December.

⑷ Most fast food restaurants offer a kind of beef sandwich called a hamburger and potatoes cooked in hot oil called French fries.

⑸ She made her children do their homework before dinner.

7 次の文を英語になおしなさい。 (3点×5＝15点)

⑴ メアリーは週末子供たちに自由に夜更かしさせている。

⑵ 英語を上手に話したいのなら，間違いを恐れてはいけません。

⑶ 私は外国のことをもっと知るために留学することを決意しました。

⑷ 突然，私たちの後ろに座っていたその2人の女性は大声で笑い出しました。

⑸ 今日，日本はとても豊かな国なので，我々は海外旅行したり，高級車に乗ったり，新しいものを買ったりなどすることを享受できます。

8 次の文を読んで，あとの問いに答えなさい。 (計24点)

About a hundred years ago there was a great man called Napoleon Bonaparte. He was the leader of the French army, and France was fighting with almost all the countries around it. He wanted very much to take his army into Italy, but ①(　　) Italy and the French army there were high mountains, and the tops of the mountains were covered with snow.

"Can we cross the mountains?" said Napoleon.

The men who were sent to look at the roads over the mountains shook their heads. Then one of them said, "It may be possible, but there are no ...."

"②(　　　)" said Napoleon. "Go forward to Italy!"

People laughed. ③An army of [6万] men were going to cross mountains ④(　　　) any roads. But Napoleon waited only to see that everything was ready, and then he told the army to leave for Italy.

The line of men and horses and cannons was twenty miles long. When they came to a steep place and there was no way to go forward, the trumpets sounded "Charge!" Then every man did his best and the whole army moved on.

Soon they were safely over the mountains. Four days later they went into Italy.

"A man who has decided to win," said Napoleon, "will never say '⑤(　　　)'."

(注) army 軍隊, shook＜shake 振る, he told the army to leave for Italy 彼は軍隊に イタリアに向けて出発するように言った, cannon(s) 大砲, steep けわしい, trumpet(s)　ラッ パ, charge 突撃する, a man who has decided to win 勝とうと決心した人間

(1) ①④の(　　　)内に適当な前置詞を入れなさい。　　　　　　　　　　(3点×2)

(2) ②⑤の(　　　)内に入れる適当な英文をそれぞれ1つずつ選び, 記号で答えなさい。

　② ア　I want to hear bad news,　　　　　　　　　　　　　(3点×2)
　　 イ　Stop! You've said too much,
　　 ウ　Do you have an interesting story?
　　 エ　I'll tell you an interesting story,
　⑤ ア　Help　　　　　 イ　Give up
　　 ウ　Impossible　　 エ　Don't give up

(3) 下線部③の(　　　)内の日本語の意味になるように, 次の(　　　)内に適当な1語を 入れなさい。　　　　　　　　　　　　　　　　　　　　　　　　　　　(4点)

　　An army of (　　　　　　) (　　　　　　) men

(4) 次の中から本文の内容と合っているものを2つ選んで, 記号で答えなさい。(4点×2)

　ア　フランスは, 周囲のほとんどすべての国々と交戦状態にあった。
　イ　見張りに出た兵士は, 敵はいないので進軍は可能かもしれないと言った。
　ウ　ナポレオンは, 兵士の隊列が整うのも待たずに進軍を命じた。
　エ　隊列の長さは12マイルにも及んだ。
　オ　軍隊は, けわしい山脈を無事に越え, イタリアに進軍した。

16 関係代名詞 who, which, that

解答 別冊 p.56~p.59

113 次の文の（　）内に入れるのに最も適当なものを下から選び，記号で答えなさい。 <頻出

(1) There were many fine pictures on the walls (　) were painted white and gold. （東京・國學院高）
ア which　　イ who　　ウ whose　　エ how

(2) A room that is used for cooking is a (　). （香川誠陵高）
ア living room　イ bedroom　ウ classroom　エ kitchen

(3) I found some books (　) tell us about the earth. （佐賀・東明館高）
ア which　　イ whose　　ウ who　　エ whom

(4) There is someone at the door (　) wants to talk with you.
ア which　　イ who　　ウ whom　　エ when
（熊本・真和高）

(5) My grandmother (　) in Okinawa is sick in bed now.
ア who live　イ who lives　ウ which lives　エ that living

114 次の各組の文がほぼ同じ意味を表すように，（　）内に適当な1語を入れなさい。

(1) I have a French friend with blue eyes. （大阪・大谷高）
I have a French friend (　) (　) blue eyes.

(2) The dog lying under the tree is ours. （奈良・帝塚山高）
The dog (　) (　) lying under the tree is ours.

(3) I have a nice friend. My friend works in the library. （国立高専）
I have a nice friend (　) (　) in the library.

(4) I know the woman in the red dress. （東京・明治大付中野八王子高）
I know the woman (　) (　) wearing the red dress.

(5) His house is near the park. （東京・明星高）
The house (　) stands near the park is (　).

着眼
113 (1) fine [fáin] すばらしい　(2) be used for ～ ～のために［理由で］使われる
114 (2) lying [láiiŋ] 横たわっている＜ lie [lái] 横たわる・横になる

(6) The old man on the bench is my grandfather. 〔熊本・真和高〕

The old man (　　　) (　　　) sitting on the bench is my grandfather.

(7) Ken was taught how to swim by this man. 〔東京・明法高〕

This is the man (　　　) (　　　) Ken swimming.

*115 次の文を(　　)内の指示に従って書きかえなさい。

(1) The young man living in that house is my friend. 〔大阪・関西大一高〕
(関係代名詞を用いた文に)

(2) The girl is my friend.　She is speaking English. 〔三重・暁高〕
(関係代名詞を用いて1つの文に)

(3) The students are my friends.　They are playing baseball.
(関係代名詞を用いて1つの文に) 〔三重・暁高〕

(4) Mr. Green wants a house.　It has many rooms.
(関係代名詞を用いて1つの文に)

(5) The woman spoke English very well.　She gave me the flowers.
(関係代名詞を用いて1つの文に) 〔大阪・樟蔭高〕

*116 日本文の意味を表すように,(　　)内の語句を並べかえなさい。

(1) 君はぼくの父と話している人を知っていますか。 〔大阪工大高〕

(do you know / talking / who / my father / the man / is / with)?

(2) 私はその会議に出ていた人のほとんどを知りません。[1語不足] 〔京都・洛南高〕

(I / in / know / part / people / took / who / the meeting).

(3) となりに住んでいる若い女性は, 医者です。 〔獨協埼玉高〕

The (doctor / woman / who / next / young / is / a / lives / door).

(4) それから, その学校は必要とする人に犬を与えるのだ。 〔千葉・渋谷教育学園幕張高図〕

Then (gives / need / people / the dogs / the school / them / to / who).

(5) 門のそばに立っている少年たちは, たいへん背が高い。 〔神奈川・日本大高〕

The (the gate / are / very tall / who / boys / by / are / standing).

着眼
116 (2)「～に出る」⇒「～に参加する」take part in ～　(3)「となりに住む」live next door　(5)「～のそばに」by ～

(6) あの女の子たちの中で，一番年上に見える子が，私の姉です。

The girl (is / oldest / my sister / those / of / the / looks / who / girls).　　　　　　　　　　　（東京・明治大付中野八王子高）

(7) 京都は古い寺院がたくさんある町です。［1語不足］　　　（大阪・清風高）

(a / old / which / is / many / Kyoto / city / temples).

(8) 町を流れている川が見えますか。　　　　　　　　（神奈川・日本大高）

(can you see / the town / which / through / the river / runs)?

(9) 青い屋根の家は，ぼくの叔母の家だ。［1語不足］　　（東京・法政大一高）

(roof / house / my / the / blue / has / aunt's / is / a).

(10) そのパーティーに招待された人の中には出席できなかった人もいた。　（大阪青凌高）

Some of the (to / not / were invited / could / who / the / party / people) come.

(11) あの子が君の叔父さんの世話を受けている少年ですか。　　　（東京・明治大付中野高）

Is that (boy / care / who / the / of / taken / is) by your uncle?

(12) このクラスにはコンピューターを使えない生徒はいません。［1語不足］

In this class, (computers / cannot / are / students / there / use / who).　　　　　　　　　　　　　　（大阪・四天王寺高）

(13) 恐竜の中には植物を食べる恐竜を食べるものもいた。［1語不足］（大阪・四天王寺高）

(ate / ate / dinosaurs / dinosaurs / plants / some).

(14) 乳製品は好きですか。［1語不要］　　　　　　　（福岡・西南学院高）

(of / from / you / which / milk / do / made / food / like / is)?

(15) あそこで歌っている少女は幸せそうです。　　　　（鹿児島・樟南高）

The girl (singing / who / looks / there / is) happy.

(16) 私はその時計を壊した少年を知っています。［1語不足］　　（東京・早稲田実業高）

(the clock / I / the boy / know / broke).

難▶(17) 私たちを手伝ってくれる人には感謝する必要がある。

(is / to / who / us / necessary / it / help / those / thank).

難▶(18) その国で困っている人々を，どうしたら助けることができるか教えていただきたいのですが。［1語不要］　　　　　　　　　　（東京・早稲田実業高）

(help / like / tell / know / are / would / in / in / to / to / that / people / I / trouble / who / how) country.

着眼
116 (8)「～を（通って）流れる」run through ～　(9)「屋根」roof［rúːf］（複数形はroofs）
　　(13) dinosaur［dáinəsɔːr］恐竜　(14)「乳製品」⇒「牛乳から作られた食べ物」と考える。
　　(17)「～する必要がある」it is necessary to ～

★★117 次の文を日本語になおしなさい。

(1) I gave up my seat on a train to an old woman who looked tired. （大阪・樟蔭高）

(2) African Americans made a new kind of music which was later called jazz. （京都・立命館高図）

難(3) There are people who can read these numbers as quick as lightening and remember them for the rest of their lives.
（鹿児島・ラ・サール高）

難(4) An English woman who traveled around Japan in those days wrote in her book that Japanese people were very short.
（大阪・追手門学院高）

難(5) I cried for the woman who was so young and had her life ahead of her, and I cried for her husband who was at home.
（鹿児島・ラ・サール高）

(6) This new job which has changed me very much is the best one in my life. （高知学芸高図）

難(7) A man who had saved enough money to buy a large house during the War found that after it his money could not even buy him some bread. [itの具体的内容を明示して] （鹿児島・ラ・サール高）

★★★118 次の文を英語になおしなさい。ただし，(2)(3)は（　）内の指示に従うこと。

(1) 彼はうちの近所に住んでいるアメリカ人かもしれないね。 （岡山白陵高）

(2) 彼女は趣味が同じ人と友達になりたいと思っている。(makeを用いて)
（北海道・函館ラ・サール高）

(3) 向こうに立っている女性は数年前からの知り合いです。(Iで始めて)
（北海道・函館ラ・サール高）

(4) 天は自ら助くるものを助く。＜ことわざ＞ （埼玉・慶應志木高図）

(5) 辞書を使わずに英語の雑誌が読める人を私はたくさん知っています。
（東京学芸大附高）

着眼

117 (1) seat [síːt] 座席　(2) later [léitər] 後で・後に，jazz [dʒǽz] ジャズ　(3) number [nʌ́mbər] 数字，lightening [láitniŋ] 稲妻，for the rest of *one's* life 余生・残りの人生・一生　(4) travel around ～ ～を旅してまわる，in those days 当時

118 (1)「うちの近所に」⇒「私（たち）の家の近くに」と考える。　(2)「趣味が同じ人」⇒「同じ趣味を持っている誰か」と考える。　(4)「天」heaven [hévn]

17 関係代名詞の所有格・目的格

解答 別冊 p.59~p.62

***119** 次の文の（　　）内に入れるのに最も適当なものを下から選び，記号で答えなさい。

(1) She is a famous singer (　　) songs many people sing. （岡山白陵高）
　　ア who　　　　イ whose　　　ウ which　　　エ that

(2) This is the CD (　　) for you. （東京・明治学院高）
　　ア which I bought　　　イ which I was bought
　　ウ which I will give　　エ whose I bought　　オ which I gave

(3) A man (　　) health is poor cannot work hard. （茨城・江戸川学園取手高）
　　ア who　　　　イ whom　　　ウ whose　　　エ that

(4) This is the famous tower (　　) the other day. （愛知・滝高）
　　ア which he talked about　　イ which talked about
　　ウ which he talked　　　　　エ which talked

(5) You can see the mountains (　　) tops are covered with snow, can't you? （佐賀・弘学館高）
　　ア that　　　　イ whose　　　ウ what　　　エ which

(6) The town (　　) I paid a visit to is a very quiet place to live in. （東京・城北高）
　　ア who　　　　イ which　　　ウ where　　　エ when

****120** 次の各組の文がほぼ同じ意味を表すように，（　　）内に適当な1語を入れなさい。

(1) The man whose eyes are blue is Mr. Green. （北海道・函館ラ・サール高）
　　The man (　　　) (　　　) (　　　) is Mr. Green.

(2) That is a cat called Jiro. （東京・中央大附高）
　　That is a cat (　　　) (　　　) is Jiro.

(3) Is this the house built by your father? （兵庫・関西学院高）
　　Is this the house (　　　) your father (　　　)?

着眼
119 (4) tower [táuər] 塔，the other day 先日　(5) top [tá(ɔ)p] 頂上　(6) pay a visit to ~ = visit ~ ~を訪れる

(4) She saw a black cat. Its eyes were gray. (東京・大妻中野高)

She saw a black cat (　　　　) eyes were gray.

(5) The boy is Jiro. His sister is studying music in France.

The boy (　　　) (　　　　) is studying music in France is Jiro. (高知・高知学芸高)

(6) This is a book written by him ten years ago. (大阪・清風高)

This is a book (　　　) (　　　) (　　　　) ten years ago.

(7) This is a picture which my brother took last month.

This is a picture (　　　　) by my brother last month.

(北海道・函館ラ・サール高)

(8) Keio Gijuku is a school which Yukichi Fukuzawa founded.

Keio Gijuku is a school (　　　) (　　　) Yuykichi Fukuzawa. (神奈川・慶應高)

★121 次の2つの文を関係代名詞を用いて1つの文にしなさい。 ◁頻出

(1) The book was interesting. I read the book yesterday.

(大阪・追手門学院高)

(2) The dictionary is on the desk. My uncle gave it to me.

(神奈川・法政大二高)

(3) Is that the building? You spoke of it the other day. (佐賀・東明館高)

(4) There are many children. She must take care of them.

(兵庫・滝川二高)

(5) The mountain is Mt. Fuji. Its top is covered with snow.

(近畿大附和歌山高)

(6) The girl is one of my classmates. Her hair is long.

(東京・成城学園高)

難▶(7) I have an American friend. He is John. (高知・土佐塾高)

難▶(8) That building is our school. You can see its roof over there.

(佐賀・東明館高)

着眼

120 (4) gray [gréi] 灰色の
121 (6) ＜one of ＋複数名詞＞「～のうちの1つ[1人]」

★122 日本文の意味を表すように，（　　）内に適当な1語を入れなさい。

(1) 私が今月読んだ本はこれが9冊目です。 （獨協埼玉高）

This is the (　　　) (　　　　) (　　　　) (　　　　) have read this month.

(2) 窓のこわれた家を見なさい。 （東京・早稲田実業高図）

Look at the (　　　) (　　　　) (　　　　) are broken.

(3) これはナンシーが作った人形です。 （大阪・開明高）

This is the doll (　　　　) Nancy (　　　　).

(4) このクラスには医者を父に持つ生徒が3人います。 （東京・巣鴨高）

There are three students in this class (　　　) (　　　) (　　　) doctors.

(5) トムが長年使っている時計はフランス製です。

The watch (　　　) (　　　) (　　　) (　　　) for many years (　　　) made in France.

★123 日本文の意味を表すように，（　　）内の語句を並べかえなさい。

(1) 私はボブがくれた指輪が好きです。 （東京・成城学園高）

(ring / Bob / like / gave / which / the / me / I).

(2) 彼女は自分が行った都市の地図を保存している。[1語不要] （東京・早稲田実業高）

(maps / visited / went / kept / cities / has / she / she / the / the / of / that).

(3) 両親をなくした子供たちには，やさしくしてあげなさい。[1語不足] （東京・開成高）

(kind / to / be / children / dead / the / parents / are).

(4) ぼくには，お父さんがイングランドに住んでいる友達がいます。 （東京・明治大付明治高）

(in / whose / a / I / father / friend / have / England / lives).

(5) 屋根が赤く塗ってある建物は何ですか。 （大阪女学院高図）

(whose / red / is / is / building / what / roof / that / painted)?

(6) 父からもらった本は，私には難しすぎました。[1語不足] （東京・穎明館高）

(gave / difficult / me / was / me / my father / the book / for / which).

(7) あなたが昨日買った本を見せてください。 (福岡大附大濠高)

(which / the / you / bought / show / please / me / book)
yesterday.

(8) 私は彼のためにこれしかできない。[1語不要] (福岡・西南学院高)

(can / all / that / this / do / him / is / for / only / I).

(9) あの青い制服の少年たちは自分たちの学校をとても誇りに思っています。

[1語不足] (東京・早稲田実業高)

Those (are / of / very / blue / school / are / uniforms / boys /
proud / their).

(10) 弟への誕生プレゼントは2年前からほしがっていた自転車です。 (京都精華女子高)

(for my brother / the bike / years / is / has / the birthday
present / two / wanted / which / he / for).

★**124** 次の文を日本語になおしなさい。

(1) The thing that they needed then was water to drink.

(兵庫・雲雀丘学園高)

(2) Mark Twain is an American writer whose stories are still
popular today. (兵庫・報徳学園高)

(3) Look at that house whose garden is covered with many
beautiful flowers.

(4) All the people that heard the news became very glad.

★★**125** 次の文を英語になおしなさい。ただし、(5)は (   ) 内の指示に従うこと。

(1) 私は昨日父が買ってくれた本を読みました。 (奈良・帝塚山高)

(2) あなたが昨日買ったペンを私に見せてください。 (高知・土佐女子高)

(3) これはぼくがずっとほしいと思っていた自転車です。 (大阪・高槻高)

(4) 両親がアメリカに住んでいるその少女を私は知りません。 (大阪・開明高)

(5) あの人は昨日駅で見かけましたよ。(That'sで始める) (京都・洛南高)

着眼

> **123** (8) 先行詞に注意する。 (9)「制服」uniform [júːnəfɔːrm]、「～を誇りに思う」be
> proud of ～
> **124** (2) Mark Twain [máːrk twéin] マーク・トウェイン(人名)、 writer [ráitər] 作家
> **125** (5)「見かける」see

18 thatの特別な用法

解答 別冊 p.62〜p.65

★126 次の文の（　　）内に適当な関係代名詞を入れなさい。ただし，thatは必要な場合のみ用いること。◀頻出

(1) Kyoto is the most interesting city (　　　　) I have ever been to.　（京都・同志社国際高）

(2) John is a man (　　　　) work takes him to many places.　（京都・立命館宇治高）

(3) When we come across a word (　　　　) meaning we don't know, we usually look it up in a dictionary.　（神奈川・慶應高）

(4) You can see the girl and the cat (　　　　) are running.

(5) It's the same thing (　　　　) he said to me.

(6) This is the first e-mail (　　　　) I wrote in English.

★127 次の各組の文がほぼ同じ意味を表すように，（　　）内に適当な1語を入れなさい。

(1) He gave me all his money.　（兵庫・武庫川女子大附高）
　　He gave me all the money (　　　　) he (　　　　).

(2) Everybody else came before Tom.　（東京学芸大附高）
　　Tom was the (　　　　) person (　　　　) came.

(3) Paul is the most popular singer. I know him.
　　Paul is the most popular singer (　　　　) I (　　　　).

(4) I have never seen such a beautiful bird.
　　This is the (　　　) (　　　　) bird (　　　　) I have (　　　　) seen.

★128 下線部のthatの用法が他と異なるものを1つ選んで，記号で答えなさい。　（京都・同志社女子高）

ア Is <u>that</u> the museum you have long wanted to visit?
イ This is the longest bridge <u>that</u> man has ever built.

着眼
126 (3) come across 〜 〜に偶然出会う・〜をふと見つける
127 (2) everybody else 他のみんな　(3) Paul ポール（男性の名）

ウ Man is the only animal <u>that</u> can use fire.

エ All <u>that</u> you have to do is to keep quiet.

129 日本文の意味を表すように，（　　）内の語句を並べかえなさい。

(1) 向こうで走っている少年と犬を見なさい。［1語不要］　　　　　（千葉・昭和学院秀英高）

(at / his / that / are / boy / look / the / dog / over / which / running / and) there.

(2) 何かぼくにしてほしいことがありますか。　　　　　　　　　　（東京・城北高⿎）

(do / you / that / anything / to / have / me / want / you / do)?

(3) 見えるものはすべて海であった。

(could / all / see / that / we / ocean / was).

(4) 太郎は，ジョンが日本で知っている，たった1人の男の子です。

(knows / John / Taro / that / is / boy / the / only / in Japan).

130 次の文を日本語になおしなさい。

(1) This is the most delicious dinner that I have ever had.

（東京工業大附科学技術高⿎）

(2) He is the only student that was able to solve the problem.

（千葉・昭和学院秀英高⿎）

(3) All that glitters is not gold.＜ことわざ＞

131 次の文を英語になおしなさい。

(1) パリは私が今まで訪れた中で，一番美しい都市です。　　　　　（高知学芸高）

(2) トムは，その質問に答えるために手を挙げた最初の人でした。

(3) この事業計画について何か知りたいことはありますか。

(4) これは私が今まで見た中で最もおもしろい映画です。　　（北海道・函館ラ・サール高）

(5) 私がここで買った唯一の物は，この小さな人形です。　　　　（東京・中央大杉並高）

着眼

130 (1) delicious [dilíʃəs] おいしい　(2) solve [sá(ɔ́)lv] 解く
(3) glitter [ɡlítər] ピカピカ光る

131 (1) 「パリ」Paris [pǽris]　(2) 「手を挙げる」raise *one's* hand
(3) 「事業計画」project [prá(ɔ́)dʒekt]

19 関係代名詞の省略

解答 別冊 *p.65~p.67*

★132 次の各組の文がほぼ同じ意味を表すように，（　　）内に適当な1語を入れなさい。

(1) Look at the picture painted by Tom. （千葉・市川高）
　　Look at the picture (　　　　) (　　　　　).

(2) All you need is time and effort. （東京・巣鴨高）
　　You need (　　　　　) time and effort.

(3) That is all I have to say. （東京・早稲田実業高）
　　I have (　　　　) (　　　　　) to say.

(4) Akiko studies English at school. （大阪・四天王寺高）
　　English is the subject (　　　　) (　　　　　) at school.

(5) I met a man at the station. He was Bob's father. （城北埼玉高）
　　The man (　　　　) met at the station (　　　　) Bob's father.

(6) Who is your favorite singer? （東京・明星高）
　　Who is the singer (　　　　) (　　　　) the best?

(7) All we could do was to laugh at his funny joke. （神奈川・慶應高）
　　We just (　　　　) (　　　　　) laughing at his funny joke.

★133 日本文の意味を表すように，（　　）内に適当な1語を入れなさい。

(1) こんなに美しい絵は今までに見たことがない。 （広島女学院高）
　　This is (　　　　) (　　　　　) beautiful picture I (　　　　　)
　　ever (　　　　).

(2) 彼女の作ったかばんというのはこれです。 （京都女子高）
　　This is the (　　　　) (　　　　) (　　　　).

(3) 次の列車を待とうよ。他にもう仕方がないもの。 （広島大附高）
　　Let's wait for the next train. This is (　　　　) (　　　　　)
　　(　　　　) we can do.

(4) 彼らはジャガイモを植えるだけでよかった。 （東京・巣鴨高）
　　All (　　　　) (　　　　　) (　　　　) do was to plant the potatoes.

★134 日本文の意味を表すように，(6)は英文の意味が通るように，（　）内の語句を並べかえなさい。 |頻出|

(1) あなたはその店で必要なものは何でも買うことができます。 （獨協埼玉高）
(you / you / anything / can / need / store / at / buy / the).

(2) 国の指導者は私たちがきわめて注意深く選ばなければならない人物です。
(have / is / choose / a person / to / we / a national leader) very carefully. （東京・十文字高）

(3) 君のしなければならないことといったら，私のいない間子猫の面倒を見ることだけです。
All (after / am / do / have to / is / look / the kitten / out / I / you / to / while).

(4) 私が昨日買ったこの高価な本は，私の部屋から持ち出してはいけません。
[1語不要] （東京・早稲田実業高）
(this / of / not / in / book / you / I / out / should / bought / take / expensive / my / yesterday) room.

(5) イギリス滞在中に彼女に会うとは思ってもいませんでした。[1語不足]
(person / my stay / I / the / she / had expected / was / in England / during / see / to). （東京・開成高）

(6) Sean (believe / couldn't / everything / he / he / knew / on the Internet / read), but then he saw another strange message: "I CAN'T BREATHE. HELP ME!" （千葉・渋谷教育学園幕張高）

★135 次の文を日本語になおしなさい。

(1) The choices we make, the decisions we reach, the things we do or do not do, will shape our lives and help to determine our happiness.

(2) Many children came to see the plays Hans and his father made up, and to hear Hans sing. （鹿児島・ラ・サール高）

(3) It is not at all convenient to have to exchange the shoes I make for other goods or services. （鹿児島・ラ・サール高囲）

(着眼)
134 (2)「指導者」leader [líːdər] (4)「AをBから持ち出す」take A out of B
135 (1) choice [tʃɔ́is] 選択，decision [disíʒən] 結論・決定・決心，shape [ʃéip] 形作る，determine [ditə́ːrmin] 決定する・決意する・決心させる
(3) convenient [kənvíːnjənt] 便利な

20 接続詞

解答 別冊 *p.67~p.70*

***136** 次の文の（　　）内に入れるのに最も適当なものを下から選び，記号で答えなさい。

(1) It began to rain hard (　　). （東京・明治学院高図）
  ア till the game started　　イ before the game didn't start
  ウ since the game started　　エ before the game started

(2) (　　) I was a child, I lived in New York.
  ア If　　　　イ When　　　ウ Because　　　エ Before

(3) He didn't come (　　) he was sick.
  ア after　　　イ though　　　ウ because　　　エ before

(4) Mariko came to see you (　　) you were out.
  ア till　　　イ during　　　ウ by　　　　エ while

(5) (　　) you know, he is the tallest boy in our school.
  ア As　　　　イ When　　　ウ That　　　　エ Because

(6) Hurry up, (　　) you will miss the train. （北海道・函館ラ・サール高）
  ア if　　　　イ and　　　ウ or　　　　エ but

(7) Look north on a clear, winter night, (　　) you will find some constellations. （神奈川・法政大二高）
  ア but　　　　イ though　　ウ that　　　エ and

(8) I'm going to call the police (　　) you give me my car back.
  ア because　　イ for　　ウ if　　　エ unless （大阪星光学院高）

(9) (　　) Mike and Chris like Japanese songs. （岡山白陵高）
  ア Either　　イ Both　　ウ Each　　　エ All

(10) He did not study hard before the examination, (　　) he got only 15 on it. （東京・青山学院高）
  ア but　　　イ because　　ウ or　　　エ so

難-(11) "I hope we can meet again soon." "(　　). Goodbye."
  ア So do I　　イ So I do　　ウ So we can　　エ So can we
　　　　　　　　　　　　　　　　　　　　　　　　　（鹿児島・ラ・サール高）

着眼
136 (6) miss [mís] 乗り遅れる　(7) constellation [kɑ̀(ɔ)nstəléiʃən] 星座　(8) give ~ back ~を返却する　(10) on it 試験で (it は examination を指す)

★*137* 次の文中の誤っている部分を抜き出して訂正しなさい。

(1) His father studied art during he was in Italy. （愛媛・愛光高）

(2) We will go camping in the forest if it will be fine tomorrow.

（北海道・函館ラ・サール高）

★*138* 次の各組の文がほぼ同じ意味を表すように，（　　）内に適当な1語を入れなさい。 ＜頻出

(1) My father died at the age of fifty. （佐賀・東明館高図）

My father died (　　　) he (　　　) fifty.

(2) You must try harder if you want to succeed in business.

(　　　) (　　　), (　　　) you won't succeed in business.

（神奈川・慶應高）

(3) It was very cold yesterday, but we played soccer outside.

(　　　) it was very cold yesterday, we played soccer outside.

(4) Without your help, I won't be able to climb the mountain.

(　　　) you (　　　) help me, I won't be able to climb the mountain.

(5) Mr. Brown is a violinist and not a pianist.

Mr. Brown is not a pianist (　　　) a violinist.

(6) He dislikes both fishing and hunting.

He likes (　　　) fishing (　　　) hunting.

(7) Both TV and the Internet have much influence on children.

Not only TV (　　　) (　　　) the Internet (　　　) much influence on children. （神奈川・慶應高図）

(8) May I turn on the TV? （神奈川・慶應高）

(　　　) you (　　　) (　　　) I turn on the TV?

🎯(9) It may rain heavily tomorrow, but I cannot be late for the concert. （神奈川・慶應高）

(　　　) it rains heavily or (　　　) tomorrow, I cannot be late for the concert.

着眼

138 (1) at the age of ～ ～歳で　(2) in business 仕事で　(3) outside [autsáid] 圖 外で　(4) without [wiðáut] ～がなければ　(6) dislike [disláik] 嫌う，hunting [hántiŋ] 狩猟　(7) influence [ínfluəns] 影響　(8) turn on ～ ～をつける

139 日本文の意味を表すように，（　　）内に適当な1語を入れなさい。 〈頻出〉

(1) 暗くならないうちに帰りなさいよ。 （愛知・滝高）

Come back (　　　　　) it gets dark.

(2) あなたの辞書を借りてもいいですか。 （佐賀・東明館高図）

Is it OK (　　　　　) I borrow your dictionary?

(3) 歯をみがいてから寝なさい。

Brush your (　　　　　) (　　　　　) you go to bed.

(4) 私が家に帰ったとき，姉は電話中でした。

My sister (　　　　　) (　　　　　) on the phone when I came home.

(5) その仕事をやる人が誰もいなければ，あなたか彼のどちらかがそれをしなくては
ならないでしょう。 （東京・お茶の水女子大附高）

If there is no one to do the work, (　　　　) (　　　　　)
(　　　　) he (　　　　) (　　　　) (　　　　) do it.

140 日本文の意味を表すように，(2)(5)は英文の意味が通るように，（　　）内の語
句を並べかえなさい。 〈頻出〉

(1) もし雨が降ったら，私は家にとどまるつもりです。[1語不要] （滋賀・近江高図）

(it / I / going / stay / if / will / to / rains / am / home).

(2) A : Why were you late for the meeting? （千葉・渋谷教育学園幕張高図）

B : I (because / come / couldn't / heavy / in / the traffic /
time / was).

(3) 私たちは，暗くならないうちに，家に帰らなければならなかった。[1語不要]

(before / to / home / got / didn't / go / we / dark / it / had).

（佐賀・東明館高）

(難)(4) 西洋の国々では，鏡をこわすと不幸が訪れると信じられている。[1語不要]

In Western countries (mirror / luck / it / that / a / is /
breaking / comes / bad / brings / believed). （東京・早稲田実業高）

(5) He (because / only / English / not / French / speaks / but /
he lived) in France. （東京・明治学院高）

(難)(6) まもなく彼はここに来るでしょう。 （東京・共立女子高）

(he / be / will / comes / it / long / here / before / not).

(着眼)
139 (3)「みがく」brush [brʌʃ]　(4)「電話で」on the phone　(5)「誰も～ない」no one

(7) 彼は成功しないだろうと思った。

(would / I / he / didn't / think / succeed).

☆*141* 次の文を日本語になおしなさい。

(1) As she hurried to the bread shop, she felt very warm.

（東京・筑波大附高図）

難▶(2) It will not be long before you regret this. （兵庫・灘高図）

(3) Either come in or go out. （東京・明治大付明治高図）

(4) Whether or not solar energy can save you money depends on many things. （鹿児島・ラ・サール高）

難▶(5) At first it was thought that a man wearing very strong wings would be able to fly like a bird. （鹿児島・ラ・サール高）

(6) I got up early this morning so that I would not be late for school. （神奈川・慶應高図）

難▶(7) They didn't know grandpa had saved me until they got back to shore. （鹿児島・ラ・サール高）

☆☆*142* 次の文を英語になおしなさい。ただし，(1)(5)(6)は（　）内の指示に従うこと。

(1) 君のお兄さんはドイツに住んでるらしいね。(I hearで文を始める)

（鹿児島・ラ・サール高）

(2) 自転車の乗り方を学んだら，それを忘れることはないでしょう。(東京・中央大杉並高)

(3) その事故で誰もけがをしなかったのは運がよかった。 （福岡・久留米大附設高）

難▶(4) あなたのお母さんが2週間も病気で寝込んでいるなんて，私は全然知りませんでした。

（福岡・久留米大附設高）

難▶(5) 昨日，初めて彼が死んだのを聞いた。(It was notで文を始める) （兵庫・灘高）

難▶(6) 彼が部屋から出て行ったとたんに，彼女は彼の悪口を言い始めた。

(No soonerで文を始める) （兵庫・灘高）

着眼

140 (7)「成功する」succeed [səksíːd] 動 > success [səksés] 名 成功 / successful [səksésfəl] 形 成功した

141 (1) hurry to ~ ~に急いで行く (2) regret [rigrét] 後悔する (3) come in 入る⇔go out 出る (4) depend on ~ ~による (5) wing [wíŋ] 翼 (7) grandpa [grǽn(d)pɑː] (= grandfather) おじいちゃん，祖父

142 (3)「運がいい」lucky [lʌ́ki]，「けがをする」be hurt [injured] (4)「病気で寝込んでいる」be ill [sick] in bed (6)「~の悪口を言う」speak ill [badly / evil] of ~

21 仮定法

解答 別冊 *p.70~p.72*

*143 次の（　）内に，ア～エより適当なものを選んで入れなさい。

(1) If I (　　) a bird, I could fly to you.

　　ア　am　　　　　イ　is　　　　　ウ　are　　　　　エ　were

(2) If I got up earlier, I (　　　) the sunrise.

　　ア　could see　　イ　can see　　ウ　see　　　　エ　saw

(3) He is an adult, but he cries as if he (　　) a baby.

　　ア　is　　　　　イ　wasn't　　　ウ　were　　　　エ　would be

(4) If she (　　) sick, she could go on a field trip.

　　ア　were　　　　イ　weren't　　　ウ　is　　　　　エ　hasn't

(5) I wish I (　　) closer to my school.

　　ア　am　　　　　イ　live　　　　ウ　lived　　　　エ　can live

(6) It is high time the children (　　) to bed.

　　ア　going　　　　イ　went　　　　ウ　will go　　　エ　have gone

*144 次の各組の文がほぼ同じ意味を表すように，（　）内に適当な1語を入れなさい。

(1) As you are lazy, I will not employ you.　　　　　　（福岡・久留米大附設高）

　　If you (　　　) diligent, I (　　　) employ you.

(2) As he has no glasses, he can't read the book.

　　If he (　　　) glasses, he (　　　) read the book.

(3) I have a cold, so I won't go with you.

　　If I (　　　) not (　　　) a cold, I (　　　) go with you.

(4) I'm sorry I can't play the piano as well as Tom. （福岡・久留米大附設高）

　　I (　　) (　　) (　　) play the piano as well as Tom.

(5) As I don't have enough money, I can't buy this car.

　　If I (　　) enough money, I (　　) (　　) this car.

(6) I don't know her telephone number, so I can't call her.

　　If I (　　) her telephone number, I (　　) (　　) her.

着眼

　143 (2) sunrise [sánraiz サンライズ] 日の出　(4) field trip 遠足

　144 (1) lazy [léizi レイズィ] 怠惰な ⇔ diligent [dílədʒ(ə)nt ディリヂ (ェ) ント] 勤勉な,
　　　　employ [implɔ́i エンプロイ] 雇う

***145** 日本文の意味を表すように，（　　）内に適当な1語を入れなさい。

(1) 今，それだけのお金があればなあ。　　　　　　　　　　　　　　　（東京・開成高）

I wish I (　　　　) that money now.

(2) あのドイツ人は，日本語をまるで母国語のように話す。　　　　　　（兵庫・灘高）

That German speaks Japanese (　　　　) (　　　　) (　　　　)
(　　　　) his mother tongue.

(3) そろそろおいとまする時間です。

It's about time we (　　　　) leaving.

(4) 私があなただったら，もう少し待つでしょう。

If I (　　　　) you, I (　　　　) (　　　　) a little longer.

(5) 自分のコンピューターを持っていればなあ。

I wish I (　　　　) my own computer.

(6) 彼らは私をまるで彼らの息子のように扱う。

They treat me as if I (　　　　) their son.

(7) もし私に時間があれば，あなたの仕事を手伝うのに。

If I (　　　　) time, I (　　　　) (　　　　) you with your
work.

(8) あなたはそろそろ髪を切ってもらうころです。

It is about time you (　　　　) a haircut.

***146** 次の英文を日本語になおしなさい。

(1) If it were not for water, no living thing could exist.

(2) I wish I could speak English better.

(3) He speaks English as if he were an American.

***147** 次の文を英語になおしなさい。

(1) もし私があなたなら，そんなことをしないのに。

(2) 彼はまるで何でも知っているかのように話す。

(3) 明日の朝までに，雨がやんでくれればいいのですが。　　　　　　（兵庫・白陵高）

着眼

145 (2)「母国語」mother tongue　(6)「扱う」treat [tríːt トゥリート]
146 (1) living thing 生物，exist [igzíst イグズィスト] 存在する

22 前置詞

解答 別冊 p.72~p.75

*__148__ 次の文の（　　）内に入れるのに最も適当なものを下から選び，記号で答えなさい。

(1) We will have another meeting (　　) Friday morning. （岡山白陵高）
　　ア　on　　　　イ　at　　　　ウ　in　　　　エ　for

(2) I'll come back home (　　) two hours. （北海道・函館ラ・サール高）
　　ア　at　　　　イ　over　　　ウ　in　　　　エ　to

(3) I'll finish this job (　　) three o'clock. （北海道・函館ラ・サール高）
　　ア　from　　　イ　by　　　ウ　till　　　エ　under

(4) They finally succeeded (　　) the top of the mountain.
　　ア　to reach　　イ　in reaching　　ウ　to arrive　　エ　in arriving
　　　　　　　　　　　　　　　　　　　　　　　（東京・明治大付中野高）

(5) She is very glad to hear (　　) your success. （東京・明治大付中野高）
　　ア　from　　　イ　to　　　ウ　of　　　　エ　in

(6) Have you (　　) in your homework? （埼玉・立教新座高）
　　ア　got　　　イ　handed　　ウ　passed　　エ　put

(7) John (　　) once took his stick and went out of his house.
　　ア　on　　　　イ　with　　　ウ　at　　　エ　between
　　　　　　　　　　　　　　　　　　　　　　　（大阪・清風高）

(8) She enjoyed swimming in the lake (　　) the summer vacation. （東京・明治学院高）
　　ア　when　　イ　during　　ウ　while　　エ　as　　オ　if

(9) Dick spends a lot of money (　　) books. （東京・早稲田大高等学院）
　　ア　at　　　　イ　by　　　ウ　with　　エ　on

(10) Jim paid eight dollars (　　) the dictionary. （東京・早稲田大高等学院）
　　ア　for　　　イ　on　　　ウ　to　　　エ　in

(11) Jane stood (　　) tears in her eyes. （東京・早稲田実業高）
　　ア　up　　　　イ　on　　　ウ　with　　エ　under

着眼
__148__ (4) the top of ~ ～の頂上　(7) stick [stík] 杖　(9) Dick ディック（男性の名）
(11) tear [tíər] 涙

*149 次の文の（　）内に入れるのに最も適当な語を下から選んで入れなさい。ただし，各語は1度しか使えません。 (東京・早稲田高)

(1) Columbus thought that it would be possible to go from Europe to India (　　　) sailing to the west.

(2) Sailors from Europe went chiefly to India (　　　) silks and jewels.

(3) India is a country far (　　　) the west.

(4) Columbus did not know that a continent and two seas were (　　　) him and India.

(5) In the year of 1492 Columbus left Spain (　　　) three small ships and less than a hundred men.

〔 in　　with　　on　　by　　between　　for　　among　　to 〕

*150 次の文の（　）内に適当な1語を入れなさい。 ◄頻出

(1) He was born (　　　) England (　　　) the first (　　　) September, 1936. (埼玉・慶應志木高)

(2) I was sandwiched (　　　) two large women. (埼玉・慶應志木高)

(3) He had no pencil to write (　　　), nor any paper to write (　　　). (埼玉・慶應志木高)

(4) (　　　) my joy, my brother won the first prize. (鹿児島・ラ・サール高)

(5) Time is up. So much (　　　) today. (鹿児島・ラ・サール高)

(6) 私は事故のせいで学校に遅刻しました。 (東京・開成高⊠)
I was late for school (　　　) account of an accident.

(7) 私は平均して月に3冊の本を読みます。 (東京・開成高⊠)
I read three books a month (　　　) average.

(8) In Japan, we usually don't enter our rooms (　　　) our shoes on. (東京・早稲田大高等学院)

(9) What happened (　　　) your right hand? (東京・開成高)

149 (1) Columbus [kəlʌ́mbəs] コロンブス，sail [séil] 航海する (2) sailor [séilər] 船員・水夫，chiefly [tʃíːfli] 主に，silk [sílk] 絹，jewel [dʒúːəl] 宝石 (4) continent [ká[ɔ́]ntənənt] 大陸 (5) Spain [spéin] スペイン

150 (2) sandwich [sǽn(d)witʃ] 挟む (4) the first prize 1等賞 (5) Time is up. 時間です。 (7) a month ひと月に a, anには「〜につき」という意味がある。

★151 次の各組の文がほぼ同じ意味を表すように，（　　）内に適当な1語を入れなさい。

(1) What are you going to do during the summer vacation?
　　What is your (　　　　) (　　　　) the summer vacation?
　　　　　　　　　　　　　　　　　　　　　　　　　　〔京都橘高〕

(2) Taro and I live in this room.
　　I (　　　　) this room (　　　　) Taro.
　　　　　　　　　　　　　　　　　　　　　　　　　　〔大阪・開明高〕

(3) His dictionary and mine are not the same.
　　His dictionary is (　　　　) (　　　　) mine.
　　　　　　　　　　　　　　　　　　　　　　　　　　〔神奈川・湘南学園高〕

(4) He built the house alone.
　　He built the house (　　　　) (　　　　).
　　　　　　　　　　　　　　　　　　　　　　　　　　〔東京・早稲田実業高〕

(5) We see a lot of foreigners in Tokyo.
　　We see a lot of people (　　　　) (　　　　) in Tokyo.
　　　　　　　　　　　　　　　　　　　　　　　　　　〔高知・土佐女子高〕

(6) When I was going to the library, I met my friend.
　　(　　　　) (　　　　) way to the library, I met my friend.
　　　　　　　　　　　　　　　　　　　　　　　　　　〔神奈川・森村学園高〕

(7) He did not go to school yesterday.
　　He was (　　　　) (　　　　) school yesterday.
　　　　　　　　　　　　　　　　　　　　　　　　　　〔大阪・四天王寺高〕

(8) Marco met his mother at last.
　　(　　　　), Marco met his mother.

⚫難-(9) Though the rock was very large, he was able to lift it.
　　He was able to lift the rock in (　　　　) (　　　　) its great size.
　　　　　　　　　　　　　　　　　　　　　　　　　　〔福岡・久留米大附設高〕

(10) I went after her into the classroom.
　　I (　　　　) her into the classroom.
　　　　　　　　　　　　　　　　　　　　　　　　　　〔大阪・四天王寺高〕

(11) Tom drives carefully, so he has never had an accident.
　　Tom has never had an accident (　　　　) of his careful driving.
　　　　　　　　　　　　　　　　　　　　　　　　　　〔愛知・滝高〕

(12) All animals need air and water to live.
　　No animal can live (　　　　) air and water.
　　　　　　　　　　　　　　　　　　　　　　　　　　〔東京・早稲田実業高〕

(13) Our teacher taught us that the war suddenly started about 60 years ago.
　　Our teacher taught us that the war (　　　　) out about 60 years ago.
　　　　　　　　　　　　　　　　　　　　　　　　　　〔愛媛・愛光高〕

着眼
151 (8) Marco マルコ（男子の名）　(10) go after ～のあとを追いかける・～を追い求める
(11) accident [ǽksədənt] 事故　(13) suddenly [sʌ́dnli] 突然に

(14) He went to the United States when he was thirty years old.

(   ) (   ) (   ) of thirty he went to the United States. （愛媛・愛光高）

(15) While I was staying in London, I visited Hyde Park.

(   ) (   ) stay in London, I visited Hyde Park.

(16) "She is a pretty girl," he said to himself. （大阪・四天王寺高）

"She is a pretty girl," he (   ).

(17) Knowing about something is one thing and doing it is another.

Knowing about something is quite (   ) (   ) doing it. （神奈川・森村学園高）

(18) Mr. Yamada went to Naha by plane last summer. （大阪・四天王寺高）

Mr. Yamada (   ) to Naha last summer.

(19) Some of them were against the plan. （兵庫・灘高）

(   ) of them were not (   ) the plan.

(20) Cross the street carefully. （兵庫・灘高）

Go from this side of the street to the (   ) (   ) care.

152 次の文の中から [   ]内の語を入れると不適当な文を1つ選び，記号で答えなさい。 （兵庫・灘高区）

(1) [by] ア It is five o'clock (   ) my watch.

イ He caught me (   ) the arm.

ウ The cat climbed the tree (   ) ease.

エ He is John (   ) name.

オ They employed him (   ) the day.

(2) [for] ア I bought the English book (   ) that bookstore.

イ I bought the English book (   ) my sister.

ウ I went out into the street (   ) an English book.

エ I bought the English book (   ) five hundred yen.

オ The English book is suitable (   ) beginners.

着眼

151 (15) Hyde Park [háid pá:rk] ハイドパーク (17) quite [kwáit] 全く (19) against [əgénst] ～に反対して, plan [plǽn] 計画 (20) cross [krɔ́(:)s] 渡る, street [strí:t] 通り, side [sáid] 側, care [kéər] 图 注意

152 (1) イ arm [á:rm] 腕 オ employ [implɔ́i] 雇う (2) オ suitable [sú:təbl] 適当な・ふさわしい, beginner [bigínər] 初心者

★153 日本文の意味を表すように，（　　）内に適当な1語を入れなさい。

(1) 私は今日妹の面倒を見なければなりません。 （大阪・賢明学院高）

I have to (　　　　) (　　　　　　) my little sister today.

(2) 私は3年ぶりにその友達に会った。

I saw my friend for the first time (　　　　　) three years.

(3) ところで，今晩はお暇でしょうか。 （大阪・開明高）

(　　　　　) the way, are you (　　　　　) this evening?

(4) 多くの学生がスピーチコンテストに参加しました。 （東京・早稲田高）

Many students (　　　) (　　　　) (　　　　) the speech contest.

(5) 勇敢であったけど，彼は決してそれを鼻にかけなかった。 （愛知・東海高）

Though he was brave, he was (　　　) (　　　　) (　　　) it.

(6) その飛行機は強風で飛べなかった。 （大阪・関西大倉高）

The plane couldn't fly (　　　　　) of the strong wind.

(7) 最初，私はそれがうまくできなかった。 （神奈川・法政大二高）

(　　　　) (　　　　　), I couldn't do it well.

(8) 彼女はカバンいっぱいに花を入れた。 （大阪・関西大倉高）

She filled her bag (　　　　　) flowers.

(9) その公園の前に，大きな池があります。 （大阪・開明高）

There is a big pond (　　　　) (　　　　　) of the park.

(10) 私はあなたとあなたの双子のお兄さんの見分けがつかない。 （大阪・関西大倉高）

I can't tell you (　　　　　) your twin brother.

(11) グラントはコンサートにちょうど間に合った。 （熊本学園大付高）

Grant was (　　　　) (　　　　) (　　　　) for the concert.

(12) あなたはお父さんとよく似ています。 （大阪・関西大倉高）

You look just (　　　　) your father.

(13) 彼らは休暇でロンドンへ行った。

They went to London (　　　　) vacation.

---

153 (5)「勇敢な」brave [bréiv] 形，「鼻にかけない」⇒「誇りに思わない」と考える。
(8)「いっぱいに入れる」⇒「満たす」fill [fíl] (10)「双子の」twin [twín]
(11)「グラント」Grant（人名）

★154 日本文の意味を表す英文になるように,( )内の語句を並べかえなさい。

(1) あなたからのお便りを楽しみにしています。[1語不足] (京都・洛南高)
(am / forward / from / I / looking / to / you).

(2) 帰り道で友達に会った。[1語不足] (京都女子高)
(of / met / on / a / friend / way / my / I / home).

難(3) 彼は火事で家を失う危険にさらされていた。[1語不足] (大阪・清風高)
(danger / losing / of / was / house / his / he) because of fire.

(4) あなたが外国にいる間,私が花の世話をじゅうぶんしていました。(東京・明星高改)
(good care / while / of / taking / was / the / flowers / I)
you were abroad.

(5) 私は3月1日にシドニーに向けてロンドンを出発する予定です。[1語不足] (大阪・清風高)
(London / Sydney / am / on / to / I / leave / March 1 / going).

難(6) 今月はこの辺では雨の多い天気が続くので,一番危険な時期と思われています。
This month is (weather / the most / thought / dangerous /
continuing / period / in / with / to be / rainy) this area.

(東京・早稲田実業高)

(7) あなたを長い間待っていたのです。[1語不足] (大阪・清風高)
(for / long / you / I / a / waited / have / time).

難(8) 急病のため,私は彼女を空港まで見送りに行けなかった。
I (a / to / to / because / off / go / her / couldn't / of /
sudden illness / see / the airport).

(9) 彼の小説は多くの言葉に翻訳された。
(languages / his novel / translated / was / into / many).

★★155 次の文を英語になおしなさい。

(1) 先日屋久島についての本を読んだよ。 (鹿児島・ラ・サール高)
_____ Yakushima Island.

難(2) あなたは目を閉じたまままっすぐに歩けますか。 (愛媛・愛光高)

(3) 次の日曜日に,私の赤ちゃんの面倒をみてくれませんか。 (埼玉・開智高)

(4) テレビや漫画のせいで,近頃の学生はあまり本を読まない。 (兵庫・灘高)

着眼
154 (3) 「火事」fire [fáiər],「危険」danger [déindʒər] < dangerous [déindʒərəs] 危険な
(4) 「外国にいる」be abroad (9) translate [trænsléit] 翻訳する
155 (2) 「まっすぐに」straight [stréit] (4) 「漫画」comic [ká[ɔ]mik],「近頃の学生は」⇒
「近頃,学生は」と考える。 「近頃」these days

23 間接疑問文

解答 別冊 *p.75~p.78*

*156 次の文の（　　）内に入れるのに最も適当なものを下から選び，記号で答えなさい。

(1) Everyone knows the word "kangaroo" even if they do not know English. But do you know how (　　) English?　　（大阪桐蔭高）
　　ア　did it become　　　　イ　it comes
　　ウ　it became　　　　　　エ　does it come to

(2) Do you know what (　　) now?　　（大阪・四天王寺高）
　　ア　is Nancy reading　　イ　Nancy is reading
　　ウ　does Nancy read　　　エ　Nancy read

(3) I don't know (　　　).　　（熊本・真和高）
　　ア　where did he go　　　イ　where did he went
　　ウ　where went he　　　　エ　where he went

**157 次の各組の文がほぼ同じ意味を表すように，（　　）内に適当な1語を入れなさい。

(1) I asked him the number of books he had.　　（東京工業大附科学技術高）
　　I asked him (　　　) (　　　) books he had.

(2) Do you know how large that soccer stadium is?　（東京・早稲田実業高）
　　Do you know the (　　　) (　　　) that soccer stadium?

(3) Tell me the time and the place of his birthday party.　（埼玉・開智高）
　　Tell me (　　　) and (　　　) he will have his birthday party.

(4) I don't know how old this school is.　　（大阪・近畿大附高）
　　I don't know (　　　) this school was (　　　).

●(5) Our teacher said to us, "When will you leave Narita Airport?"
　　Our teacher (　　　) us (　　　) (　　　) (　　　) leave Narita Airport.　　（福岡・久留米大附設高）

―――――――――――――――――――――――――――――

着眼
156 (1) even if ～ たとえ～でも
157 (1) the number of ～ ～の数

⑹ He asked her, "What time does your sister come home?"

He asked her what time (　　　) sister (　　　) home.

（神奈川・慶應高）

⚫▶⑺ I thought to myself, "Whose book is this?" （東京・法政大高）

I wondered whom this book (　　　) (　　　)?

⑻ I have no plans for next weekend. （東京・明星高）

I don't know (　　　) (　　　) should spend next weekend.

⑼ I don't know what to do now. （徳島文理高）

I don't know what (　　　) (　　　) do now.

⑽ I know why he did such a thing. （兵庫・関西学院高）

I know (　　　) (　　　) him do such a thing.

⚫▶⑾ What do you think is a good present to bring to the party?

Do you have (　　　) (　　　) for a good present to bring to the party? （東京・早稲田実業高）

⑿ Do you know the distance from the airport to the hotel?

Do you know how (　　　) (　　　) (　　　) from the airport to the hotel? （兵庫・灘高）

★**158** 日本文の意味を表すように，(　　　)内に適当な1語を入れなさい。

⑴ 私は彼女がなぜそのようなものを買ったのか知りたい。 （東京・巣鴨高）

I want (　　　) (　　　) (　　　) (　　　) (　　　) such a thing.

⑵ いつになったら雨がやむのだろう。 （鹿児島・ラ・サール高）

I wonder when (　　　) (　　　) (　　　) (　　　).

⚫▶⑶ 彼がその後どうなったか，誰も知らない。 （愛知・東海高）

Nobody knows (　　　) has (　　　) (　　　) him.

⑷ 明日のことなんかわかりませんよ。 （兵庫・灘高）

We cannot (　　　) (　　　) may happen tomorrow.

⑸ 私の子供はどこで遊んでいると，あなたは思いますか。 （神奈川・桐蔭学園高）

(　　　) (　　　) (　　　) (　　　) my child is playing?

⚫▶⑹ 彼が私たちを手伝ってくれるかどうか，私は知りません。 （東京・早稲田高）

I don't know (　　　) (　　　) (　　　) (　　　) us.

着眼

157 ⑿ distance [dístəns] 距離

★159 日本文の意味を表すように，(8)は英文の意味が通るように，（　）内の語句と符号を並べかえなさい。 ＜頻出＞

(1) 彼らがどこの出身かあなたは知っていますか。 （東京・駒込高）

(are / where / do / know / you / they / from)?

(2) 彼女はどちらの道を行ったと思いますか。 （東京・開成高）

(way / do / she / went / which / you / think)?

(3) 駅までどのくらいかかると思いますか。[1語不足] （東京・開成高）

(do / get / how / it'll / long / you / the station / think / to / to)?

(4) 京都にいくつ寺があるか知っていますか。 （京都・立命館高）

(how / do / are / many / know / you / temples / there / in Kyoto)?

(5) なぜ彼女があんなに幸せだったのかわからない。[1語不要] （東京・江戸川女子高）

(happy / don't / what / so / why / her / know / I / made).

(6) ここはどこなのか地図で教えていただけますか。 （愛知・滝高）

(where / me / you / we / can / are / show) on this map?

(7) 私がどこへ旅行に行くところだと思いますか。[1語不足] （兵庫・白陵高）

(am / where / you / do / think / going / I / trip / a)?

(8) A : I haven't seen Ellen for years.　Do you know anything about her? （千葉・渋谷教育学園幕張高函）

B : No.　(anyone / don't / I / knows / lives / think / she / where).

(9) 20年後に世界がどうなるか誰にもわからない。 （北海道・函館ラ・サール高）

No one (be / knows / like / what / will / the world) in 20 years.

(10) 彼に会ったことがないから，どんな人かわかりません。[1語不足]

As I (like / have / tell / is / met / cannot / him / I / never / what / ,).

(11) その王様は農民に羊を何頭飼っているのか尋ねた。[1語不足]

(farmer / how / he / had / the / the / asked / many / king).

(12) 春の世界がどんなふうか，外に見に行こう。 （愛知・滝高）

Let's go outside (the world / how / see / to / looks) in the spring.

⎯⎯⎯⎯⎯⎯⎯⎯⎯⎯⎯⎯⎯⎯⎯⎯⎯⎯⎯⎯⎯⎯⎯⎯⎯⎯⎯⎯⎯

着眼

159 (4)「寺」temple［témpl］ (7)「旅行に行く」go on a trip (11)「農民」farmer［fáːrmər］

⑬ 母は使い道を考えずにいつもたくさん買い物をします。[2語不足] (東京・早稲田実業高)

(a / always / buys / lot / mother / my / of / she / them / things / thinking / use / will / about).

⑭ あなたは野球とサッカーのどちらが人気があると思いますか。[1語不要]

(think / or / soccer / more popular / than / you / is / do / , / baseball / which)?　　　　　　　　　　(佐賀・東明館高)

⑮ どうしたらいいのか誰も教えてくれなかった。　　　(熊本学園大付高)

(should / told / no / what / me / I / one) do.

▶⑯ この小包は誰から来たものだと思いますか。

(do / has / parcel / sent / think / this / who / you)?

★*160* 次の文を日本語になおしなさい。

⑴ People all over the world wondered who was going to get Nobel's money.　　　　　　　　　　　　　(鹿児島・ラ・サール高)

⑵ You probably know what fast food is.　It is food that is ready as soon as you enter an eating place.　　(鹿児島・ラ・サール高)

⑶ Whether time passes slowly or quickly depends upon what state your mind is in at the moment.　　(福岡・久留米大附設高)

★★★*161* 次の文を英語になおしなさい。

⑴ 切符をどこで買えばよいのかわかりません。　　(北海道・函館ラ・サール高)

⑵ 日本はメダルをいくつ取れると思う？　　　　　(福岡・久留米大附設高)

⑶ 「メアリーの誕生パーティーには何人くらい来るか知っていますか」

「20人以上来るらしいよ」　　　　　　　　　　(智辯学園和歌山高)

⑷ 彼女がどうしてこの英語の試験を受けなかったのか，誰もわかりません。

(兵庫・甲南高)

⑸ 私は父から将来何になりたいのかと尋ねられました。　(奈良・西大和学園高)

⑹ 彼がどんなに熱心に勉強するか知っている人は少ない。

▶⑺ 彼がどこにいるのやら，どんな仕事をしているのやら，私は全然知りません。

(東京・桐朋高)

着眼

159 ⑯「小包」parcel [pάːrsl]

160 ⑴ Nobel [noubél] ノーベル　⑵ probably [prά（ɔ）bəbli] おそらく・たぶん，be ready 準備ができる・出来上がる　⑶ state [stéit] 状態，at the moment そのとき

161 ⑶「～以上」more than ～　⑺「どんな仕事」what (kind of) work

24 重要な表現

解答 別冊 *p.78~p.82*

*162 次の文の（　　）内に入れるのに最も適当なものを下から選び，記号で答えなさい。

⑴ (　　　　) wrong with my watch; it doesn't work.　（千葉・専修大松戸高）
　　ア　There is something　　　　イ　It is
　　ウ　Something do　　　　　　　エ　Something happens

⑵ (　　　　) knows her name. ［2つ選ぶ］　　（北海道・函館ラ・サール高）
　　ア　All of them　　　イ　No one　　　ウ　Mr. and Mrs. Sato
　　エ　Everyone of us　　　オ　A few people

⑶ There are (　　　　) oranges in the basket. ［2つ選ぶ］
　　ア　a lot of　　イ　any　　ウ　no　　　エ　my　　　オ　another

⑷ Would you bring me two (　　　) of coffee?
　　ア　cup　　　　イ　glass　　　　ウ　cups　　　　エ　pieces

⑸ Please give me a (　　　) of paper.
　　ア　cup　　　　イ　sheet　　　　ウ　glass　　　　エ　glasses

⑹ He didn't look well yesterday. (　　　), he didn't come to school today.　　（東京・法政大高）
　　ア　Though　　イ　In fact　　ウ　Suddenly　　エ　Otherwise

⑺ As he was careful, he made (　　　) mistakes.　（東京・早稲田高）
　　ア　few　　　　イ　a few　　　　ウ　little　　　　エ　a little

*163 次の文に対する応答として最も適当なものを下から選び，記号で答えなさい。
（神奈川・湘南学園高）

⑴ How do you like this pen?
　　ア　I think it's nice.　　　　イ　Yes, I like.
　　ウ　No, I don't.　　　　　　エ　I think so.

⑵ I'm sorry to be late.
　　ア　I'm not sure.　　　　　イ　Here we are.
　　ウ　That's all right.　　　エ　Yes, I am.

着眼
　162 ⑴ wrong [rɔ́ːŋ]**形** 調子が悪くて
　163 ⑵ be sorry to ~ ~してごめんなさい

★164 次の対話文の（　）内に入れるのに最も適当なものを下から選び，記号で答えなさい。

(1) A : Hi, Jane. How are you?　　　　　　　　（大阪・開明高）

　B : Not so well, I'm afraid.

　A : Really? (　　)

　B : I've got a bad cold.

　ア　How long have you been suffering from it?

　イ　What's the matter?

　ウ　Where did you catch it?

　エ　Why are you afraid?

(2) A : We're going to have a birthday party for Mina. (　　)

　B : Sure! Shall I bring something?　　　　（三重・暁高）

　ア　Why don't you come?　　　イ　Why don't we go there?

　ウ　What are you going to do?　　エ　May I come?

(3) A : I'm afraid I can't come to your party.　　（東京・城北高）

　B : (　　)

　ア　What a pity!　　　　　　イ　You're welcome.

　ウ　That's a good idea.　　　エ　Yes, it is.

★165 次の語句に続くものを右から1つずつ選び，記号で答えなさい。

(1) Rome was　　　　　　　ア　to learning.

(2) All roads　　　　　　　イ　is a friend indeed.

(3) There is no royal road　ウ　while it is hot.

(4) The child is　　　　　　エ　is good news.

(5) Honesty is　　　　　　オ　lead to Rome.

(6) A friend in need　　　　カ　father of the man.

(7) Strike the iron　　　　キ　not built in a day.

(8) No news　　　　　　　　ク　the best policy.

着眼

164 (1) Not so well. あまり良くない。 ..., I'm afraid. …と思う。 ア suffer from ～（病気）にかかる　(3) pity [píti] 图 残念なこと

165 (1) Rome [róum] ローマ　(3) royal road 王道・近道・楽な方法　(7) strike [stráik] 打つ　イ indeed [indí:d] 本当に・確かに　オ lead to ～ ～に導く　キ in a day 1日で　ク policy [páləsi] 方策

★166 次の各組の文がほぼ同じ意味を表すように，（　　）内に適当な1語を入れなさい。 ◁頻出

(1) Not everyone agrees with you.　　　　　　　　　　(福岡・久留米大附設高)
　　（　　　　　）agree with you, （　　　　　）don't.

(2) Some were interested in the book, but others were not.
　　（　　　）（　　　　　）of them were interested in the book.
　　　　　　　　　　　　　　　　　　　　　　　　　　(神奈川・慶應高)

(3) We don't know anything about the accident. (北海道・函館ラ・サール高)
　　（　　　　　）is known about the accident.

(4) As soon as Mr. Bean showed up on the TV, everybody began to laugh.　　　　　　　　　　　　　　　　　　　(神奈川・慶應高)
　　Mr. Bean had （　　　）shown up on the TV （　　　　　）everybody began to laugh.

(5) He usually speaks English perfectly, but even he makes mistakes sometimes.　　　　　　　　　　　　　　　　　　(神奈川・慶應高)
　　Even he （　　　）not （　　　）speak English perfectly.

(6) A few members were absent from the meeting.　　(神奈川・慶應高)
　　（　　　）（　　　　）was present at the meeting.

(7) What's the matter with you?　　　　　　　　　　(兵庫・須磨学園高)
　　What's （　　　　）with you?

(8) We have had no rain for two months.　　　　　　　(東京・明星高)
　　（　　　）（　　　　）rained for two months.

(9) My computer is broken.　　　　　　　　　　　　(東京・学習院高)
　　Something is （　　　）（　　　　）my computer.

(10) There are more than two thousand students in Keio High School.　　　　　　　　　　　　　　　　　　　　(神奈川・慶應高⚄)
　　（　　　）two thousand students （　　　　）to Keio High School.

(11) We'll be seeing you again before long.　　　　　(鹿児島・樟南高⚄)
　　We'll be seeing you again （　　　　）.

(12) Tom was ill, and so was his grandmother.　　(東京・筑波大附駒場高⚄)
　　（　　　）Tom （　　　　）his grandmother was in good health.

着眼
166 (11) before long まもなく　(12) be in good health 健康である

(13) How is the weather in London?　　　　　　　　　　（大阪・初芝富田林高）

　　(　　　) is the weather (　　　　) in London?

(14) How is a whale different from a fish?　　　　　　（神奈川・慶應高）

　　How can you (　　　) a (　　　　) between a whale and a fish?

(15) When I see you, I always think of my grandmother.

　　I (　　　) see you (　　　　) thinking of my grandmother.

　　　　　　　　　　　　　　　　　　　　　　　　（京都・同志社国際高）

★*167* 次の各組の文の（ 　 ）内に共通する1語を入れて，意味の通る文にしなさい。

(1) ① This is the (　　　) she passed the test.　　　（千葉・市川高）

　　② This (　　　), please.

　　③ They are similar in a (　　　).

(2) ① I usually have bread and milk (　　　) breakfast.（東京・穎明館高）

　　② I have wanted to go to Hokkaido (　　　) a long time.

(3) ① My dream of opening a little restaurant has (　　　) true.

　　② Where did you (　　　) across the famous singer?

(4) ① Please (　　　) hello to your family for me.　（愛媛・愛光高）

　　② What did you (　　　) to yourself when you heard the news?

(5) ① We began to walk.　After a (　　　) we arrived at the station.　　　　　　　　　　　　　　　　　　　　　（愛媛・愛光高）

　　② (　　　) I was walking along the street, I came across an old friend of mine.

(6) ① Which of her parents does she (　　　) after?

　　② Our plane will (　　　) off at six in the evening.

(7) ① It is rather warm (　　　) February, isn't it?

　　② What does NASA stand (　　　)?

(8) ① The students were told to learn the poem (　　　) heart.

　　② Peter is my senior (　　　) three years.

　166 (15) think of ～ ～を思い出す（＝remember）

　167 (1) ③similar [símələr] 同じような・同類の　(7) ①rather [rǽðər, rɑ́:ðər] かなり・だいぶ（控えめな表現法だが，意味はmuch, veryに相当）　(8) ①poem [póuəm] 詩

★168 日本文の意味を表すように, (　　　)内に適当な1語を入れなさい。

(1) ほら, バスが来たよ。　　　　　　　　　　　　　　　　（大阪星光学院高）

(　　　　　) comes the bus.

(2) 今日はちっとも寒くない。　　　　　　　　　　　　　（熊本学園大付高）

It is (　　　　　) cold (　　　　　) (　　　　　) today.

(3) 私の両親はどちらも英語を話せません。　　　　　（福岡・久留米大附設高）

(　　　) (　　　　　) my parents is able to speak English.

(4) こんな雪の日に山に登る人はほとんどいません。　（福岡・久留米大附設高）

(　　　　　) people climb the mountain (　　　　　) such a snowy day.

(5) 私はもうあの男を信じられない。

I can (　　　　　) (　　　　　) trust the man.

(6) しばらくして, その赤ちゃんは寝入った。

(　　　　　) a (　　　　　), the baby went to sleep.

(7) 塩を取ってください。　——はい, どうぞ。

Pass me the salt, please. —— (　　　　　) you (　　　　　).

(8) テーブルの上の果物をご自由にお取りください。

Please (　　　　　) (　　　　　) to the fruit on the table.

(9) どうぞお楽になさってください。

Please (　　　　) (　　　　) (　　　　) (　　　　).

(10) ご両親によろしくお伝えください。

Please (　　　　) (　　　　) (　　　　) your parents.

★169 日本文の意味を表すように, (　　　)内の語句を並べかえなさい。

(1) このあたりで小休止しましょう。[1語不要]　　　　（東京・江戸川女子高）

(we / here / short / let's / have / why / a / break / don't)?

(2) 彼の部屋には本が何百冊もある。

(in / books / there / of / are / hundreds / his room).

(3) 私は2日おきに図書館へ行く。[1語不足]　　　　　（東京・開成高）

(library / day / go / I / the / third / to).

着眼

168 (5)「信じる」trust [trʌst]

169 (1)「休憩する」have a break

(4) 博物館まで歩いてどのくらいかかりますか。

(to / museum / how / walk / to / take / long / it / the / does)?

(5) 私はアメリカへ行こうと決心しています。

(up / my / I've / to / to / made / mind / go / America).

(6) 彼女は父親の忠告に全く耳をかさなかった。

(her father's / she / no / paid / attention / to / advice).

＊170 次の文を日本語になおしなさい。

難▶(1) Some men are remembered for the things they have done; others for the things they have thought and said.　　(鹿児島・ラ・サール高)

難▶(2) Many Americans know little about the miserable backgrounds that make it impossible for some of the poor to climb the social ladder.　　(兵庫・六甲高)

難▶(3) It matters little who finds the watch, as long as the watch is found.　　(神奈川・慶應高函)

＊＊＊171 次の文を英語になおしなさい。

(1) バスがとても混んでいたので座れませんでした。　　(東京・早稲田高)

難▶(2) 彼は先月家を出て行ってしまって，それ以来消息不明だ。

難▶(3) 留学したこともないのに英語がとても上手な友達がいます。どうやって覚えたのか誰にもわかりません。　　(大阪教育大附高平野)

(4) 残念ながら，私は彼女がほほえむのを見たことがありません。

(5) 私は明日までにこれらの文を暗記しなければならない。　　(鹿児島・ラ・サール高)

着眼

169 (5)「決心する」make up *one's* mind　(6)「忠告」advice [ədváis]〔advise [ədváiz] 忠告する〕

170 (2) miserable [mízərəbl] みじめな・悲惨な, background [bǽkgraund] 素性・経歴・背景, social [sóuʃəl] 社会の・社会的, ladder [lǽdər] はしご　(3) as long as 〜　〜するかぎりでは，〜しさえすれば

171 (1)「混んだ」crowded [kráudid] 形,「座れない」⇒「座席 (seat) を得られない」と考える。(2)「家を出る」leave home[*one's* house]　(3)「留学する」study abroad,「英語がとても上手」⇒「英語を話すのがとても上手」(4)「残念ながら，…」Sorry to say, ...　(5)「〜を暗記する」learn 〜 by heart

第3回 実力テスト

時間 **60**分
合格点 **80**点

得点 ___ /100

解答 別冊 *p.82〜p.86*

1 次の各組で，下線部の発音が同じものを3つ選び，記号で答えなさい。
(1点×3＝3点)

ア wool – food　　　イ lost – nose　　　ウ London – above

エ women – busy　　オ wait – said　　　カ live – east

キ cloud – doubt　　ク change – glad　　ケ laughed – climbed

2 次の各組で，単語の発音が異なるものをすべて選び，記号で答えなさい。
(完答4点)

ア hole – whole　　　イ ball – bowl　　　ウ seen – scene

エ down – dawn　　　オ fall – foul

3 次の文の（　）内に入れるのに最も適当なものを下から選び，記号で答えなさい。
(1点×8＝8点)

(1) This is the first e-mail (　　) I wrote you in English.

ア that　　　　イ where　　　　ウ who　　　　エ whom

(2) I know that gentleman (　　) my sister met at the station.

ア whom　　　イ whose　　　ウ where　　　エ which

(3) I have a friend (　　) sister is a pianist.

ア who　　　　イ whose　　　ウ whom　　　エ which

(4) Please help yourself (　　) anything you like.

ア at　　　　　イ by　　　　　ウ for　　　　　エ to

(5) We must not write someone's name (　　) red ink.

ア from　　　　イ by　　　　　ウ for　　　　　エ in

(6) I don't like this dress, and (　　).

ア I like that one, either　　　　イ I don't like that one, either

ウ I don't like that one, neither　　エ I don't like that one, too

(7) Please turn (　　) the light. It's a little too dark.

ア down　　　イ out　　　　　ウ off　　　　　エ on

(8) She looked as if she (　　) ill.

ア would be　　イ will see　　ウ has seen　　エ were

4 次の各組の文がほぼ同じ意味を表すように，（　）内に適当な1語を入れなさい。 (2点×6＝12点)

(1) I have never had such a good birthday party.
This is (　　　) (　　　) birthday party I (　　　) (　　　) (　　　).

(2) I have a dog with a long tail.
I have a dog (　　　) (　　　) (　　　) long.

(3) I know the painter of that picture.
I know (　　　) (　　　) that picture.

(4) This is the novel written by him last year.
This is the novel (　　　) (　　　) last year.

(5) Can you tell me which flowers to buy for her?
Can you tell me (　　　) (　　　) (　　　) (　　　) buy for her?

(6) As I am not in New York now, I cannot visit her.
If I (　　　) in New York, I (　　　) (　　　) (　　　).

5 日本文の意味を表すように，（　）内に適当な1語を入れなさい。 (2点×7＝14点)

(1) あなたが私とここにいればよいのに。
I (　　　) you (　　　) here with me.

(2) これだけしか私はあなたにしてあげられません。
This is (　　　) I can do (　　　) you.

(3) 死ななかった多くのアイルランド人は合衆国にやって来た。
Many Irish (　　　) (　　　) (　　　) (　　　) (　　　) (　　　) the United States.

(4) 私はこれからはずっと正直でいます。
I'll be honest (　　　) now (　　　).

(5) 彼女は私にこれは何かとたずねるにちがいない。
She (　　　) ask me what (　　　) (　　　).

(6) 私は誰があの窓を割ったのか知りません。
I don't know (　　　) (　　　) that window.

(7) ブダペストがどこにあるのか知っている生徒はほとんどいません。
(　　　) students know (　　　) Budapest (　　　).

6 日本文の意味を表すように, ( ) 内の語句と符号を並べかえなさい。ただし, それぞれ不足している1語を補うこと。 (2点×7＝14点)

(1) 私は自分を幸せにしてくれる人を探しているのです。

I'm looking for (who / a person / me / happy).

(2) 音楽がなかったら, 私の人生は退屈だろう。

(my / for / be / would / music / boring / life / ,).

(3) 君が考えていることはそれだけですか。

(have / is / in / you / mind / that)?

(4) 頂上が雪でおおわれている山をご覧なさい。

(mountain / snow / at / the / with / top / covered / look / is).

(5) トムはなぜジャックがそんなに幸せそうなのか理解できませんでした。

(couldn't / happy / Tom / Jack / so / understand / looked).

(6) あなたは彼がどれほど忙しいのか知らないのだろう。

(is / not / you / may / know / busy / he).

(7) 彼はどうなったのだろう。

(has / I / what / wonder / him / become).

7 次の文を日本語になおしなさい。 (3点×5＝15点)

(1) The only way we can *delay hearing those words is by starting to save energy now and by using other energy sources, like the sun. *delay：put off

(2) The story takes us to the world of a very old age no one has ever visited.

(3) He'll be in time for the party unless his flight is delayed.

(4) Never give up even if you sometimes make mistakes.

(5) The woman you've loved your whole life, the one you grew up with, the one you promised to marry when you were five is dead.

8 次の文を英語になおしなさい。 (3点×5＝15点)

(1) あなたが先日訪れた国はどうでしたか。

(2) 父が私に買ってくれた腕時計はフランス製だ。

(3) 彼は今月末にカナダに向けて発つ予定だと言っています。

(4) 彼らは変な音を聞くとすぐに，階下へ降りていきました。

(5) もし私が金持ちだったら，何でも買えるのに。

9 次の文を読んで，あとの問いに答えなさい。 (計15点)

August 25, 2019

Dear Jim,

How are you doing? Is the summer in New York hot? I'm sure you have already gone swimming many times.

My family and I went to Hawaii this summer. The hotel was on the famous Waikiki Beach, so it was very easy to go swimming in the ocean. In Tokyo, as you know, ①I need more than two hours to go to the ocean from my house. So you can imagine how happy I was! My father took us to the other side of the island. There we saw some beautiful fish in the water. Then my parents encouraged me to take scuba diving lessons at our hotel. So I decided ②(take) the lessons. On the first day of the lessons, I was the second to get to the pool. Can you guess who was the first? I was very surprised. It was Miguel! Do you remember him? He was an exchange student from Mexico. ③What a small world! He said he was on his way back to his country.

④Our instructor said that it was so dangerous in the water that we should be very careful. After some lessons, we went diving in the ocean. It was so beautiful. I really enjoyed diving.

I will send you some pictures. I'm looking forward to hearing from you.

Your friend,

Kenji Tanaka

(注) encourage 勇気づける・〜したらどうかと言う，scuba diving スキューバダイビング，Can you guess who was the first? 誰が1番だったと思いますか。Miguel ミゲル(男性の名)，instructor インストラクター

(1) 下線部①④を日本語になおしなさい。 (3点×2)

(2) ②の( )内の語を適する形になおしなさい。 (3点)

(3) なぜケンジは下線部③のように言ったのか。30字程度の日本語で答えなさい。(3点)

(4) ミゲルは，なぜハワイにいたのか。20字程度の日本語で答えなさい。 (3点)

発展的な内容 A 知覚動詞・使役動詞

◇知覚動詞：see「見る」，hear「聞く」，feel「感じる」など。
　・文の形：＜主語＋知覚動詞＋目的語＋原形不定詞 / 現在分詞 / 過去分詞...＞

◇使役動詞：let，make，have，get，help

▶ **let**「(自由に)〜させる」
　・文の形：＜主語＋ let ＋目的語＋原形不定詞...＞

▶ **make**「(強制的に)〜させる」
　・文の形：＜主語＋ make ＋目的語＋原形不定詞 / 過去分詞...＞

▶ **have**「〜させる」「〜してもらう」
　・文の形：＜主語＋ have ＋目的語＋原形不定詞 / 現在分詞 / 過去分詞...＞

▶ **get**「〜させる」「〜してもらう」
　・文の形：＜主語＋ get ＋目的語＋ to 不定詞 / 現在分詞 / 過去分詞...＞

▶ **help**「(人)が〜するのを助ける」
　・文の形：＜主語＋ help ＋目的語＋原形不定詞 / to 不定詞...＞

※原形不定詞 / 現在分詞 / 過去分詞の使い分け
・「(目的語)が〜する」　　⇒原形不定詞 / to 不定詞
・「(目的語)が〜している」⇒現在分詞
・「(目的語)が〜される」　⇒過去分詞

(注) 原形不定詞：to の付いていない不定詞 / to 不定詞：to の付いている不定詞。

解答 別冊 *p.86~p.87*

***172** 次の文の（　　）内に入れるのに最も適当なものを下から選び，記号で答えなさい。 ◀ 頻出

(1) I looked behind me because I heard my name (　　). (東京・法政大高)
　ア to call　　イ call　　ウ calling　　エ called

(2) She tried to (　　) in English. (東京・早稲田高)
　ア make to understand　　　イ understand herself
　ウ make herself understood　　エ make herself understanding

(3) I'll have him (　　) there in my place. (東京・城北高)
　ア go　　イ went　　ウ gone　　エ to go

着眼
172 (3) in *one's* place 〜の代わりに (= in place of 〜)

★**173** 次の各組の文がほぼ同じ意味を表すように，（　　）内に適当な1語を入れなさい。

(1) I had to go to bed early because my mother told me to.

My mother (　　　　) (　　　　) (　　　　) to bed early.

（神奈川・慶應高）

(2) I know why he went there.　　　　　　　（福岡・久留米大附設高）

I know (　　　　) (　　　　) him go there.

(3) Her bag was stolen in the train.　　　　（神奈川・慶應高）

She (　　　　) her bag (　　　　) in the train.

(4) We heard her sing a Japanese song.　　（福岡・久留米大附設高）

She was heard (　　　　) (　　　　) a Japanese song.

★**174** 日本文の意味を表すように，（　　）内の語句を並べかえなさい。

(1) 私にそれを見せてください。［1語不足］　　　　（東京・開成高）

(a / at / take / it / look / me).

(2) 先週私はあの新しい店でコンピューターを修理してもらった。［1語不足］

Last week I (at / computer / my / repaired / that) new shop.

(3) 昔の生徒が訪ねてくれれば教師はうれしいものです。　　（東京・開成高）

(are / visit / to / teachers / old / glad / them / students / have / their).

★**175** 次の文を日本語になおしなさい。

(1) Now please have a bellboy carry my baggage up to my room.

（奈良学園高）

(2) What do you do when you see old people standing on the train?

★★**176** 次の文を英語になおしなさい。

(1) 私は友人が上手に英語を話すのを聞きました。　　（京都・同志社高）

(2) 彼らはきれいな白い鳥が木にとまっているのを見ました。　　（奈良学園高）

着眼

173 (3) stolen＜steal [stíːl] 盗む
174 (2)「〜を修理する」repair [ripéər]
175 (1) bellboy [bélbɔi]（ホテルやクラブなどの）ボーイ，baggage [bǽgidʒ] 荷物
176 (2)「とまっている」⇒「座っている」と考える。

発展的な内容 B 関係代名詞what, ＜前置詞＋関係代名詞＞

◇**what**：先行詞を含んでいる関係代名詞。＝ **the thing(s) which**
- 意味：「～すること［もの］」
  - ［例］ Languages are **what**　　　　make the human different from animals.
  - ＝Languages are **the things which** make the human different from animals.
  - This is **what**　　　　I want now.
  - ＝This is **the thing which** I want now.
- 慣用表現

▸ **what you[we / they] call = what is called** 「いわゆる」

▸ ＜**what** ＋ (人) ＋ **is** ＞「現在の(人)」

▸ **what is[was] worse** 「さらに悪い［悪かった］ことには」

◇＜前置詞＋**whom[which]**＞：関係代名詞が前置詞の目的語のときにこの形になる。
- 前置詞は文末に置いてもよい。
- ＜前置詞＋**that**＞の形は存在しない。
  - ［例］ This is the town. + She was born in the town.
  - ＝This is the town **in which** she was born.
  - ＝This is the town **which** she was born **in**.

解答 別冊 *p.87~p.88*

***177** 次の文の（　　）内に入れるのに最も適当なものを下から選び，記号で答えなさい。

(1) December 12 is the day (　　) I was born.
　　ア which　　イ in which　　ウ on which　　エ what

(2) Did you see the new house (　　) he bought to live in with his parents?　　　　　　　　　　　　　（神奈川・桐蔭学園高図）
　　ア which　　イ in which　　ウ of which　　エ on which

(3) The house (　　) he lives in is a large one.　　（京都・同志社高）
　　ア where　　イ what　　ウ whose　　エ which

(4) This present is (　　) I wanted.　　　　（京都・同志社国際高）
　　ア which　　イ what　　ウ that　　エ how

*178 次の各組の文がほぼ同じ意味を表すように, (   ) 内に適当な1語を入れなさい。

(1) He gave me all the money he had with him.

He gave me (   ) money he had with him.

⚫(2) I was surprised at his hair style.　　　　　　（神奈川・慶應高⊠）

(   ) (   ) (   ) (   ) his hair style.

(3) I had no tool to cut that tree with.　　　　（福岡・久留米大附設高）

I didn't have (   ) tools (   ) (   ) I could cut that tree.

*179 日本文の意味を表すように, (   ) 内に適当な1語を入れなさい。

(1) 私たちが住んでいる地球は, 太陽から3番目に近い惑星です。（福岡・久留米大附設高）

The earth (   ) (   ) we live is the third planet from the sun.

(2) 彼はいわゆる本の虫だ。

He is (   ) you call a bookworm.

(3) 彼が今あるのは彼の父親のおかげだ。

His father made him (   ) he is today.

(4) 彼は道に迷い, さらに悪いことには, 雨が降り始めた。

He lost his way, and (   ) is (   ), it began to rain.

*180 次の文を日本語になおしなさい。

(1) I think he knows how to enjoy every moment of life, just as a child does, and that is what I like most about my friend.

(2) The English chemist stared at the jar thinking about what he had seen.　　　　　　（福岡・久留米大附設高）

(3) Look closely at what they write and then do it the same way yourself.　　　　　　（福岡・久留米大附設高）

*181 次の文を英語になおしなさい。

(1) 誰も彼の言うことなど信じないだろう。[whatを使って]　　　　（兵庫・灘高）

(2) これが彼が生まれた村です。

着眼

179 (2)「本の虫」bookworm [búkwə:rm]　(4)「道に迷う」lose *one's* way

180 (1) moment [móumənt] 瞬間　(2) stare at 〜 〜を（じっと）見つめる, jar [dʒá:r]（広口の）びん, つぼ　(3) closely [klóusli] よく注意して, 綿密に

発展的な内容 | C 関係副詞，制限用法と継続用法

◇関係副詞（**where, when, why, how**）
：接続詞と副詞の両方の働きをする。＝＜前置詞＋関係代名詞＞

▶ **where**：先行詞は「場所」を表す語句。
　　[例] This is the store. ＋ I usually buy books in the store.
　　　　＝This is the store **in which** I usually buy books.
　　　　＝This is the store 　**which** I usually buy books **in**.
　　　　＝This is the store 　**where** I usually buy books.

▶ **when**：先行詞は「時」を表す語句。

▶ **why**：先行詞は **a[the] reason**。

▶ **how**：先行詞はない。＝ **the way**
　　[例] This is how[the way] we became friends.

◇関係代名詞の制限用法と継続［非制限］用法
　①制限用法：関係代名詞節は先行詞を特定の人・物・事に限定する働きをする。
　　[例] He has two sons **who work for a bank**.

　　　　「彼には銀行で働いている２人の息子がいる」
　　　　　⇒銀行に勤めていない他の息子がいる可能性がある。
　②継続用法：関係代名詞節は先行詞を補足する働きをする。
　　[例] He has two sons, **who work for a bank**.
　　　　　　　　　　　　　カンマがある。
　　　　「彼には２人の息子がいて，その息子たちは銀行で働いている」
　　　　　⇒カンマの前で文が完結しているので，他に息子がいないことになる。
（注）that には継続用法はない。

解答 別冊 *p.88~p.90*

*★**182** 次の文の（　　）内に入れるのに最も適当なものを下から選び，記号で答えなさい。

(1) The small town (　　) I visited last winter is in Shikoku.
　　ア　where　　イ　when　　　　ウ　which　　　エ　to which

(2) The house (　　) he lives is a large one.
　　ア　where　　イ　when　　　　ウ　which　　　エ　that

*183 次の各組の文がほぼ同じ意味を表すように, （　　）内に適当な1語を入れなさい。

(1) We'd like to know the way you got it. （埼玉・慶應志木高）
We'd like to know (　　　　) you got it.

難(2) He lives in the house where his grandpa lived before.
He lives in the house his grandpa (　　　) (　　　　) live
(　　　). （福岡・久留米大附設高）

(3) He was not honest, which made the teacher angrier. （神奈川・慶應高）
The teacher became angrier because he (　　　) a (　　　　).

*184 日本文の意味を表すように, （　　）内に適当な1語を入れなさい。

(1) 交通の激しい道路で遊んではいけないと言っただろう。 （兵庫・灘高）
Didn't I tell you not to play on the street (　　　) traffic
(　　　) (　　　　)?

(2) そういうわけで, その都市はローマという名になりました。 （東京・早稲田高圏）
That was (　　　　) the city was (　　　) Rome.

(3) ぼくはいつもそんな風にしているよ。 （東京・開成高）
That's (　　　　) I always do it.

*185 次の文を日本語になおしなさい。

(1) Many rich people prefer to go to private hospitals where they
can have private rooms. （兵庫・六甲高）

(2) Mr. Brown has a daughter, who plays the piano very well.

(3) They gave me a cake, which was not so delicious.

*186 次の文を英語になおしなさい。

(1) 英語を学ぶ最も良い方法は英語が話されている国へ行くことです。

(2) おばさんの住んでいる町はここから遠い。 （東京・明治高）

(3) これが私が彼を好きでない理由だ。

(4) その山の頂上に到達した日を決して私は忘れないでしょう。 （鹿児島・ラ・サール高）

着眼
184 (1)「交通」traffic [træfik] について「激しい」は heavy [hévi] を用いる。
185 (1) prefer 〜 〜のほうを好む, private hospital 私立病院, private room 個室
186 (2)「〜から遠い」far from 〜

難 発展的な内容 **D 過去完了・未来完了と完了進行時制**

◇過去完了形<**had**＋過去分詞>　<u>キーワード</u>＋<u>過去を表す部分</u>

▶ **完了・結果**「(過去のある時点では)～してしまっていた」
Father **had** *already* **left** home when I got up.

▶ **経験**「(過去のある時点までに)～したことがあった」
I knew the man, for I **had seen** him *before*.

▶ **状態の継続**「(過去のある時点まで)ずっと～していた」
When he got sick, he **had been** busy *for a week*.

▶ **大過去**…過去のある時点より前の動作・状態を表す
I watched TV after I **had finished** my work.
　「仕事を終えた後にテレビを見た」

◇未来完了形<**will have**＋過去分詞>　<u>キーワード</u>＋<u>未来を表す部分</u>

▶ **完了・結果**「(未来のある時点までに)～してしまっているだろう」
I'll have finished it by <u>this time tomorrow</u>.

▶ **経験**「(未来のある時点までに)～したことになるだろう」
She **will have been** to Europe *twice* if she goes there next month.
　　　　　　　　※条件を表す副詞節なので現在形goesで代用していることにも注意

▶ **状態の継続**「(未来のある時点まで)ずっと～していることになるだろう」
My family **will have lived** here *for three years* <u>next week</u>.

◇完了進行形<**have been**＋**-ing**>
状態の継続は完了形で表すが，**動作の継続は完了進行形**で表す。つまり，継続のキーワードがあるとき，状態動詞であれば完了形，動作動詞ならば完了進行形にする。
　[例]　She (know) him *for two years*. ⇒ has known
　[例]　She (watch) TV *for two hours*. ⇒ has been watching
これに<u>過去を表す部分</u>や<u>未来を表す部分</u>が加われば，過去完了進行形<**had been -ing**>や未来完了進行形<**will have been -ing**>にする。

解答 別冊 *p.90~p.91*

*187 次の（　　）内に入れるのに最も適当なものを下から選び，記号で答えなさい。

(1) I (　　　) to Tokyo DisneySea three times.
　　ア　have been　　　　　イ　has been
　　ウ　had been　　　　　エ　will have been

(2) She (　　　) wiring the report by this weekend.
　　ア　finishes　　　　　イ　has finished
　　ウ　had finished　　　　エ　will have finished

(3) His daughter (　　　) a clown before she visited the circus.
　　ア　didn't see　　　　イ　has never seen
　　ウ　had never seen　　　エ　will have never seen

*188 次の（　　）内の語を適する形に変えなさい。

(1) I found I (lost) my pen.

(2) Let's leave here before the sun (set).

(3) Bob (sleep) for about an hour when I called on him.

*189 次の英文を日本文になおしなさい。

(1) I had never seen such an exciting soccer game before.

(2) We stayed at home because it had been raining hard all day.

(3) My brother will have already left home when I get up tomorrow morning.

(4) The train had already started when I reached the station.

(5) If I climb Mt. Fuji this summer, I will have climbed it three times.

*190 日本文の意味を表すように，（　　）内の語句を並べかえなさい。

(1) 来年で，私はこの会社で20年働いていることになります。
　　By next year, I will (working / this / been / company / at / for / have) twenty years.

(2) 私は彼女を見るとすぐに，学校で彼女に何かが起こったのだとわかりました。
　　The minute I saw her, I knew (at / to / had / something / her / happened) school.

着眼

187 (3) clown [kláun] ピエロ　circus [sə́:rkəs] サーカス
188 (3) call on + (人) (人)のところを訪れる／ call at + (場所) (場所)を訪れる (= visit)

難 発展的な内容 **E 完了不定詞と完了動名詞**

◇完了不定詞＜**to have**＋過去分詞＞

単純不定詞 (to不定詞)＜**to**＋動詞の原形＞は，その文の動詞が表す「時」と「同じ時／後の時」であることを表し，完了不定詞＜**to have**＋過去分詞＞は動詞が表す「時」より「前の時」であることを表す。単純不定詞は"現在"または"未来"として訳し，完了不定詞は"過去"または"現在完了"として訳せばよい。

[例] It <u>is</u> said that she <u>is</u> ill. = She is said to be ill.
「彼女は病気で<u>ある</u>と<u>言われる</u>」⇒「病気である」のと「言われる」のは同時。

It <u>is</u> said that she **was[has been]** ill.
 = She is said **to have been** ill.
「彼女は病気<u>であった</u>と<u>言われる</u>」⇒「病気だった」のは「言われる」より前のこと。

It was said that she was ill. = She was said to be ill.
「彼女は病気で<u>ある</u>と<u>言われた</u>」⇒「病気である」のと「言われた」のは同時。

It <u>was</u> said that she **had been** ill.
 = She was said **to have been** ill.
「彼女は病気<u>であった</u>と<u>言われた</u>」⇒「病気だった」のは「言われた」より前のこと。

◇完了動名詞＜**having**＋過去分詞＞

単純動名詞＜**-ing**＞は，その文の動詞が表す「時」と「同じ時」であることを表し，完了動名詞＜**having**＋過去分詞＞は動詞が表す「時」より「前の時」であることを表す。単純動名詞は"現在"として訳し，完了動名詞は"過去"として訳せばよい。ただし，<u>rememberやforgetに続く動名詞は"過去"を表すので注意</u>。

[例] I am ashamed that I **was** late for the meeting.
=I am ashamed of **having been** late for the meeting.
「私は会議に<u>遅刻した</u>ことを<u>恥ずかしく思う</u>」

[例] I regretted that I **had visited** the castle.
=I regretted **having visited** the castle.
「私はその城を<u>訪れた</u>ことを<u>後悔した</u>」

解答 別冊 *p.91*

*191 次の各組の文がほぼ同じ意味を表すように，（　）内に適当な1語を入れなさい。

(1) It seems that he knows Mr. White.
He seems (　　　) (　　　　) Mr. White.

(2) It seems that he was rich.
He seems to (　　　) (　　　　) rich.

(3) It is said that Mr. Tanaka has lived in Kyoto for five years.
Mr. Tanaka is said to (　　　) (　　　　) in Kyoto for five years.

(4) Father is proud that he studied in America.
Father is proud of (　　　) (　　　　) in America.

*192 次の各組の英文を意味の違いに注意して日本文になおしなさい。

(1) ① Tom appears to be in love with Mary.
② Tom appears to have been in love with Mary.

(2) ① The team was thought to win the tournament.
② The team was thought to have won the tournament.

(3) ① He is proud of being a scientist.
② He is proud of having won the race.

*193 日本文の意味を表すように，（　）に適当な1語を入れなさい。

(1) 彼は医者の助言を忘れてしまったようだ。
He seems (　　　) (　　　　) (　　　　) the advice given to him by the doctor.

(2) 彼は美香と結婚したらしい。
He is said (　　　) (　　　　) (　　　　) Mika.

(3) その少年は昨日その時計を壊したことを否定した。
The boy denied (　　　　) (　　　　) the clock yesterday.

(4) 私は病院に連れて行かれたことを覚えていない。
I don't remember (　　　) (　　　　) to the hospital.

着眼
191 (4) be proud that S＋V＝be proud of -ing ～を誇りに思う
192 (1) appear [əpíər] ～らしい・～と思われる；現れる　(2) tournament [túərnəmənt] 大会・トーナメント
193 (2)「～と結婚する」marry ～　(3) deny [dinái] 否定する

第4回 実力テスト

時間 **60**分
合格点 **80**点

得点 　　／100

解答 別冊 *p.91~p.95*

1 次の文の（　）内に適当な1語を入れなさい。 (1点×8＝8点)

(1) The second month of the year is (　　　) and the (　　　) is September.
(2) A pair of (　　　) is something to put on when you walk.
(3) The twenty-first (　　　) begins in 2001 and ends in 2100.
(4) (　　　) (　　　) is a very large animal with a long nose.
(5) Tokyo is the (　　　) of Japan.
(6) Ito Hirobumi was the first Prime (　　　) of Japan.
(7) People from other countries are called (　　　).
(8) A large sandy part of land without water or trees is a (　　　).

2 次の文の（　）内に入れるのに最も適当なものを下から選び、記号で答えなさい。 (1点×4＝4点)

(1) My father bought a new camera (　　) me.
　ア to　　イ for　　ウ of　　エ at
(2) He got more and more (　　) by my words.
　ア excite　　イ excited　　ウ exciting　　エ to excite
(3) The lady (　　) by the pond is Mrs. Smith.
　ア paints　　イ painting　　ウ painted　　エ to paint
(4) This watch needs (　　).
　ア repairing　イ to repair　ウ repaired　エ repair

3 次の文の（　）内に適当な1語を入れなさい。 (2点×4＝8点)

(1) Don't speak ill (　　　) others.
(2) Sorry, he's out now. Shall I (　　　) a message?
(3) "Thank you for your kindness." "Not at (　　　)."
(4) Please (　　　) yourself at home.

4 次の各組の文がほぼ同じ意味を表すように，（　　）内に適当な1語を入れなさい。 (2点×4＝8点)

(1) Not all of us were interested in the game.

（　　　　　） were interested in the game, and （　　　　　） not.

(2) This dictionary is very useful.

This dictionary is （　　　　） （　　　　） （　　　　）.

(3) My sister is kind.　She is pretty, too.

My sister is （　　　　） as （　　　　） as （　　　　）.

(4) My plan is a little different （　　　　） yours.

There is some （　　　　） （　　　　） my plan and yours.

5 日本文の意味を表すように，（　　）内に適当な1語を入れなさい。 (2点×4＝8点)

(1) その紅茶はとても濃いので，私は飲めません。

The tea is （　　　　） （　　　　） for me （　　　　） drink.

(2) あなたは何種類の辞書を持っているのですか。

How （　　　　） （　　　　） （　　　　） dictionaries do you have?

(3) 彼は誰と一緒にパーティーに来たのですか。

（　　　　） did he come to the party （　　　　）?

(4) 彼女がいつも私に同意するとは限りません。

She （　　　） （　　　） （　　　） （　　　） me.

6 日本文の意味を表すように，（　　）内の語句を並べかえなさい。ただし，それぞれ不足している1語を補うこと。 (2点×4＝8点)

(1) 私は手に地図を持っている外国人に話しかけられました。

I (by / a / had / spoken / foreigner / was / who) a map in his hand.

(2) 私は4回読んでやっとその文がわかりました。

(I / I / times / the sentence / read / understood / four) it.

(3) フランス語で「book」に対応する単語は何ですか。

(is / in / the word / French / what / "book")?

(4) とても疲れていたので，ベッドに横になり，眠ってしまいました。

I was (that / the bed / so / I / on / tired) and went to sleep.

7 次の文を日本語になおしなさい。 (3点×5＝15点)

(1) We know how important it is for us to work together to protect the earth.

(2) You can live in this apartment as long as you pay the rent.

(3) The temperature was below zero last night.

(4) Let's play outside instead of playing video games.

(5) The old buildings are kept as beautiful as they were in the old days.

8 次の文を英語になおしなさい。 (3点×5＝15点)

(1) 日ごとにだんだん寒くなってきています。

(2) ニューヨークは誰もが訪れたいと思っている都市の1つです。

(3) 彼は私の一番会いたくない人でした。

(4) 知らない人に声をかけられたら、何もしゃべらずに、すぐに立ち去ったほうがいいよ。

(5) 今夜おもしろいテレビ番組があるので，それが始まるまでに宿題を終えたい。

9 次の文を読んで，あとの問いに答えなさい。 (計26点)

Aesop was a famous writer ①(　　　) lived more than 2,500 years ago. He wrote many stories about animals that talked and acted ②(　　　) humans. Most people ②(　　　) reading stories about animals, and when they can see themselves in them, they enjoy the stories even more.

In one of the stories, an old man had a monkey. The man was very fond of the monkey, because he was very clever. The old man loved to sit in the garden and sleep in the afternoon. When birds came into the garden and made noises, the monkey chased them away. He also chased away flies ③(　　　) were on the man's face ④(　　　) he was sleeping. One hot summer afternoon, the old man was sleeping in his chair. A fly came and sat on the end of his nose. The monkey was sitting at the old man's side. He saw the fly and chased it away from the man's nose. Soon the fly returned. The monkey chased it away again. The fly came back and the monkey chased it, and this happened five or six times.

Now the monkey was angry. He stood up and said, "You won't do it again!" ⑤【　　】

Aesop wanted to tell a simple story which people would enjoy. He also wanted to tell us that many of us act ②(　　) the monkey. We do things quickly ⑥(　　) thinking. We act ⑦(　　) we are angry, and instead of doing good, we hurt people. ⑧(　　)

(注) act 行動する, clever 利口な, chase ～を追う, fly ハエ

(1) ①③④⑥⑦の (　　) 内に最も適当な語を下から選んで, 記号で答えなさい。ただ
　　し, 各語は1度しか使えません。　　　　　　　　　　　　　　　　　　(3点×5)
　　ア　without　　　イ　during　　　ウ　who　　　エ　which
　　オ　while　　　　カ　because
(2) ②の (　　) 内に共通する適当な語を書きなさい。　　　　　　　　　　(3点)
(3) ⑤の【　　】内には次の5つの英文が入る。話が成り立つように正しく並べかえて,
　　記号で答えなさい。　　　　　　　　　　　　　　　　　　　　　　　(4点)
　　ア　This time, the monkey didn't chase the fly away; he hit it
　　　　with the stone.
　　イ　He jumped up, ran into the garden, and picked up a large
　　　　stone.
　　ウ　He also broke the man's nose.
　　エ　He ran back to the old man and saw the fly once again on
　　　　his nose.
　　オ　He killed the fly.
(4) ⑧の (　　) 内に最も適当なものを選んで, 記号で答えなさい。　　　　(4点)
　　ア　自分の利口さを鼻にかけると, 良いことができなくなる。
　　イ　時には, 敵よりも味方が危害を及ぼすこともある。
　　ウ　愛する者を守ろうとするときは, 自らの危険も省みないものである。
　　エ　邪魔者は, あきらめないで徹底的に取り除くべきである。

②

〈執　筆　者〉　大澤英樹（おおさわ　ひでき）

㈱学研アイズ（同社元代表取締役社長）にて，上位公立高・難関国私立高進学を目指す生徒を対象とした英語指導に従事。論理的かつシンプルな解説は常に生徒の高い支持を得ていた。兵庫県公立高校入試解説にもテレビ出演。

□ 編集協力　株式会社シー・レップス　鎌倉真友子　西澤智夏子

シグマベスト
最高水準問題集 特進
中3英語

本書の内容を無断で複写（コピー）・複製・転載することを禁じます。また，私的使用であっても，第三者に依頼して電子的に複製すること（スキャンやデジタル化等）は，著作権法上，認められていません。

編　者　文英堂編集部
発行者　益井英郎
印刷所　株式会社天理時報社
発行所　株式会社文英堂
　〒601-8121　京都市南区上鳥羽大物町28
　〒162-0832　東京都新宿区岩戸町17
　（代表）03-3269-4231

特進

最　高　水　準　問　題　集

中3英語

解答と解説

文英堂

1 過去と未来；助動詞

▶ **1**

(1) イ	(2) イ	(3) ウ
(4) ウ	(5) ウ	(6) ア
(7) イ	(8) ア，エ	(9) ア
(10) ア	(11) ウ	(12) エ

解説 (1)an hour agoがあるから過去形を選ぶ。　(2)reach = get to = arrive at [in]⇒この問題ではtoに着目。(3)take the third turning to the left = turn left at [on] the third corner「3番目の角を左に曲がる」
(4)「電話が鳴ったとき，彼女はテレビを見ていた」なので，過去進行形を用いる。　(5)動詞はsnow（不可算名詞）に合わせること。
(6)「暗くなる前に」⇒本来なら「暗くなる」のは未来だから，will getとしたくなるが，before以下が「時を表す副詞節」なので現在形で代用する。　(7)「昨夜は何も食べなかったけれども，今はあまり空腹ではありません」(8)イ・ウ・オはtoがあれば文法的に正しくなる。　(9)「私は狭いアパートで大きな犬を飼わないほうがよいと思う」だから，had better「～したほうがよい」を使いたいところだが，**had better**はその時の状況の中で「～したほうがよい」という意味で用いる。ここは一般的なことを言っているので**should**「～すべきだ」を用いるほうがよい。I don't think (that) はここでは「～と思わない」ではなく，「～でないと思う」という意味になる。英語は否定語を前に出すのを好む傾向にある。　(10)don't have to で答えている。　(11)「今日学校を欠席していた」のだから「病気かもしれない」となる。
(12)主語がThis workなので，「この仕事はされる」という受動態にする⇒イ，オを消去。助動詞（will）の後に助動詞（must）は用いられない⇒アを消去。また，willの後に用いられるのは原形である⇒ウを消去。よっ

てエが残る。「この仕事は今週末までにしなければならない」

▶ **2**

(1) **caught**	(2) **goes**	
(3) **lying**	(4) **knew**	
(5) **comes**	(6) **is**	
(7) **were**	(8) **complaining**	

解説 (1)threwが過去形なので，それに合わせる。　(2)on Sundays = every Sunday「毎週日曜日」で，usuallyがあるので「現在の習慣」と考えて現在形にする。　(3)自動詞lie「（横にして）置かれている／横たわる／横になる」を過去進行形で表すので，lyingにする。　(4)when節にwasがあるので，過去形にする。　(5)tomorrowとwill tellがあるのでwill comeとしたいところだが，「時・条件を表す副詞節の中では未来形を現在形で代用する」のでcomesとする（3単現）。as soon as ～「～するとすぐに」
(6)(5)と同じくwill beとしたいところだが，if以下が条件を表す副詞節だから現在形isで代用する。「もし明日晴れれば(if)，ピクニックに行きましょうか」 (7)a few days later「2，3日後」だから，過去進行形と考える。　(8)isに注目。現在進行形に**always, constantly, all the time**などが使われると話し手の感情が加わり，「～してばかりいる（困ったものだ）」という意味になる。「私の妻はいつも私に物価高をこぼしてばかりいます」

▶ **3**

エ

解説 下線部はwillが時制の一致でwouldになった用法。ア**would often** ～「よく～したものだった」過去の習慣を表す用法。イwould notは「どうしても～しようとしなかった」の意味になる場合がある。ウWill you ～ ? の丁寧な表現。

トップコーチ

● 時制の一致

　日本語では，文尾の動詞だけを過去を表す形にすれば，文全体が過去の内容になるが，英語では，過去の話であれば，文中の動詞をすべて過去形にしなければならない。これを「時制の一致」という。主節の動詞と従属節の動詞の両方を，時制に合った適切な形に変化させる必要がある。

[例] I **know** that Lucy **is** a doctor.
　　（ルーシーが医者だということを知っている）
　　I **knew** that Lucy **was** a doctor.
　　（ルーシーが医者だということを知っていた）

▶**4**

(1) ア　　　　(2) イ

解説 (1)「砂糖を取っていただけませんか」だから，ア「はい，どうぞ」を選ぶ。　(2)「飲み物はいかがですか」だから，イ「紅茶をお願いします」を選ぶ。

▶**5**

(1) lent　　(2) We[They], had
(3) mind　　(4) Why, don't
(5) traveled, by
(6) took, walk　(7) cost, me
(8) must, be　(9) must
(10) should
(11) only, have, to[have, only, to]
(12) had, better, not, say
(13) unable　(14) Can, be

解説 (1)「私は先生から借りた」＝「先生が私に貸した」と考える。　(2)It rained little in Osaka last summer. にも書きかえられる。　(3)Don't worry.「心配するな」/ Never mind. ＝ Don't mind.「気にする

な」　(4)Why don't you ～ ?「～したらどうですか」＝ How about -ing? ＝ What do you say to -ing?など。　(6)「5分の歩き(walk 图)が私を公園に運んだ」＝「私が公園に歩いて行く(walk 動)のに5分かかった」＜It takes ＋ O ＋ (時間) ＋ to ～＞の形にする。　(7)＜cost ＋ (人) ＋ (費用)＞「(人)に(費用)がかかる」cost － cost － costと変化する。　(8)I'm sure (that) ～「きっと～だと思う」⇒「～にちがいない」と考え，助動詞のmustを用いる。　(9)「本当であるはずがない」⇒「間違っているにちがいない」false 图「間違った」　(10)ought to ＝ should「～すべきである」　(11)All (that) you have to do is (to)～. ＝ You only have to ～ .「～しさえすればよい」have only toでもよい。　(12)「それを言ったら，面倒なことになるだろう」⇒「それを言わないほうがよい」と考える。＜had better not ＋ 原形＞「～しないほうがよい」　(13)not able⇒unable 图「不可能な」　(14)It is possible that ～ .「～ということがありうる」の疑問文の形。「彼がそんなに不正直だということがありうるだろうか[可能性があるか]」⇒「一体彼はそんなに不誠実であろうか」と考える。canの疑問文には「一体～だろうか」という意味がある。

▶**6**

(1) Mariko cut her birthday cake with a knife yesterday.
(2) He was reading the newspaper.
(3) You will be able to play the guitar very well next year.
(4) Must I clean my room?
　── No, you don't have to.
(5) Who broke my cup last week?

(6) **What are they going to do?**

(7) **What would Lucy like to have for lunch?**

解説 (1)cut − cut − cut と変化する。(2)read に3単現の s がついていないので，ここの read は過去形と考え，過去進行形にする。　(3)can の未来形＝ will be able to (4)Must I 〜 ? に対して No で答えるときは don't have to を用いる。　(5)主語を疑問詞に変えた場合，そのまま文をつなげればよい。ただし，現在の文のときには一般動詞に3単現の s が付く。　(6)(7)主語以外を疑問詞に変えた場合，残った部分を疑問文にする。下線部に一般動詞が含まれていればdo に変えること。

▶ **7**

(1) **is, see, off**

(2) **have[need]**

(3) **will, have, to**

(4) **used**

(5) **may, rain, had, better**

(6) **must, chosen**

解説 (1)Who が主語だから，is を使う。(2)「〜する必要がない」don't have to 〜 ＝ don't need to 〜 この need は動詞。助動詞の need を使って，need not 〜 でも同じ意味を表すことができる。　(3)「〜しなければならないでしょう」will have to 〜 (4)＜ used to ＋動詞の原形＞「よく〜したものだった」(過去の規則的習慣) /「以前〜であった」(過去の事実) の2つの意味がある。　(5)「〜かもしれない」may,「〜したほうがよい」had better 〜　(6)＜ must have ＋過去分詞＞「〜したにちがいない」で過去の出来事に対する現在の確信を表す。choose − chose − chosen

トップコーチ

● 助動詞＋ have ＋過去分詞

＜推量の助動詞＋ have ＋過去分詞＞

must have ＋過去分詞
　　「〜したにちがいない」

may have ＋過去分詞
　　「〜したかもしれない」

cannot[can't] have ＋過去分詞
　　「〜したはずがない」

should[ought to] have ＋過去分詞
　　「〜したはずだ」「〜するべきだったのに」

▶ **8**

(1) **Did your father go to his office by car?**

(2) **May I have your phone number again?**[spend が不要]

(3) *Excuse me, but* **how can I get to the ballpark?**

(4) **It stopped raining at that time.**

(5) **Tom's birthday is coming soon.**

(6) **You will be able to ride a bicycle in a few weeks.**

(7) **My brother and I were walking to school.**

(8) **Did you enjoy** yourselves **at the party?**

(9) **Shall I bring you a cup of coffee?**

(10) **We should be quiet in a hospital.**

(11) **It is going to clear up soon.**

⑿ *Why* don't we have some coffee at the shop in front of *the library*?

⒀ *You* should have come a few minutes earlier.

解説 ⑵「あなたの電話番号を持ってもいいですか」と考える。spendが不要。　⑶「どのようにして野球場へ行くことができますか」と考える。　⑷「雨がやむ」stop raining　⑸主に往来発着を表す動詞は，現在進行形で近い未来を表すことができる。　⑹「乗れる」のは未来だからwill be able to を用いる。　⑺過去進行形の文。　⑼「〜しましょうか」Shall I 〜？　⑾「晴れる」clear up 何らかの兆候があって，話し手が確信しているときにはbe going toを用いることにも注意する。　⑿Why don't we 〜？= Shall we 〜？= Let's 〜. は非常によく使われる表現なので覚えておこう。⒀「〜するべきだった（のにしなかった）」は＜should have ＋過去分詞＞。

▶*9*

⑴ 私の姉［妹］は数週間で100メートル泳げるようになるでしょう。

⑵ 顔が赤いですよ。あなたは熱があるにちがいない。

⑶ あなた（たち）は食べ過ぎないほうがよい。

⑷ あなたたちはめいめい，その文章を5回書かなければならないでしょう。

⑸ 私たちはその財宝を探しましたが，何も見つけられませんでした。

⑹ 病院で，ある夕方に，ディックは1人の女性をベッドから手術室へ運ばなければならなかった。

⑺ 人は早起きをして，午前中に体温を上昇させることにより，睡眠時間を減ら

すことができる。

⑻ あなた（たち）がそんなことを言うと，面倒なことになりますよ。

⑼ 私は出発する前に，ロンドンの英語学校について読みました。

⑽ 私はあとどれくらい待たなければいけないのですか。

解説 ⑴will be able to 〜「〜することができるでしょう」⑵must「〜にちがいない」have a fever「熱がある」　⑶had better not 〜「〜しないほうがよい」　⑷will have to 〜「〜しなければならないでしょう」，sentence「文章」⑸look for 〜「〜を探す」（= seek）＜not + anything＞だから「何も〜ない」。　⑻There will be troubleはThere is troubleの未来形。⑼leftがあるので，read は過去形。⑽How much longer 〜？「あとどのくらい〜？」

▶*10*

⑴ It must be windy tonight.

⑵ *By the way*, he is visiting London on business *now*.

⑶ She will be able to speak English soon.

⑷ He saw something strange under the tree last night.

⑸ I didn't think the earth goes [moves] around the sun when I was a child.

⑹ "If you don't have any homework, let's go shopping this afternoon." "All right. I will be waiting for you in front of the department store (at) about one thirty."

(7) Fred went to the movies after he finished his homework. / After Fred finished his homework, he went to the movies.

(8) What are you going to [will you] do next spring vacation? Are you planning to go anywhere? / How are you going to [will you] spend your next spring vacation? Do you have a plan to go anywhere?

解説 (2)「～を訪問する」はvisit ～で, toなどの前置詞を使わない。「出張で／商用で」on business (3)「～できる(ようになる)でしょう」はwill be able to ～ で表す。soonは文頭でも, willの直後でもよい。(4)「奇妙な」strange 形 ⇒ somethingのような -ingの語を修飾する語句は後ろに形容詞を置く。 (5)「回転している」は不変の真理なので, 時制の一致をしない。I didn't think ... the sunの別解として, I never dreamed that the earth goes around the sun ま た はLittle did I dream that the earth goes around the sunが考えられる。 (6)「待っています」は未来において「待っている」のだから, 未来進行形 (will be -ing) を用いる。近い未来のことを表すのに現在進行形を使うことができる。I am waiting for you ～ . でもよい。 (7)「映画へ出かける」go to the movies (8)「次の春休みは何をするつもりですか。どこかへ行く計画をしていますか」または, 「あなたの次の春休みをどのようにして過ごす(spend)予定ですか。どこかへ行く計画はありますか」と考える。

2 比 較

▶**11**

(1) larger, largest
(2) bigger, biggest
(3) prettier, prettiest
(4) more difficult, most difficult
(5) better, best
(6) worse, worst
(7) more, most
(8) less, least

解説 (1)～(3)規則変化をする形容詞。 (4)3音節以上の語, 特に -ful, -ous, -ing, -ly (ただしearlyは例外)で終わる語はその語自体を変化させるのではなく, more, mostを付ける。(5)～(8)不規則変化をするので, 必ず覚えておくこと。

▶**12**

(1) エ　　(2) ウ　　(3) エ
(4) ウ　　(5) ア　　(6) イ

解説 (1)thanの前だから比較級を選ぶ。 (2)as ～ asだから原級を選ぶ。「(上手に)話せる」だからwell 副。 (3)「日本で最も人気のあるスポーツは何ですか」という意味になるので, 最上級の構文を用いる。 (4)thanの前だから比較級を選ぶが, mistakesは可算名詞だからless (<little) は使えない。than Iは口語ではthan meと目的格を使う。 (5)原級の形を考える。 (6)「倍数表現」は<X times as ＋原級＋ as ～>「～のX倍…」。ただし, 「2倍」は two timesとせずに, twiceを使う。

<比較の基本構文>
　基本的に2つ[2人]を比べるときには比較級, 3つ[3人]以上を比べるときには最上級を使う。

◇［原級］
 ＜as＋原級＋as ～＞「～と同じくらい…」
 ＜not as[so]＋原級＋as ～＞「～ほど…ない」
 ※否定の場合，asでもsoでも可。
◇［比較級］
 ＜比較級＋than ～＞「～より…」
◇［最上級］
 ＜(the＋)最上級＋in[of] ～＞「～の中で最も…」
 ※副詞の最上級にはtheを付けなくてもよい。

＜**in**と**of**の違い＞
◇＜in＋範囲・グループを表す語句＞
◇＜of＋複数内容を表す語句＞
・of the＋数詞「～個（人・本・冊など）の中で」
・of all「すべての中で」
・of all the＋複数「すべての～の中で」
・of us[you / them] all「私たち[あなたたち / 彼ら，彼女ら，それら]みんなの中で」

▶**13**
(1) very → much
(2) much → more
(3) sport → sports
(4) early → earlier
(5) many as → as many
(6) large → largest

解説 (1)原級を強めるときにはveryを使うが，比較級を強めるときにはmuchを使う。＜**much**＋比較級＋than ～＞「～よりずっと…」 (2)thanの前だからmuchは比較級にする。 (3)＜**one of the**＋最上級＋複数名詞＞「最も…な～のうちの1つ[1人]」

---

(4)人を比べているから，whichではなく，whoを使っていることにも注意。 (5)many booksでひとかたまりだから，manyとbooksを切り離すことはできない。 (6)＜the second[third, fourth]＋最上級＞「2番目に[3番目に，4番目に]…な」

▶**14**
エ

解説 ア～ウは以下のようにすれば，正しい文になる。アHe is the youngest **of** my uncle's five children. ⇒five childrenと複数なので，inではなく，ofを使う。イShe has **much** money, but he has much more. ⇒moneyは不可算名詞なので，muchを使う。much moreのmuchは比較級moreを強めている。ウWho is a **better** swimmer, you or he? ⇒goodの比較級はbetter。エnowとyesterdayを比べている文。

▶**15**
(1) **I can run faster than you.**
(2) **I don't[do not] have as many books as Tom.**
(3) **Who is the fastest runner in our school?**
(4) **Mt. Fuji is the highest mountain in Japan.**
(5) **No other man in the city is as[so] old as he. / No other man in the city is older than he.**

解説 (1)「君は私ほど速く走れない」→「私は君より速く走れる」 (2)not as many ～ asを使う。 (3)run fast ＝ be a fast runnerを利用する。 (4)(5)p.9トップコーチを参照。

「富士山は日本で最も高い山です」
◇最上級
　Mt. Fuji is the highest mountain in Japan.
◇比較級
　Mt. Fuji is higher than any other mountain in Japan.
　No other mountain in Japan is higher than Mt. Fuji.
◇原級
　No other mountain in Japan is as[so] high as Mt. Fuji.
　以上，4通りの表し方ができる。

▶ **16**
(1) **harder, than**
(2) **as, difficult**
(3) **younger, than**
(4) ①**favorite** ②**other**
(5) **deeper, than, lake**
(6) **best, No**
(7) **more, anything**
(8) **higher**
(9) **nothing, more**
(10) **best**
(11) **twice, large**
(12) **to, by**
(13) **not, as[so], as**

解説 (1)not as ... as と，比べるものの入れかえを組み合わせているので，反意語を使わずに比較級＋than に書きかえる。　(2) as が付いているので，比較級内容を原級表現で表すということがわかる。入れかえをしていないので，easy の反意語 difficult を用いる。　(3)she looks は「見かけ」，she really is は「実際」。「彼女は見かけほど若くない」⇒「彼女は実際より若く見える」

(4)「私はあの歌手が最も好きだ」は，①「彼女は私が最も気に入っている歌手だ」と「私は他のどの歌手よりも彼女が好きだ」に書きかえられる。　(5)「世界の他のどんな湖より深い」と考え，＜比較級＋than any other＋単数名詞＞を用いる。　(7)「時間は最も重要なものです」⇒「時間は他のどんなものより重要だ」⇒Nothing is more important than time. にも書きかえられる。than の後ろが，any other thing と考えられる場合は anything else とする。any other man と考えられる場合は anyone [anybody] else とする。　(8)price「値段」が「高い」という場合には，形容詞 high を用いる。seem to ～「～するようだ／～するように見える」，these days「最近」／those days「当時」　(9)「同じ間違いを繰り返すことは最も愚かなことだ」＝「同じ間違いを繰り返すことより愚かなことはない」と考え，最上級の内容を比較級を用いて表す。**There is nothing＋比較級＋than ～**「～より…なものは何もない」　(10)as much as she could「できるだけたくさん」「マリコは試験に合格するためにできるだけたくさんのことをした」⇒「マリコは最善を尽くした」と考える。「最善を尽くす」do *one's* best　(11)「あの公園は，この公園の半分の大きさです」⇒「この公園はあの公園の2倍の大きさです」と考える。＜**half the size of ～**＞「～の半分の大きさ」　(12)トップコーチを参照。差を表すときには by ～ を使う。　(13)less cold は劣等比較。

　比較の意味を含む形容詞や動詞には，比較の対象を表すのに，than ではなく，to を用いるものがある。
(1)　senior to ～「～より年上の」⇔
　　junior to ～「～より年下の」
(2)　superior to ～「～より優れた」⇔

inferior to 〜「〜より劣った」
(3)　prefer A to B「BよりAを好む」=
like A better than B
※この場合，toの後ろには代名詞の主格
は使えない。
　　× She is two years senior to I.
　　○ She is two years senior to me.

▶ **17**

(1) **than, any, other**

(2) **thinking, climbing, second,
highest**

(3) **much, that, of**

(4) **largest[biggest], cities**

(5) **No, other, boy**

(6) **Which, better**

(7) **the, shorter**

(8) **half, an, hour, later**

(9) **as, leaves**

(10) **many**

(11) **The, less, the, more**

(12) **less**

解説 (1)「どの〜より」⇒＜比較級 + than
any other + 単数＞　(2)▶**13**(6)参照。
(3)the population of Japanとするところ
だが，名詞の繰り返しを避けるためにthat
of Japanとする。　(4)▶**13**(3)参照。
(5)= He is the cleverest boy in this class.
*p.9*のトップコーチ参照。　(6)ここのoneは
pictureを指す代名詞。　(7)＜the + 比較級
+ of the two＞「2つ[2人]のうちで（よ
り）…なほう」⇒「3つ[3人]以上の中で」な
ら最上級を用いるが，2者間の比較には比較
級を用いる。比較級の前にtheが必要であ
る点にも注意。　(8)「30分遅く」はhalf an
hour lateで表し，thanの前なのでlateを
比較級にする。最後のdidはarrivedの代
わりをする代動詞。　(9)manyがあるので，

その後は複数形にすることを忘れずに。-f,
-feで終わる名詞を複数形にするときは-v
に変えてesを付ける（roof「屋根」は例外）。
(10)比較級の強調はふつう，muchやstill,
farなどを用いるが，＜more＋複数名詞＞
の強調は**many**を用いる。　(11)＜the + 比
較級〜，the + 比較級...＞「〜すればするほ
ど…」　(12)＜less + 原級 + than 〜＞「〜よ
り…でない」これを"劣等比較"という。
used to は助動詞で「昔は〜だった」「よく
〜したものだった」を表す。

▶ **18**

(1) **This is the most
impressive city of all.** [inが不要]

(2) **Nothing is more dangerous
than swimming in the sea at
night.**

(3) *Mayumi is* **one of the best
speakers of English in the
class.**

(4) *This morning I woke* **up half
an hour earlier than usual.**

(5) **He runs faster than any
other student in his school.**

(6) **I have to finish my
homework as soon as I can.**

(7) *How* **much longer do I have
to wait?**

(8) **The new building will be
twice as large as the old one.**
[twoが不要]

(9) **The newspaper says that it
will be the coldest winter in
twenty** *years.* [writesが不要]

(10) **She is the most famous
pianist in Japan.**

(11) **There is nothing more welcome than a cup of hot coffee on such a *cold day*.**

(12) **It is getting hotter and hotter.**

(13) **The weather was much worse than we expected.**

解説 (1)inが不要。　(2)「〜ほど…なものはない」＜Nothing is ＋比較級＋than 〜.＞ ＝＜Nothing is as[so]＋原級＋as 〜.＞ (3)a good speaker of Englishから考える。　(4)「いつもより」than usual　(5)＝He runs (the) fastest in his school. (6)「できるだけ〜」as 〜 as S' can / could または as 〜 as S' possible　(7)「どれくらい〜」と時間の長さをたずねる文はHow long 〜？だから，「あと（さらに）どれくらい〜」はHow much longer 〜？とすればよい。　(8)倍数表現。twoが不要。　(9)「新聞は〜ということを言っている」という文にする。「20年ぶりの寒い冬」は「20年の中で最も寒い冬」と考える。writesが不要。 (11)「〜ほどありがたいものはない」There is nothing more welcome than 〜.　(12)「ますます〜」＜比較級＋and＋比較級＞ (13)「期待していたより」＜than＋主語＋expected＞

▶ **19**

(1) 実際彼らは家に帰るのが早ければ早いほどよかった。

(2) 太陽は地球より約1,300,000倍の大きさがあると言われています。

(3) あなたの洋服全部に使うのと同じくらいの金額を上下1組の洋服に使うなんて，とても想像できません。

(4) 古代中国の文字は，現代中国のものよりも，もっと絵に似ています。

(5) 中国語は世界中で最も話す人が多い言語であるが，アフリカの言語の中には100人以下の人しか話さないものもある。

解説 (1)＜the＋比較級〜，the＋比較級…＞で「〜すればするほど，ますます…」を表す。(2)It is said (that) 〜.「〜と言われている」＝They say (that) 〜.　(3)imagine -ing「〜するのを想像する」，justは強調語。as ... as 〜は「〜と同じくらい…」で“...”には原級が来るが，この場合のようにそれ以外の語句が入ることもある。spend on [for]〜が「（お金などを）〜に費やす」だから，muchは「同じくらいの金額」を表す。ここのdoはspendの代わりをする代動詞。(4)ここのlikeは「〜のような，〜に似ている」　(5)less than 〜「〜以下」⇔more than 〜「〜以上」

20

(1) *Yakushima Island* **is the fifth largest island in Japan.**

(2) **This morning I got up earlier than usual and went out for a walk.**

(3) **What is the largest city in the world?**

(4) **We think (that) Japan is now one of the richest countries in the world.**

(5) **Nothing is more important than keeping your promise. / Nothing is as[so] important as keeping your promise.**

(6) **These days, more and more foreigners are studying Japanese.**

(7) **The climate of Japan is much milder than that of Canada.**

(8) **You should read as many good books as you can[as possible] while[when] you are young.**

(9) **This winter it has snowed more than usual, so I hope we'll[we will] enjoy skiing very much. / Because we have had more snow this winter than usual, we'll[we will] be able to have great fun skiing.**

(10) **When I saw[met] her for the first time, she looked as young as my eldest[oldest] sister. So I couldn't believe that she was older than my mother. / I thought (that) she was about as young as my eldest[oldest] sister at the first sight of her. That made it impossible for me to believe (that) she was older than my mother. / I could hardly believe (that) she was older than my mother because she looked as young as my eldest[oldest] sister when I first met her.**

(11) **Many people say (that) nothing is more important than love.[Many people say (that) nothing is as[so] important as love.]**

解説 比較の英作文はまず，比較部分を除いた基本文を英作し，あとで比較部分を付け加えるとよい。 (1)「～番目に…」＜the＋序数＋最上級＞ (2)than usualが文尾に付くので，this morningを文頭に置いたほうが文が落ち着く。 (3)都市名を問う質問なので，whereでなくwhatを用いる。「どこですか」に惑わされないように。Where is ～？の場合，地理上の場所を問う質問になる。 (4)「最も…な～のうちの1つ[1人]」＜one of the＋最上級＋複数名詞＞ (7)the climate of Canadaとしたいところだが，名詞の繰り返しを避けるために，that of Canadaとする。 (9)「大いに～を楽しむ」はenjoyがすぐに思い浮かぶが，have great fun -ingも覚えておく。 (10)与えられた日本文は1文だが，かなり長いので，英文は2つに分けて作るとよい。「～と同じくらい」はabout[almost] as ～ asを用いればよいが，aboutやalmostがなくても「見えた」にlookを使えば文意は通じる。 (11)「多くの人が口にする」⇒「多くの人が言う」と考える。

3 受動態

▶*21*

(1) ウ	(2) イ	(3) イ	(4) ウ
(5) ア	(6) エ	(7) イ	(8) ウ
(9) ウ	(10) イ		

解説 (1)proudならof，afraidもof，人が主語のときは be interestingは使えない。 (2)「日本映画について尋ねられたとき，私はあまりうまく答えられなかった」という意味になるので，受動態を用いる。couldn'tに時制を一致させ，イが正解となる。 (3)「～でできている」は材料（形質が変わらない）のときはbe made of，原料（形質が変わる）

のときはbe made fromの形になる。
⑷能動態はA stranger spoke to me in front of the bank.で，この文を受動態にするとき，spoke toのtoが受動態でも必要である。このような＜動詞＋前置詞［副詞］＞で1つの動詞の働きをする動詞の文を受動態にかえるとき，前置詞［副詞］を落とさないように注意する。 ⑸spokenがあるのでbe動詞を選ぶ。 ⑹＜invite＋（人）＋to～＞を受動態にした形。 ⑺「あなたはみんなに何と呼ばれていますか」 ⑻tomorrowがあるので未来形にする。⇒＜will be＋過去分詞＞ ⑼be surprised at～「～に驚く」 ⑽be caused by～「～が原因となる，～によって引き起こされる」

▸*22*

⑴ **was, stolen**
⑵ **old**
⑶ **were, these, pictures, taken**
⑷ **was, by**
⑸ **was, interested, in**
⑹ **They, sell**
⑺ **be, taken, out**
⑻ **that, tree, called**
⑼ **was, born, on**
⑽ **known, as**
⑾ **being, looked, for**
⑿ **said, to**
⒀ **is, said**

解説 ⑴能動態を受動態に書きかえる。
⑵「これらのサンドイッチはいつ作られましたか」⇒「これらのサンドイッチは何歳ですか」と考える。疑問詞howの後に来る形容詞／副詞を考えるとこれしかない。
⑶「彼らはこれらの写真をいつ撮りました

か」⇒「これらの写真はいつ撮られましたか」ここのtheyは漠然とした人々なので，by themはふつうは省略する。 ⑷「誰が電話を発明しましたか」⇒「電話は誰によって発明されましたか」と考えて，the telephoneを主語にした受動態に書きかえる。なお，この文はBy whom was the telephone invented? にも書きかえられる。 ⑸＜（物）＋be interesting to＋（人）＞＝＜（人）＋be interested in＋（物）＞ ⑹受動態を能動態に書きかえる場合，by～が省略されていたら補って考えること。この文で，花を売るのはthat shopの人だからby themが省略されていると考える。 ⑺「助動詞を含む受動態」は＜助動詞＋be＋過去分詞＞で表す。 ⑻「あの木に対する日本語は何ですか」⇒「あの木は日本語で何と呼ばれますか」と考える。 ⑼「3月5日は私の誕生日です」⇒「私は3月5日に生まれました」 ⑽「私たちはジャックが働き者だと知っている」⇒「ジャックは働き者として知られる」「～として知られる」be known as～ ⑾進行形の受動態は＜be being＋過去分詞＞で表す。 ⑿「～と言われる」It is said (that)～＝They say (that)～＝＜主語＋is said to～＞
⒀that以下はsayの目的語なので，受動態を用いて書きかえると，That he is a good swimmer is said.（by themは省略）となり，長い主語なので仮主語Itに置きかえて，It is said that he is a good swimmer. となる。ちなみに，この文は不定詞を用いて，He is said to be a good swimmer. にも書きかえられる。

<**by 〜の省略**>

(1)動作をする側がはっきりしていて，あえて表す必要がない場合，(2)動作をするのが誰［何］なのかがはっきりわからない場合によく by 〜は省略される。特に by them, by you, by people はよく省略される。

トップコーチ

● 受動態の時制

［現在］＜ **is[am, are]** ＋ 過去分詞＞

［過去］＜ **was[were]** ＋ 過去分詞＞

［未来］＜ **will be** ＋ 過去分詞＞

［進行］＜ **is[am, are, was, were] being** ＋過去分詞＞

［完了］＜ **have[has, had] been** ＋ 過去分詞＞

▶*23*

(1) **in**　　(2) **with**　　(3) **to**

(4) **at**　　(5) **from**　　(6) **of**

<**by 以外の前置詞を伴う受動態**>

・be interested in 〜「〜に興味がある」

・be killed in 〜

　「(事故・戦争)で死ぬ」

・be covered with 〜「〜でおおわれる」

・be pleased with 〜「〜に喜ぶ」

・be satisfied with 〜

　「〜に満足する」

・be filled with 〜（＝ be full of 〜）

　「〜でいっぱいだ」

・be surprised at 〜「〜に驚く」

・be disappointed at 〜

　「〜にがっかりする」

・be shocked at 〜

　「〜にショックを受ける」

・be known to 〜「(人)に知られる」

・be known for 〜

　「(物事)で知られる」

・be known as 〜

　「〜として知られる」

・be made of 〜

　「(材料)でできている」

・be made from 〜

　「(原料)から作られる」

・be made into 〜

　「〜に作り変えられる」　　など

▶*24*

(1) They sell sugar at that shop.

(2) We[They] speak Japanese in Japan.

(3) The little cat was taken care of by Lucy.

(4) They are taught English by Mr. Brown.

　English is taught (to) them by Mr. Brown.

(5) Our bodies must be kept clean.

(6) Can Mt. Fuji be seen from your room?

(7) What time will that store be closed?

(8) When did they build Todaiji?

(9) By whom was this letter written? / Who[Whom] was this letter written by?

(10) What language is spoken in Canada?

解説 (1)by them が省略されている文。

(2)by us[them]が省略されている文。
(3)複数の語句から成る群動詞は，まとめて1つの動詞とみなして受動態にする。よく出てくるものに be taken care of by 〜, be laughed at by 〜, be spoken to by 〜 が挙げられる。　(4)第4文型の受動態⇒トップコーチ参照。　(5)(6)助動詞を含む文。
(8)by them が省略されていると考え，「彼らはいつ東大寺を建てましたか」とする。
(9)who が主語の文を受動態にすると，<By whom + be動詞 + 主語 + 過去分詞〜？>，または，<Who[Whom] + be動詞 + 主語 + 過去分詞〜 by?>となる。　(10)疑問詞が目的語の文を受動態にすると，<疑問詞 + be + 過去分詞〜？>となる。この文のThey はカナダの一般の人々だから，受動態の文では by them が省略されている。

▶**25**
(1)　ア　　　　(2)　エ

解説 (1)「英語で」は in English。「書かれている」は受動態だから，<be + 過去分詞>で表すこと。　(2)「〜でいっぱいだ」は be filled with 〜で表す。by を使わないことに注意。

▶**26**
エ

解説 エ「木はその実を見ればわかる」という意味で，by は「判断の基準」を表す。be known to や be known for とは別の表現。ア 能動態の文にすると，All the people laughed at him. なので，受動態の文でも laughed の後ろに at が必要。イ 正しくは，It is said that she is 〜 . または，She is said to be 〜 .　ウ be caught in a shower で「にわか雨にあう」という意味なので，at → in。　オ sing → to sing <主語＋知覚動詞(see, hear, feel など)＋目

的語＋原形不定詞>を受動態にするときには，原形不定詞を to 不定詞に変える。

トップコーチ
●**第4文型の受動態**
◇give 型動詞(第3文型にしたときに<(物) + to + (人)>になる)
[能動態]
My uncle gave me a new car.
[受動態]
I was given a new car by my uncle.
A new car was given (to) me by my uncle.
◇buy 型動詞(第3文型にしたときに<(物) + for + (人)>になる)
[能動態]
My uncle bought me a new car.
[受動態]
A new car was bought for me by my uncle.
※buy 型動詞(buy, make, get, find, cook など)の場合，人を主語にした受動態にはできないし，for を省略することもできないことに注意。

▶**27**
(1) **were, killed, in, accident**
(2) **brought, up**
(3) **will, be, invited**
(4) **was, laughed, at**
(5) **must, done**
(6) **made, into**
(7) **this, picture, painted[drawn], by**
(8) **Few, were, injured**
(9) **In, those, days, made[built], of, wood**

解説 (1)事故などで死ぬ場合にはbe killed inを用いる。 (2)「生まれる」be born,「育つ」be brought up⇔bring up「育てる」 (3)未来形の受動態。 (4)群動詞(「笑う」laugh at)の受動態。 (5)助動詞を含む受動態。 (6)「～に作り変えられる」be made into ～ (7)「この絵は誰によって描かれましたか」と考える。「誰によって～か」By whom ～？＝Who(m) ～ by? (8)「(事故)でけがをする」be injured in ～ (9)木で作られる場合は形質が変化しないのでbe made ofを用いる。

▸**28**

(1) **Is the book written in English or Spanish?**

(2) **I am interested in Japanese history.** [byが不要]

(3) **The table was covered with nice things to eat.**

(4) *What* **are the flowers in that vase called** *in English?* [youが不要]

(5) **How many people were invited to your birthday party?** [muchが不要]

(6) **The plane was delayed two hours by the bad weather.**

(7) *The bottle* **is filled with hot water.**

(8) **My brother was taken to the hospital an hour ago.**

(9) *My guitar* **is broken, so I want to buy a new one.**

(10) **How many languages are spoken in the world?**

(11) **He was brought up without knowing his true identity,** *but it seems he has a special destiny.*

解説 (2)byが不要。 (3)「すてきな食べ物」nice things to eat (4)⇒「あの花瓶の花は英語で何と呼ばれますか」youが不要。 (5)⇒「何人の人があなたの誕生パーティーに招待されましたか」muchが不要。 (9)a new guitarとしないで、名詞の繰り返しを避けるためにguitarの代わりにoneを用いる。 (10)⇒「いくつの言語が世界中で話されていますか」 (11)「彼は自分の本当の素性を知らずに育てられたが、特別な運命を背負っているように思われる」be brought up「育てられる」, without -ing「～せずに」

▸**29**

(1) ぼくも心配だ。ぼくの髪が、ぼくの古い友人ほど上手には、その新しい若い人に切ってもらえないかもしれないから。

(2) ときどきパーティーで、あなたはほんの数人の人にしか紹介されない (ことがある)。こんなときには、紹介されるのを待たないで、他の客に話しかけなさい。

(3) ゴリラはアフリカのジャングルに住んでいるが、熱帯の国の雨林でも見かけられる。

(4) 死者は元の家に帰ってくると信じられていて、彼らは生きている人々に歓迎される。

解説 (1)be cut well by the new young man と be cut well by my old friend が

比較されている。　(2)only a few ～「ほんの少しの～だけ」, If that happens「もしそれが起これば」, to be introduced「紹介されること」(不定詞の名詞的用法)

▶ *30*

(1) **When is garbage collected?**

(2) **Both English and French are spoken in Canada.**

(3) **I was spoken to by a foreign man in the park yesterday.**

(4) **My sister is very interested in tennis though she isn't a good player[doesn't play it well]. / Though my sister isn't a good tennis player[doesn't play tennis well], she is very interested in it.**

(5) **The library on the fifth floor is always crowded with students after school.**

(6) **The street is always very crowded. So I am sometimes bothered by the noise.**

解説　(3)「～に話しかける」はspeak to ～ なので, これを受動態にして用いる⇒「…に話しかけられる」<be spoken to by ...>
(4)「～ではありませんが」の部分はthough (～だけれども)を用いて表す。　(5)(6)「こみあう, 混雑する」be crowded　(6)は「～で」がないのでwith ～は不要。alwaysやsometimesの位置に注意。⇒be動詞の後, 一般動詞の前に置く。

4　重要な文型；感嘆文；付加疑問

▶ *31*

(1) ア　(2) イ　(3) イ　(4) ア

(5) ウ　(6) ア　(7) エ　(8) ウ

(9) ア　(10) イ　(11) ウ　(12) ウ

解説　(1)<look＋形容詞>「～に見える, ～のようだ」　(2)be sunny = be fine　(3)keep＋O＋C「OをCに保つ」　(4)<sound＋形容詞>「～に聞こえる」　(5)getは授与動詞で, その後ろに<(人)＋(物)>をとるが, (物)に代名詞が来る場合は<(物)＋for＋(人)>の形にする。　(6)happinessは名詞なので, 授与動詞を使う。⇒The news made me happy. と混同しないように。(7)make＋O＋C「OをCにする」⇒「私たちの活動は地球をより健康にするでしょう」(8)<(人)＋(物)>が来ているので授与動詞を使う。　(9)pretty dollsと形容詞に修飾される名詞があるのでwhat型にする。　(10)名詞がないのでhow型にする。　(11)readは主語が3人称単数であるのにsが付いていないので過去形である。　(12)Let's ～の文に付加疑問を続ける場合には, <, shall we?>を用いる。なお, 命令文に対する付加疑問は, <, will[won't] you?>になる。

▶ *32*

(1) **Neither**

(2) **Does, belong, to**

(3) **to**

(4) **for**

(5) **us, happy**

(6) **make**

(7) **man, word**

(8) **of, death**

(9) **kept**

(10) **What, made**

(11) **many, visitors**

(12) **an, riser**

(13) **How, well**

(14) **What, wonderful**

解説 (1)dead と alive が反意語で，全部否定の考え方。「どちらも～ない」neither ～　(2)「これはあなたの車ですか」⇒「この車はあなたに所属しますか」と考える。「～に所属する」belong to ～　(3)< show + (人) + (物) >⇒< show + (物) + to + (人) >　(4)< buy + (人) + (物) >⇒< buy + (物) + for + (人) >for をとるものは他に，**make, get, find, cook, choose** などがある。　(5)「私たちは懸命に働くことで幸せになれる」⇒「懸命に働くことは私たちを幸せにする」　(6)「この知らせを聞けば，彼女は幸せだろう」⇒「この知らせが彼女を幸せにする」と考える。　(7)「約束を守る人」a man of *one's* word　(8)「～のうわさを聞く」hear of ～，「～ から便りがある」hear from ～ と区別すること。　(9)「私は騒音のせいで眠れなかった」⇒「騒音が私を目が覚めたままにした」　(10)「何がタケシを心変わりさせたのですか」と考える。　(11)「多くの人がその図書館に訪れる」⇒「図書館に多くの来館者がいる」と考える。　(12)⇒You rise very early. ⇒You are a very early riser. から考える。　(13)⇒She is a very good pianist. ⇒She plays the piano very well. から考える。　(14)最後が！なので感嘆文に書きかえればよい。the Carters は「カーター家」

▶**33**

(1) **S：第1文型〔S＋Vの文型〕**

(2) **C：第2文型〔S＋V＋Cの文型〕**

(3) **C：第2文型〔S＋V＋Cの文型〕**

(4) **O：第3文型〔S＋V＋Oの文型〕**

(5) **O：第3文型〔S＋V＋Oの文型〕**

(6) **O・O：第4文型〔S＋V＋O＋Oの文型〕**

(7) **O・C：第5文型〔S＋V＋O＋Cの文型〕**

解説 (1)in the kitchen は場所を表す副詞句。(2)The leaves of that tree were red and yellow. と be 動詞に変えても意味が通じるので補語。　(3)My sister = a nurse なので補語。　(4)I ≠ to be a music teacher なので目的語。　(5)My mother ≠ a cake なので目的語。　(6)My mother ≠ me, me ≠ a delicious cake なのでいずれも目的語。　(7)My mother ≠ me, me = an honest person。

▶**34**

(1) ウ　　　(2) オ　　　(3) エ

解説 (1)第3文型　What は do の目的語。ア 第1文型　イ 第2文型　ウ 第3文型　エ 第4文型　オ 第5文型　(2)第4文型　ア 第3文型　イ 第5文型　ウ 第2文型　エ 第1文型　オ 第4文型　(3)第4文型　ア 第5文型　イ 第1文型　　ウ 第2文型　エ 第4文型　オ 第3文型

▶**35**

(1) **My father bought a nice baseball glove for me.**

(2) **Mr. White teaches us French.**

(3) **The news made me happy.**

(4) **What made her so angry?**

(5) **Here are some tall trees.**

⑹ **What a long and difficult voyage it was!**

⑺ **What a good singer she is!**

⑻ **How well my father cooks!**

⑼ **How well she speaks English!**

⑽ **Jun likes basketball, doesn't she[he]?**

⑾ **There is no water in the pot, is there?**

⑿ **You're not going out this evening, are you?**

⒀ **John has not eaten lunch yet, has he?**

⒁ **Bring me a cup of coffee, will[won't] you?**

⒂ **You are too tired to eat anything, aren't you?**

解説 ⑴＜buy＋(人)＋(物)＞⇒＜buy＋(物)＋for＋(人)＞　⑵「ホワイト先生は私たちのフランス語の先生です」⇔「ホワイト先生は私たちにフランス語を教えています」と考える。　⑶⇒「その知らせが私を幸せにした」と考える。　⑷「なぜ彼女はそんなに怒ったのですか」⇒「何が彼女をそんなに怒らせたのですか」と考える。　⑸Here is[are]～.は「ここに～があります」の意味を表す。　⑹veryを消して，その後ろに形容詞に修飾された名詞(voyage)があるのでwhat型にする。　⑺そのまま感嘆文にするとHow well she sings! になるので，⇒She is a very good singer. に書きかえてwhat型にする。　⑻⇒My father is a very good cook.⇒My father cooks very well. にしてからhow型の感嘆文にする。　⑼⇒She is a very good speaker of English.⇒She speaks English very well. にしてからhow型の感嘆文にする。

⑽likesを否定形にするとdoesn't likeになる。　⑾noがあるので肯定形の付加疑問を加える。　⑿⒀否定文だから肯定形の付加疑問を加える。　⒀のhasは一般動詞ではないので，直接notが続いている。　⒁命令文の付加疑問は～, will[won't] you? とする。　⒂too～to …については第11章を参照。

▶ **36**

⑴ **look, like**

⑵ **made, her, daughter, pianist**

⑶ **made, sad**

⑷ **to**

⑸ **How, young**

⑹ **What, careful, driver**

⑺ **will, it**

⑻ **shall, we**

⑼ **lies**

⑽ **give**

⑾ **dancing, on**

⑿ **in, time, won't, she**

⒀ **have, you, Yes, have**

解説 ⑴「～のように見える，～のようだ」は＜look＋形容詞＞，または＜look like＋名詞＞で表す。　⑷＜tell＋(人)＋(物)＞＝＜tell＋(物)＋to＋(人)＞　⑸Your sister looks very young. から考える。　⑹You are a very careful driver. から考える。　⑼lieは「～に位置する[ある]」の意味を表す。lie-lay-lain-lyingと変化する。　⑽「私にホテルへ乗せていくことを与えてくれませんか」と考える。＜give＋(人)＋a ride to～＞「(人)を～に乗せていく」　⑾see her dancingは「彼女が踊っているのを見る」の意味。このdancingは現在分詞。with a hat onは「帽子をかぶって」。このonは前置詞ではなく副詞である。

⒀neverがあるから否定文であることに注意して肯定形の付加疑問を加える。また、「あります」と肯定の内容を答えているのでYesにする。

トップコーチ

● **Yes/No**

Yes =「はい」，No =「いいえ」ではない。Yesはその後ろで "肯定の内容を述べますよ" というしるしで，Noはその後ろで "否定の内容を述べますよ" というしるし。よって，和文の「はい / いいえ」に惑わされず，「肯定の内容を述べるのか」，「否定の内容を述べるのか」でYes / Noを使い分けること。

▶**37**

⑴ *He* said that he would make his son a doctor.

⑵ The news made all of us very happy. [heardが不要]

⑶ My brother always calls me Ted. [tellsが不要]

⑷ *My aunt* gave me a birthday present.

⑸ What is this fish called in *English*?

⑹ You haven't met the actress, have you?

⑺ How careless I was to leave my umbrella on the train!

⑻ This book will give you a good idea of American table manners.

解説 ⑵「その知らせは私たちをみなとても幸せにした」と考える。heardが不要。⑶tellsが不要。⑸「この魚は英語で何と

呼ばれますか」と考える。⑹現在完了の付加疑問文。⑺I was very careless to leave my umbrella on the train. から考える。この不定詞は副詞的用法で，判断の根拠「～するとは…」を表している。⑻「この本はアメリカ人の食事の作法についてのよい理解をあなたに与えるでしょう」と考える。manners (複数形)「マナー，作法」

▶**38**

⑴ You look a little tired.

⑵ Please keep the room warm. / Keep the room warm, please.

⑶ We named the cat Tama.

⑷ What a big mistake[big mistakes] he made!

⑸ This isn't[is not] your car, is it? —— Yes, it's[it is] mine.

⑹ You didn't[did not] do your homework, did you? —— No, I didn't[did not].

⑺ How long will it take to have this watch repaired[fixed, mended]?

解説 ⑷He made a very big mistake. から考える。⑸⑹*p.20*「トップコーチ」参照。⑺「～してもらう」は＜have＋目的語＋過去分詞＞で表す。⇒本冊*p.108*「発展的な内容A」

5 現在完了⑴―継続

▶**39**

⑴ ウ ⑵ ウ ⑶ イ

⑷ ウ ⑸ イ

解説 (1)現在完了(継続)は「過去に始まった状態がずっと続いて,現在もその状態である」ということを表すので,have[has] died とすると「ずっと死ぬという動作を続けている」ということになり,不適。「ずっと死んだ(= dead 形)という状態である」と考える。
(2)「5歳のときからずっと知っている」と考える。know は進行形にならない状態動詞。
(3)How long ～? は継続用法のキーワードであるから,since ～ または for ～ で答えるが,ウの for は接続詞として使うと「なぜなら～」と「理由」を表す。since は「～以来」という意味で,前置詞としても接続詞としても使える。 (5)hours (= 複数)だから many を使う。**How many hours ～ ?**「何時間～」

▸ **40**

(1) **been, since**
(2) **is, old**
(3) **It, hasn't**
(4) **hasn't, written**
(5) **has, been, dead,**
   have, passed, since
(6) **haven't, been**
(7) **since**
(8) **has, been, raining**
(9) **been, teaching, for**
(10) **No, seen, since**

解説 (1)「私は昨日病気にかかり,まだベッドに(で寝て)いる」⇒「私は昨日からずっと具合が悪い」と考え,「具合が悪い」be sick を現在完了の継続用法で表す。*p.21* のトップコーチの<状態の継続と動作の継続>を参照。 (2)「この寺が建てられて300年がたった」⇒「この寺は300歳です」 (3)We have no rain. = It doesn't rain. を現在完了に

したもの。 (4)「何年も彼から便りがない」=「彼は何年も私に手紙を書いていない」
(5)*p.21* の「父が死んで10年になる」参照。
(6)「私たちが初めてイギリスに行って8年になる」⇒「私たちは8年間イギリスに行っていない」と考える。 (7)「私は長い間あなたに会っていない」⇒「私があなたに最後に会って以来,長い時間が経つ」と考え,「～してから(時間・期間が)経つ」<It is [has been] +時間・期間+ since ～>を用いる。
(8)空所が3つあり,前の文が is raining と進行形になっているので,現在完了進行形にする。(→*p.21* トップコーチ参照) (9)「10年前に教え始めた」⇒「10年間ずっと教えている」と考える。teach は動作動詞なので,継続を表す場合には,現在完了進行形<have been -ing>にする。 (10)「トムは1980年1月に最後に見られた」⇒「1980年1月以来,誰もトムに会っていない」

トップコーチ ⇒くわしくは発展的な内容Eを参照。
● 状態の継続と動作の継続
(1)「ずっと～している」が状態動詞の場合
　⇒現在完了(継続):< have[has] +過去分詞>
(2)「ずっと～している」が動作動詞の場合
　⇒現在完了進行形:< have[has] been -ing >
※ただし,learn, rain, snow, stay, study, teach, wait, work などのように,継続の意味が含まれている動詞は,期間を表す語句を伴えば現在完了でも「継続」の意味を表すことができる。

「父が死んで10年になる」
＊ My father died ten years ago.
＊ My father has been dead for ten years.

＊Ten years have passed since my father died[since my father's death].

＊It is[It has been] ten years since my father died[since my father's death].

▶**41**

(1) **Have you been angry since yesterday?**

(2) **My brother has been sick in bed for three days.**

(3) **I have been studying English for three years. /**
I have studied English for three years.

(4) **How long have you been a lawyer?**

(5) **What have you been talking about?**

解説 (1)疑問文の書きかえはいったん肯定文になおして考える。⇒You are angry. ⇒ You have been angry.　(2)has got sick としないこと。「病気になる」という動作は3日間も継続できない。　(3)studyは動作動詞なので，現在完了進行形にするが，for three yearsがあるので，have studiedでもよい。　(4)期間をたずねるのだから，＜How long＋現在完了形の疑問文？＞を使う。　(5)old timesをwhatに変え，What ～ about?「何について」とする。

▶**42**

(1) **for**

(2) **has, been, for**

(3) **has, since, then**

(4) **has, been, sick**

(5) **have, played, for**

(6) **have, known, for**

(7) **has, wanted, to, for**

(8) **been, since**

(9) **haven't, heard**

(10) **has, he, been, absent**

(11) **been, proud, of**

解説 (2)Mr. Brown is our music teacher. から考える。　(3)「その時から」since then　(4)He is sick in bed. から考える。　(5)⇒「半年間ずっと野球をしている」　(6)⇒「15年間ずっと彼女を知っている」　(7)Lucy wants to visit Hokkaido. から考える。　(8)「ずっと閉められている」は現在完了の受動態＜have[has] been＋過去分詞＞を使う。

▶**43**

(1) **I have known him since my first visit to Japan.**

(2) *More* **than 300 years have passed since that temple** was **built.**

(3) **We have had much rain since last week.** [itが不要]

(4) **Have you heard from him** since **he went to Canada?**

(5) **His mother has been in the hospital for three days.**

(6) **It has been cold since last Sunday.**

(7) **How long have you been in Japan?**

(8) *How* **many months have passed since you moved** *to* *Nagoya?*

解説 (1)「初めて日本を訪れて」⇒「私の最初の日本訪問」my first visit to Japan

(2)「あの寺が建てられて以来，300年以上が経った」と考える。　(3)itが不要。
(4)＜ since ＋主語＋過去形＞「主語が～して以来」　(6)It is cold. から考える。
(7)「ずっと～にいる」have[has] been in ～
(8)「あなたが名古屋へ引っ越して以来，何か月が過ぎましたか」と考える。How many months が主語。

▶ **44**

(1) I have been here for about ten months. / About ten months have passed since I came here. / It is about ten months since I came here. / It has been about ten months since I came here.

(2) I have not written (a letter / letters) to him for a long time.

(3) I have been interested in Germany since I saw a German movie three years ago.

(4) The glasses <u>look good on</u> [suit] you. How long have you been wearing them?

(5) How long has she been [lived] in Japan?

(6) I have learned English for three years. / Three years have passed since I began to learn English. / It is three years since I began to learn English. / It has been three years since I began to learn English.

(7) I have not heard from my cousin since he[she] graduated from high school. / I have heard nothing from my cousin since he[she] graduated from high school.

(8) The old wooden library has been used by a lot of[many] people for a long time. / A lot of[Many] people have used the old wooden library for a long time.

解説　(1)別解については p.21「父が死んで10年になる」参照。　(3) I am interested in Germany. から考える。　(4)「～に似合う」＜ look good on ～＞または＜ suit ～＞で表す。「かけ始めてからどれくらいになるのですか」⇒「どれくらいの間，身に着けているのですか」と考え，「～を身に着ける」wear ～ を現在完了形にして表す。また，the glasses を受ける them を目的語として用いることを忘れずに。　(5)「いつから」は「どのくらいの間」と考え，期間を尋ねる How long ～？を用いる。また「日本に来ている」は「ずっと日本にいる[住んでいる]」と考え，現在完了形で表す。　(7)graduate from「～を卒業する」は finish でも可。
(8)能動態で訳しても，受動態で訳してもどちらでもよい。受動態を現在完了で表す場合には，＜ have[has] been ＋過去分詞＞の形にする。

6 現在完了(2)―経験

▶ **45**

(1) エ　　(2) エ　　(3) ア
(4) イ　　(5) ウ

解説　(1)three years agoは過去を表す語句なので過去形を用いる。⇒明らかに過去を表す語句とともに現在完了は用いられない。(2)comeは原形とも過去分詞とも考えられるが，When ~ ?の中で現在完了は用いられない。　(3)How often ~ ? = How many times ~ ?「何回~」　(4)How many times ~ ?「何回~」　(5)Haveで始まっているので，現在完了の疑問文＜Have[Has] + 主語 + 過去分詞~ ?＞と考える。

▶**46**

(1) **been, twice**

(2) **have, never, been**

(3) ①**visit**　②**stranger**

(4) **biggest, ever**

(5) **have, seen**

解説　(1)「2000年に行って，2004年に再び行った」のだから「2度行ったことがある」と考える。　(2)experience「経験」だから，「私は外国に行った経験がない」⇒「私は一度も外国へ行ったことがない」と考える。abroadにはtoが不要であることも覚えておこう。(3)「私はこの町に一度もいたことがない」は，①「今回が，この町への私の初めての訪問です」なので名詞のvisitを用いる。また，②「私はこの町ではよそ者です = 私はこの町に不案内な人です」なので名詞のstrangerを用いる。　(4)「私は以前にこんなに大きな魚を見たことがない」⇒「これは，私が今までに見た中で，最も大きな魚です」となる。(→ここのthatの用法についてはp.60「関係代名詞の書きかえパターン」参照)　(5)「全く見知らぬ人」⇒「今までに会ったことがない」と考える。

▶**47**

(1) **Have you ever seen the TV show?**

(2) **Has she ever made beef stew?**

(3) **She has[She's] never told a lie before. / She has not [hasn't] told a lie before.**

(4) **How many times have you climbed Mt. Fuji? / How often have you climbed Mt. Fuji?**

(5) **He's[He has] never been to Kyushu.**

(6) **My brother has been to Okinawa many times.**

解説　(1)現在完了の疑問文の形：＜Have[Has] + 主語 + 過去分詞~ ?＞　(2)経験を表す疑問文になるので，beforeをeverにする。　(3)経験を表す否定文では，notを用いるより，neverを用いる方が好まれる。(4)回数をたずねるときには，How many times ~ ?またはHow often ~ ?を用いる。　(5)(6)gone toとしたいところだが，結果を表すことになるので，「~に行ったことがある[ない]」にはhave[has] (not) been to ~を用いる。

▶**48**

(1) **How, often**

(2) **been, in, before**

(3) **has, lived, in**

(4) **have, taken**

(5) **have, never[not], heard**

(6) **Have, swum**

(7) **Have, written, in**

(8) **How, many, times, driven**

(9) **Has, got[gotten]**

(10) **has, taken, students, to, three, times**

(11) **written, with**

(12) **has, ever**

解説 (1)(8)回数をたずねる。　(2)「以前」before　(3)「～に住んでいたことがある」have[has] lived in ～ ⇒「～にいたことがある」と混同しない。　(4)「写真を撮る」take a picture[pictures]　(5)経験を表す否定文なのでneverを用いる。　(11)「（道具）で」with ～　(12)「誰も～ない」no one（nobodyの方が口語的）単数扱いだからhasで受ける。また，否定文なのでneverを使いたいところだが，noにはnotの意味が含まれているので，everとする。

▶**49**

(1) *How* **many times has Ben read the book?**

(2) **I have never** been **to Canada.**

(3) **Have you ever kept a diary in English?**

(4) **Have you ever made a trip to Kyushu by train?**

(5) *As I* **have never met him, I cannot tell you what he is like.**

(6) **This is one of the most interesting stories that I have ever read.**

解説 (1)「何回～」＜How many times [How often]＋疑問文＞で表す。　(4)場所を表す語句をby trainの前に置く。　(5)「（彼が）どんな人か」はwhat he is likeで表す。（間接疑問文→*p.70*）

▶**50**

(1) ① 私は1年間（ずっと）ヨーロッパにいます。

② 私は何度もヨーロッパに行ったことがあります。

③ 私はかつてヨーロッパにいたことがあります。

(2) ① あなたのお父さんはどのくらい東京にいますか。

② あなたのお父さんは何回東京に行ったことがありますか。

(3) 私たちは海の底に暮らしていたということをこれまでに想像したことがありますか。

(4) ところで，あなたは今までに「ラストサムライ」という映画について聞いたことがありますか。

(5) 私はあなたがきっと彼に会ったことがあると思います。なぜならば，あなたは彼についてすべてのことを知っているからです。

(6) アメリカ文化を勉強するために，彼は数回アメリカに行ったことがあります。

(7) トムは何回シドニーを訪れたことがありますか。——彼は2回そこに訪れたことがあります。

解説 (1)(2)下の＜まとめ＞参照。　(6)heが主語。in order to ～は「目的」を表す不定詞の副詞的用法。

◇**have[has] been to ～**
　[経験]「～に行ったことがある」
　[完了]「～に行ってきたところだ」
◇**have[has] been in ～**
　[経験]「～にいたことがある」
　[継続]「（ずっと）～にいる」
◇**have[has] gone to ～**
　[結果]「～に行ってしまった（だから今はここにいない）」

▶*51*

(1) This is one of the best restaurants around here and very popular among young people. Have you ever been here?

(2) I have never been to Australia, but I am interested in Australia[it]. / Though I have never been to Australia, I am interested in Australia[it].

(3) How many times[How often] have you been to Okinawa?

(4) I have climbed Mt. Kuju many times before, but I have never met such heavy rain on the way.

(5) Have you ever heard anything bad about him?

(6) I have never seen such a beautiful bird (as this). / This is the most beautiful bird (that) I have ever seen.

(7) I hear[They say / It is said] (that) one third of them have never climbed the mountain.

解説 (1)andで結ぶのがポイント。 (3)「～に行ったことがある」はgoを現在完了にするのではなく，have been to ～ を用いる。「何回」はHow many times またはHow often とし，その後に現在完了の疑問文を続ける。 (4)現在完了の経験用法で表す。「途中で」on the way，「豪雨」heavy rain。 (5)疑問文なのでanythingを用いる。 (7)分数は，分子を分子を基数，分母を序数にして，

〈基数＋序数〉の順に表す。分子がtwo以上の場合は，序数にsを付ける。

7 現在完了(3)—完了・結果

▶*52*

(1)	ア	(2)	イ	(3)	エ
(4)	ア	(5)	エ	(6)	イ
(7)	ア	(8)	イ	(9)	エ
(10)	ア	(11)	ア	(12)	ア

解説 (1)(　)の前にhaveがあるので過去分詞が入る。 (2)「ケイトはすでにロンドンに出発した」の意味なので，「すでに」を表すalready を入れる。 (3)＜have＋過去分詞＞。 (4)yesterdayは過去を表す語なので，動詞は過去形にする。現在完了は明らかに過去を表す語句とともに用いられない。 (5)主語になるwhoは3人称単数扱いなのでhasを用いる。 (6)sentは過去分詞なので，Did, Doesは使えない。

(7)already, justは過去分詞の前で用いる。 (8)「～に行ったことがある［ない］」にはhave[has] (not) been to ～ を用いる。have[has] gone to ～ は「～に行ってしまった（だからここにいない）」と結果を表す。 (9)When ～？ の中では現在完了は用いられない。 (10)この中で，現在完了とともに用いられるのはtodayのみ。 (11)when以下は過去を表しているので，過去形を用い，「ロンドンにいたときに→会った」となるので，metを選ぶ。 (12)No, not yet.「いいえ，まだです」⇒yetを使った現在完了の疑問文にNoで答えるときに使える。

＜～して○年になる＞（*p.21*参照）

◇［過去］
＜主語＋過去形＋○ years ago.＞

◇［現在完了］
＜主語＋現在完了＋for ○ years.＞
＜○ years have passed since ＋主語
＋過去形.＞

◇［現在］
＜It is ○ years since ＋主語＋過去
形.＞

▸**53**
(1) **has, gone**
(2) **has, been**
(3) **has, lost**
(4) **has, come**
(5) **been, to**

解説 (1)「今ここにいない」ので結果を表す。(2)justがあるので完了を表す。 (3)「彼は部屋のカギをなくして，今それを持っていない」は，has lost ～「～をなくしてしまった（だから今持っていない）」という現在完了の結果用法で表す。 (4)～ has come.「～が来た（だから今～だ）」結果を表す。(5)「ちょうど戻ってきたところだ」⇒「～に行ってきたところだ」have[has] been to ～（完了）

▸**54**
(1) **My father has gone to London.**
(2) **We've not[We have not / We haven't] read the English book yet.**
(3) **Has your mother washed the dishes yet?**

── **No, she hasn't[has not].
/ No, not yet.**
(4) **He's[He has] already done his homework in his room.**
(5) **Has he cleaned his car yet?**
(6) **I've[I have] (just) been to the station.**
(7) **A month has passed since my friend went to France to study art.**

解説 (1)「今ここにいない」だからhas gonetoを用いる。 (2)(3)alreadyは肯定文で用いる。⇒疑問文・否定文ではyetとし，文尾に置く。 (4)does⇒has done (6)「ちょうど帰宅したところだ⇒今ここにいる」(7)*p.21*参照。

▸**55**
(1) イ (2) エ (3) イ
(4) エ (5) ウ

解説 (1)already⇒完了 ア ever⇒経験 イ yet⇒完了 ウ How long⇒継続 エ for ～⇒継続 (2)for ～⇒継続 ア just⇒完了 イ yet⇒完了 ウ before⇒経験 エ since ～⇒継続 (3)ever⇒経験 ア「あなたたちはどのくらい交際しているのですか」⇒現在完了進行形：have[has] been -ing イ How often⇒経験 ウ yet⇒完了 エ just⇒完了 (4)since ～⇒継続 ア yet⇒完了 イ has gone to⇒結果 ウ never⇒経験 エ How long⇒継続 (5)just⇒完了 ア never⇒経験 イ for ～⇒継続 ウ already⇒完了 エ ever⇒経験

▸**56**
イ

解説 ア「お母さんが帰宅する」のは未来だからwill comeとしたいところだが，before以下は「時」を表す副詞節なので，現在形で代用しているので正しい。現在完了形は使えない。イ before以下は過去を表しているので，Did you do your homework? としなければならない。

▶**57**

ウ

解説 ア yetは肯定文では使用しない。⇒The boys have **already** reached Osaka. あるいは，The boys have **not** reached Osaka yet. が正しい文。イ till ～ は現在完了では用いられない。⇒Has she wanted a new dress **since** last week? が正しい文。エ in⇒**for**が正しい。

▶**58**

(1) **been**
(2) **painted**
(3) **became**
(4) **died**
(5) **How long**

解説 (1)「私は友人を見送るために，ちょうど駅に行ってきたところだ」⇒完了を表すのでhave[has] been to ～ にする。 (2)five years agoは過去を表す語句なので過去形を用いる。 (3)when以下は過去を表しているので現在完了は使えない。 (4)＜since＋主語＋動詞の過去形＞にする。 (5)When ～ ? の中で現在完了は用いられないので，WhenをHow longにする。

▶**59**

(1) **has, just**
(2) **have, not, yet**

(3) **been, to**
(4) **read, yet**
(5) **has, lost**
(6) **gone, to**
(7) **Has, gone, yet**
(8) **not, yet**
(9) **had, little, snow**
(10) **have, been, have, been**

解説 (9)We have much snow. (＝It snows much.) から考える。 (10)「行っていたのですか」ということは「今ここにいる」ので，have[has] been toを用いる。

▶**60**

(1) **Three years have already passed since that day.**
(2) ***Has he* told you this building was built *in only a day*?**
(3) **He has been to the post office.**
(4) **Winter has come, so it's very cold today.**
(5) **My father has gone to England on business.**
(6) **He has broken his leg while skiing.**
(7) **Have you got tired of the TV program yet?**
(8) **I have made friends with the new student.**

解説 (1)p.21参照。 (2)Has he ～ ? から，現在完了の文であることがわかる。＜tell＋(人)＋(that) ～＞「～を(人)に言う」この文では接続詞のthatが省略されている。 (4)文意から今もまだ冬であると考えられるので，has comeとする。 (5)「行っている」

ということは「今ここにいない」ので，has gone toにする。　(6)while -ing「～していて」

▶**61**

(1) 合衆国政府は，生活保護という形態を導入した。

(2) ホワイト山で火事が起こった。

(3) 時計をなくしてしまったのです。探すのを手伝ってくれませんか。

(4) 今や若者にとって，コンピューターについて学ぶことは最も必要なことの1つになっています。

(5) 私たちのたき火の熱は，砂を輝く美しいものにしました。

解説 (1)現在完了の完了を表す文。　(2)「火災が発生してまだ燃え続けている」といったニュアンスから現在完了を用いている。(4)have[has] become ～ は「過去のある時点で～になり，今も～である」というニュアンスを含む結果を表す。　(5)has madeは結果を表す。

▶**62**

(1) The bus for Tokyo has just left. The next one comes in thirty minutes.

(2) A few months have passed since she left home without saying a word[anything]. / It is[has been] a few months since she left home without saying a word[anything].

(3) I have (just) been to Tokyo Station to see my friend off.

(4) As[Because, Since] I have been very busy, I have not read the book yet. / I have not read the book yet, for I have been very busy.

(5) It has stopped raining now.

(6) He said (that) he would come in time for this meeting[wouldn't be late for this meeting], but he hasn't [has not] come yet.

解説 (1)「次のバス」はthe next busであるが，busは既出の名詞なので代名詞（この場合はone）にする。「30分後です」⇒「30分で来る」と考える。　(2)*p.21*＜まとめ＞参照。(4)as[because / since]節は主節の後ろに置いてもよい。　(6)時制の一致でwould comeになることに注意。

8 ┃ 現在完了進行形

▶**63**

(1) have been jogging

(2) have been walking

(3) has been traveling

(4) were you doing

(5) have been waiting

解説 (1)(2)(3)(5)は「（今まで）ずっと～し続けている」と動作の継続を表す現在完了進行形＜have been＋-ing＞の文。　(2)for three hours nowから「もう3時間（ずっと）歩き続けている」ということ。　(4)at eleven o'clock yesterday「昨日の11時」という過去のある時点でしていたことなので，過去進行形。　(5)「90分間待ち続けている」ということ。

▶**64**

(1) I have not been feeling well since *this morning.*

(2) The movie they have been looking forward to is *coming.*

(3) How long has Julia been teaching English?

(4) David has been repairing your computer all day.

解説 (1)現在完了進行形の否定はnotを haveの後ろに置く。　(2)「お待ち兼ねの～」は look forward to ～「～を楽しみに待つ」で表す。　(3)「どのくらい長く～」How long ～？

▶**65**

イ

解説 「一晩中見ている」と，ある動作をずっと行っているので，現在完了進行形＜have been ＋ -ing＞で表す。ウの現在形は日ごろの習慣を表す。

▶**66**

(1) have been going

(2) has wanted

(3) has been cooking

(4) sleeps

解説 (1)to that restaurant と結びつくのは go。「去年から通い続けている」ということで現在完了進行形にする。　(2)「長い間読みたいと思っていた」という状態が続いているので現在完了形。wantは状態動詞で，進行形にはできない。　(3)「8時から料理し続けている」ということで現在完了進行形。(4)every nightとあるので習慣を表す現在形にする。

▶**67**

(1) have, been, living

(2) have, been, making

(3) have, been, working

(4) has, been, raining

(5) has, been, waiting

解説 (1)「住んでいる」は have lived という現在完了形でも表せるが，have been living のほうがこれからも住み続ける意味合いが強い。　(2)「計画を立てる」make plans[a plan]　(4)「雨が降り続いている」ということから，現在完了進行形。　(5)「待っている時間」という期間をたずねているので，＜How long ＋現在完了進行形の疑問文？＞とする。

▶**68**

(1) I have been practicing the piano for three hours.

(2) I haven't[have not] been on holiday since last July.

(3) How long has Mary been saving her money?

(4) It has been snowing since last night.

解説 (1)「3時間ずっとピアノを練習し続けている」　(2)否定文はnotをhaveの後ろに置く。(3)for many years「何年間も」という期間をたずねているので，How long ～？を用いる。　(4)「雪が昨夜降り始めて，今でも降り続いている」から，現在完了進行形の文にする。

第**1**回	**実力テスト**

1

(1) イ　　　(2) イ　　　(3) イ

(4) エ　　　(5) ア

解説 (1)[ʌ] ア[æ] イ[ʌ] ウ[ɑː] エ[ɑ / ɔ]
(2)[i] ア[ai] イ[i] ウ[ai] エ[ai] ⇒child は
[ai]だが，複数形では[i]の発音になる。
(3)[əːr] ア[iər] イ[əːr] ウ[ɑːr] エ[ɛər]
(4)[ou] ア[i] イ[ɔː] ウ[ʌ] エ[ou] ⇒-ost で
[ou]と発音し，間違えやすいものに host,
most, post, ghost がある。　　(5)[e] ア[e]
イ[ei] ウ[ei] エ[ei] ⇒ s<u>ay</u> は[ei]だが，3
人称単数現在形の s<u>ay</u>s や過去形の s<u>ai</u>d は
[e]の発音になる。

2

(1) エ　　　(2) ア　　　(3) イ

(4) イ　　　(5) ウ

解説 (1)every day なので，現在の習慣と考
え，現在形を用いる。主語になる疑問詞は3
人称単数扱いなので，現在の文では3単現
の s が付く。　　(2)if 以下は条件を表す副詞
節なので，本来「彼が来る」のは未来だが，
現在形で代用する。「彼が来たら，それにつ
いて彼にたずねるつもりです」 (3)a few
minutes ago「数分前に」という過去を表す
語句があるので過去形を選ぶ。　　(4)現在完
了の継続用法の文で，「私があなた（たち）
に最後に会って以来」since I saw you last
とする。= I haven't seen you for a long
time.　　(5)than の前だから比較級（more
comfortable）にする。

3

(1) **made**

(2) **going**

(3) **couldn't**

(4) **had, himself**

(5) **an**

解説 (1)「ケイトは昨日私においしいクッキー
を作ってくれました」＜for ＋（人）＞に
なっていることから判断する。　　(3)「昨日電
話できなくてすみません」だから過去形の
couldn't を用いる。　　(4)the other day「先
日」だから，過去の文。また，**by** *oneself*
は「一人で，自力で」という意味。
(5)honest「正直な」は h を発音しないので，
母音で始まる語。

4

(1) **was, built, ago**

(2) **has, been, swimming**

(3) **When, did, to**

(4) **has, gone, to**

(5) **has, been, dead, more**

解説 (1)⇒「この橋は200年前に架けられまし
た」と考える。　　(2)「彼女は30分前に泳ぎ始
めて，まだ泳いでいる」⇒「彼女は30分間泳
ぎ続けている」と考えて，動作の継続を表す
現在完了進行形＜**have been** ＋ **-ing** ＞の
文にする。　　(3)「あなたはどのくらいの間，
日本にいますか」⇒「あなたはいつ日本に来
ましたか」と考える。※**When** ～ **?** の中で
は現在完了は使えない！　　(4)「学校に行って
いて，今家にいない」のだから，現在完了の
結果を表す has[have] gone to を用いる。
(5)*p.21* 参照。**over ten years**「10年以上」
= more than ten years

5

(1) **haven't, seen, you**

(2) **No, could, be**

(3) **half, large, that, of**

(4) **the, shorter**

(5) **Most, made, of**

(6) **have, been, chatting**

(7) **of, war, made, me**

解説 (1)「しばらくだね［お久しぶり］」⇒「長い間，あなたに会っていない」と考える。

(2)⇒「誰も森の中で見られなかった」と考える。また，**Not a soul can be seen ...**「…には人っ子ひとりいない［誰もいない］」という言い方もあるので覚えておこう。

(3)倍数表現＜X times as＋形容詞［副詞］の原級＋as＞の形。人口の「多い」/「少ない」はlarge / smallで表す。また，「大阪の人口」は the population of Osaka だが，**the population** は既出なので，この場合，代名詞の that を用いるのを忘れずに。 (4)「2者のうちでより…なほう」は＜the＋形容詞［副詞］の比較級＋of the two＞で表す。 (5)「木造です」は「木でできている」と考え，「(材料)でできている」は be made of ～ で表す。be made from ～ と混同しないように。 (6)「おしゃべりをする」chat。 (7)⇒「その戦争の写真が私をとても悲しくさせた」と考える。

6

(1) **The news of his death made her sad.**

(2) **No other city in Japan has as many bridges as Osaka.**

(3) **You had better not go out late at night.**

(4) **Joe has been sneezing since he entered *the room*.**

(5) **We have known each other for a long time.**

解説 (1)⇒「彼の死の知らせが彼女を悲しませた」と考える。 (2)⇒「日本の他のどんな都市も大阪ほど多くの橋を持っていない」と考える。 (3)「～しないほうがよい」はhad

better not ～で，「夜遅く」は late at night で表す。 (4)「ずっとくしゃみをしている」から，現在完了進行形＜have been＋-ing＞の文にする。sneeze「くしゃみをする」 (5)⇒「私たちは長い間お互いを知っている」と考える。

7

(1) 歴史上，マルコ・ポーロほど興奮する［わくわくする］冒険をした人はいませんでした。

(2) 彼は人々に，人気のある食べ物を安い値段で，にこやかなサービスがあり，待たなくてよい，簡素な食べる場所を提供しました。

(3) 英語の弁論大会が来月，市立図書館で開かれる予定です。

(4) そのようなパーティーの［を行う］主な理由の1つは，グループ（のまとまり）をより強くすることである。

(5) 旅行は，簡単で速くなっただけでなく，ずっと安くなりました。

解説 (1)比較級の文。No one「誰も～ない」，exciting「興奮させる」，adventure「冒険」。 (2)a place to eat「食べる(ための／用の)場所」，friendly「親切な／好意的な」 (3)受動態の未来形で，held は hold「開催する」の過去分詞。 (4)ここの to make 以下は is の補語になる不定詞の名詞的用法。＜one of＋複数名詞＞「～のうちの1つ」 (5)has become は現在完了の結果を表し，「～になった (だから今も～だ)」という意味。not only A but also B「Aだけでなく Bもまた」

8

(1) **Shall we go on a picnic if**

it's[it is] fine tomorrow?

(2) The high school students have been waiting for the bus for more than twenty minutes.

(3) What makes you so sad?

(4) He has not[hasn't] eaten anything for twenty-four hours. He must be hungry. / He has eaten nothing for twenty-four hours. He must be hungry.

(5) Your sister has just got [gotten] married, hasn't she?

解説 (1)if以下が「条件」を表す副詞節であることに注意して、現在形で代用する。
(2)「～を待つ」はwait for ～、「20分以上」はmore than twenty minutes。「20分以上待っている」から、「待つ」という動作をずっとし続けていると考えて、現在完了進行形を使って表す。　(3)⇒「何があなたをそんなに悲しませるのですか」と考える。
(4)「24時間（ずっと）、食べていない」は継続の現在完了have[has] not eatenで表す。
(5)「結婚したばかりだ」は完了の意味の現在完了have[has] just got[gotten] marriedで表す。現在完了の肯定文の付加疑問は＜haven't[hasn't]＋代名詞＞の形にする。

9

(1) How were they able to live on Torishima for such a long time?

(2) アホウドリは世界で最も大きな海鳥のうちの1つです。

(3) **are dying**

(4) **nineteen fifty-four**

解説 (1)「そんなに長い間」なのでfor such a long timeとする。　(2)Itはalbatross、つまり「アホウドリ」を指している。　(3)「今まさに死にそうな」は現在進行形で表す。

全訳 1841年、ジョン万次郎は4名の漁師と漁に出かけ、嵐に遭いました。彼らは鳥島に漂着しました。そこには誰も住んでいませんでした。万次郎と男たちは、アメリカの船によって発見されるまで、そこで5か月間生活しました。彼らはどうやってそんなに長い間、鳥島で生きることができたのでしょうか。彼らは雨水を飲み、鳥を食べたのです。その鳥はalbatrossでした。

albatrossは日本語でアホウドリと呼ばれています。それは世界で最も大きな海鳥のうちの1つです。それぞれの羽は1メートル以上あります。アホウドリは飛ぶのは得意なのですが、地上ではあまりすばやく動けず、簡単に捕まえることができるのです。万次郎が鳥島に着いたとき、多くのアホウドリがいました。しかし、今日ではそれらのうちの少ししかいません。

1868年、人々は鳥島に向かって出航し、アホウドリを捕まえ始めました。人々は布団のためにアホウドリの白い羽毛が欲しかったのです。1887年に人々は鳥島に住み始め、もっと多くのアホウドリを捕まえました。たった50年の間に500万羽以上のアホウドリが殺されました。1933年には約100羽となり、人々はついにアホウドリを殺すのをやめました。1947年にはたった3羽しか見つけられませんでした。7年後、人々はアホウドリを保護し始め、今では約500羽になっています。この数をあなたはどう思いますか。

今日、アホウドリとちょうど同じように、多くの種類の動物が世界中で絶滅しつつあります。動物を保護することは世界のためにとても重要です。

9 不定詞の3用法

▶ *69*

(1) **to, do**

(2) **to, eat**

(3) **wait**

(4) **to, meet**

(5) **was, surprised, to**

(6) **forget**

(7) **nothing, to**

(8) **not, to, miss**

(9) **write, on**

(10) **It, takes, to**

(11) **to, be**

(12) **order, to, in, time**

解説 (1)「たくさんの仕事をしなければならない」⇒「すべきたくさんの仕事がある」

(2)any food = anything to eat「何か食べるもの」 (3)動詞の原形が入ることはすぐにわかるので，あなたに会うことをどうすることができないのかを考える。「私はすぐにあなたに会いたい」⇒「私はあなたに会うのを待てない」となる。 (4)「会ったとき，うれしかった」⇒「会ってうれしかった」

(5)⇒「彼の死の知らせを聞いて，驚いた」

(6)remember to ～「忘れずに～する」=「～することを忘れるな」don't forget to ～

(7)「暇だ」⇒「することが何もない」 (8)not to ～「～しないように」⇒不定詞の否定形はnotを不定詞の直前に置く。 (9)some paper or something「紙か何か」の部分を言いかえるので，something to ～は「何か書くもの」という意味になるとわかる。「紙に書く」という場合，write on some paperとonが必要になるので，write onが正解となる。ちなみに，ペンなどの道具について「何か書くもの」という際には，手段を表すwithを用いて，something to

write with で表す。 (10)「10分間歩きなさい，そうすればあなたは美術館にいるでしょう」⇒「美術館へ歩いていくのに10分かかる」と考え，＜It takes＋(人)＋(時間)＋to ～＞「(人)が～するのに…(時間)がかかる」を用いる。 (11)副詞的用法(結果)「～して(その結果)…」 (12)＜so that S' would not ～＞「S'が～しないように」。in order to ～「～するために」は目的を表す。be in time for ～「～に間に合う」語の指定がなければin order not to be late for school「学校に遅れないように」とすることもできる。in order not to ～「～しないように」

＜不定詞の名詞的用法と動名詞＞

不定詞の名詞的用法と動名詞はともに「～すること」を意味し，主語，補語，目的語になるが，目的語になる場合は使い分けが必要な場合がある。

※名詞的用法の不定詞のみを目的語にとる他動詞

want「したいと思う」，hope「したいと望む」，wish「したいと願う」，decide「決心する」，desire「熱望する」，expect「するつもりである」，manage「どうにかする」，offer「しようと申し出る」，pretend「ふりをする」，promise「約束する」，refuse「拒む」など

※不定詞と動名詞で意味の異なる他動詞

stop to ～「～するために立ち止まる」(副詞的用法)

stop -ing「～することをやめる」

try to ～「～しようとする」

try -ing「試しに～してみる」

forget to ～「～することを忘れる」

forget -ing「～したことを忘れる」

remember to ～「忘れずに～する」

remember -ing「～したことを覚えている」など

▶*70*

(1) エ　　(2) イ　　(3) エ
(4) エ　　(5) エ

解説 (1)副詞的用法（感情の原因）　ア 形容詞的用法　イ 副詞的用法（目的）　ウ 名詞的用法　エ 副詞的用法（感情の原因）　(2)名詞的用法　ア 副詞的用法（目的）　イ 名詞的用法　ウ 形容詞的用法　エ 副詞的用法（感情の原因）　(3)副詞的用法（目的）　ア 形容詞的用法　イ 名詞的用法　ウ 名詞的用法　エ 副詞的用法（目的）　(4)副詞的用法（目的）　ア 副詞的用法（判断の根拠）　イ 名詞的用法　ウ 形容詞的用法　エ 副詞的用法（目的）　(5)形容詞的用法　ア 副詞的用法（目的）　イ 副詞的用法（感情の原因）　ウ 名詞的用法　エ 形容詞的用法

▶*71*

(1) **nothing, to**
(2) **to, talk, with[to]**
(3) **cut, this, cake, with**
(4) **not, to, be, for**
(5) **to, see, her, off**
(6) **only, fail**

解説 (1)nothing to ～「～するもの［こと］がない」　(2)＜不定詞の形容詞的用法＋前置詞＞の形⇒talk **with[to]** friends　(3)「このケーキを切るためのナイフ」と考え，不定詞の形容詞的用法を用いる。「ナイフで切る」のだから，道具のwithを付けるのを忘れずに。　(4)「～しないように」not to ～　(6)only to ～は不定詞の副詞的用法（結果）で，話者の失望を表す。

▶*72*

(1) **Don't forget to** bring **your**
daughter **with you.**
(2) **I never** fail **to write to my**
mother once a month.
(3) **A dark room full of old**
papers is not the best
environment to work in.
[with が不要]
(4) **There were no chairs for**
them to sit on. [sitting が不要]
(5) *Mary* **promised to keep in**
touch *with Yoshiko.*
(6) **We are making something**
interesting to give you. [of が不要]
(7) **You have to learn the right**
way **to use a** *knife and fork.*

解説 (1)「この週末は私たちのところにいらっしゃい。娘さんを連れて来るのを忘れずに」**don't forget to ～**「忘れずに～する」　(2)**never fail to ～**「必ず～する」　(3)full of ～「～でいっぱいの」は名詞を後ろから修飾することができる。また，environment「環境」を不定詞の形容詞的用法で後ろから修飾するが，work in the environmentのように，修飾される語（**environment**）が前置詞の目的語になる場合，不定詞の中に前置詞が必要になる。withが不要。　(4)sittingが不要。There were no chairs. が基本文。「椅子に座る」と言うときに，sit the chairとは言わず，sit on[in] the chairと言うので，ここの不定詞の形容詞的用法はto sit onとなる。また，不定詞の意味上の主語を**for ～**で表し，不定詞の直前に置く。　(5)「～する約束をする」promise to ～　(6)ofが不要。「おもしろい物」something interesting⇒**-thing**を修飾する形容詞は1語であっても後置する。　(7)knife and forkで1セットと考えるので，aは最初にしか付かない。「～する方法」the way to ～

▶73

(1) たいていの日本人は（話し）相手を喜ばせることを言うが，その言葉は本当の感情を隠しているのがふつうだ。

(2) メイフラワー号という彼らの小さな船は，荒れた大西洋を横断するのに10週間かかった。

(3) 首尾よく飛んだ初めての飛行機は，2人のアメリカ人の兄弟によって作られた。

(4) 彼ら[彼女たち]と友達になるために，彼はできるだけ彼ら[彼女たち]と同じようになろうとした。

(5) 彼はなんとか窓から外に抜け出した。

解説 (1)＜make＋O＋動詞の原形＞「Oを～させる」 (2)Their small ship = the Mayflower⇒ここのカンマを「同格のカンマ」と言う。 (3)to fly は形容詞的用法で，「～した」の意味。 (4)he が主語。To become は副詞的用法（目的）になる。
(5)＜manage to ～＞「なんとかして～する」直訳すると「彼は窓を通してなんとか自分自身を引っ張ろうとした」となる。

▶74

(1) How much did it cost you to travel in Spain?

(2) I'm looking for[seeking] a bag to carry my PC.

(3) At last I found the key to open the door with.

(4) The boy decided[made up his mind] to become[be] a doctor in the future and help poor people.

(5) If the temperature keeps rising, the earth will be a hard place to live in for human beings.

(6) Many people start[begin] to keep a diary on New Year's Day, but most of them drop [give up] it in a few days.

解説 (1)＜It costs＋（人）＋（金額・時間・労力）＋to ～＞「（人）が～するのに…がかかる［要する］」cost－cost－cost
(2)「パソコンを持ち運ぶためのバッグ」と考え，不定詞の形容詞的用法を用いる。「～を探す」は look for ～ または seek ～。
(3)At last は文末に置いてもよい。open the door with the key なので，the key to open the door with となる。with を忘れないようにする。
(4)decide to ～ = make up one's mind to ～「～することを決心する」。to become と to help を結ぶのに and を用いるが，等位接続詞なので後ろの to は省く。 (5)「～し続ける」＜keep -ing＞ 「住みにくい場所」は「住むには厳しい場所」と考え，不定詞を用いて表す。「場所に住む」は live in the place だから，in を落とさないようにしよう。 (6)「ほとんどの～／大部分の～」＜most of ～＞。「～をやめる（あきらめる）」は drop ～または give up ～で表し，目的語の it (= to keep a diary) を落とさないように。「数日たてば」は「数日で」と考え，in を用いる。

10 動詞＋目的語＋不定詞

▶75

(1) ア　　(2) ウ　　(3) エ

(4) ウ　　(5) ウ　　(6) エ

解説 (3)you and her が want の目的語。
(4)「医者は父にタバコをたくさん吸うのをや

めるように言った」＜tell＋（人）＋to ～＞
の 形 に す る 。　　(6)I'd like you to ～ = I
want you to ～

・tell＋（人）＋to ～「（人）に～するよ
うに言う」
・tell＋（人）＋not to ～「（人）に～しな
いように言う」
・ask＋（人）＋to ～「（人）に～するよう
に頼む」
・ask＋（人）＋not to ～「（人）に～しな
いように頼む」
・want＋（人）＋to ～「（人）に～してほ
しい」
・want＋（人）＋not to ～「（人）に～し
ないでほしい」
・advise＋（人）＋to ～「（人）に～するよ
うに忠告する」
・expect＋（人）＋to ～「（人）に～する
ように期待する」

▶ **76**
オ

[解説]　オ「早く起きることは私たちを健康的で
裕福にする」　ア hot something ⇒
something hot　イ ⇒ Do you know what
to do next for her?　ウ ⇒ for は不要。
エ to not ⇒ not to

▶ **77**
(1) **want, to**
(2) **asked, to**
(3) **asked, to, my**
(4) **not, to**
(5) **to, live, happily**

[解説]　(1)Shall I ～ ?「～しましょうか」⇒「私
に～してほしいですか」と考え，Do you

want me to ～ を用いて書きかえる。
(3)please がついているので，＜ask＋（人）
＋to ～＞を用いる。また，誰の住所なのか
をよく考えて，your ⇒ my に変えること を
忘れないように。　　(4)＜promise＋（人）
＋that 節＞を＜promise＋（人）＋to
～＞「（人に）～すると約束する」に書きかえ
る。この文では「～しないように約束する」
だから to の前に not を置く。　　(5)「十分な
お金を持っているおかげで，彼は幸せな人
生を送っている」⇒「十分なお金を持ってい
ることが彼に幸せに暮らすことを可能にし
ている」と考え，「人に～することを可能に
させる」＜enable＋（人）＋to ～＞を用い
る。「幸せに」と副詞を表したいので happily
を用いる。

・say to ＋（人），"命令文"
⇔ tell ＋（人）＋ to ～
・say to ＋（人），"Don't ＋命令文"
⇔ tell ＋（人）＋ not to ～
・say to ＋（人），"Please ＋命令文"
⇔ ask ＋（人）＋ to ～

▶ **78**
(1) **tell[ask], her, to, call**
(2) **asked, Mother, to**
(3) **was, advised[told], to, do,
more**
(4) **want, anyone[anybody], to**
(5) **asked, him, to, me**

[解説]　(1)「…に伝えてもらえますか」⇒「…に
～するように言って[頼んで]もらえますか」
と考える。　　(2)Mother「（自分の）母」⇒固
有名詞として使う。　　(3) ⇒ The doctor
advised me to ～ の受動態。医者や先生が
「～したほうがよい」といった意味で言う場
合，＜advise＋（人）＋to ～＞を用いる。

(4)否定文なのでanyone[anybody]を使う。

▶ *79*

(1) **My mother told me not to eat too much.**

(2) **I want you to bring these flowers to her by tomorrow.**

(3) **How long do you want me to wait for your mother?**

(4) **He was asked to take care of the dog.**

(5) **My mother often tells me not to speak in such a loud voice.**

(6) **I told Susan not to go out alone.**

(7) **Didn't I ask you not to make so much noise?**

(8) **I want you to stay here a little longer.**

(9) **I want you to understand that each country has its own customs.**

(10) **What time do you want him to go there?**

(11) *I* **would like you to stop smoking** *here*.

(12) **Do you want me to open the windows?**

(13) *Akio* **sometimes asks me to show him my notebook.**

(14) *Our teacher* **advised us not to tell** *a lie*.

(15) **He advised me to be careful not to catch cold.**

(16) **My parents advised me to keep the money to buy a birthday present for my friend.**

解説 (2)「〜までに」by 〜 (5)「大きな声で」in a loud voice (7)「〜しませんでしたか」＜Didn't + 主語 〜？＞ (8)(9)「人に〜してほしい」は＜want +（人）+ to 〜＞で表す。(9)「それぞれの国が異なる習慣を持っている」と考える。each 〜 は単数扱いすることに注目。 (12)「〜しましょうか」はShall I 〜？でも表せるが，ここでは「私に〜してほしいですか」と考え，Do you want me to 〜？を用いる。 (15)＜advise +（人）+ to 〜＞と不定詞の否定形を合わせた形。(16)＜advise +（人）+ to 〜＞をもとに考える。

▶ *80*

(1) 彼はそこへ行き，その僧たちに自分を弟子として引き受けてくれるように頼む決心をしました。

(2) 私たちはあなた(たち)にあきらめないでほしいと思っています。

(3) 彼女にこの部屋に入らないように言ってはどうですか。

(4) 警官はその男性に即座に車を移動するように命じました。

解説 (1)andはgo 〜 と＜ask +（人）+ to 〜＞をつないでいるので，「彼はそこへ行く決心をして，…」と訳さないように注意する。**make up** *one's* **mind**「決心する」(= **determine**：意思を定めた後，目的を頑固に追求する／**decide**：敏速・明確に意思を定める)
(2)want ... to 〜「…に〜してほしいと思う」
(3)tell ... not to 〜「…に〜しないように言う」 (4)order ... to 〜「…に〜するように

命令する」

▶ **81**

(1) If[When] he comes tomorrow, I will[I'll] ask him to help me with my homework.

(2) I asked the flight attendant to bring (me) a blanket because it was a little cold in the plane. / It was a little cold in the plane, so I had the flight attendant bring a blanket (to me). または I got the flight attendant to bring (me) a blanket.

(3) I wanted my father to help me with my homework, but he has gone to Okinawa on business. / Though I wanted my father to help me with my homework, he has gone to Okinawa on business.

(4) Everyone[Everybody] is expecting him to finish the work as soon[quickly] as possible[he can]. / All people are expecting him to finish the work as soon[quickly] as possible[he can].

(5) The teacher advised them to take care of themselves because they take the entrance examination in the coldest season of the year. / The entrance examination comes in the coldest season of the year, so the teacher advised them to take care of themselves.

解説 (1)「明日彼が来たら」は「来れば」と考えて if を用いるか,「来たとき」と考えて when を用いる。いずれにしても "時・条件を表す副詞節" なので,現在形で代用することを忘れないように。「宿題を手伝う」＜ help ＋ (人) ＋ with *one's* homework ＞ (2)「客室乗務員に毛布を持ってきてもらった」⇒「客室乗務員に毛布を持ってくるように頼んだ」と考え,＜ ask ＋ (人) ＋ to ～＞を用いる。または,本冊 *p.114* で学ぶ使役動詞を用いて表すこともできる。「少し…」は a little …。 (3)「父は出かけてしまった」⇒「今ここにいない」ので,結果を表す現在完了を用いる。 (4)「できるだけ～」＜ as ～ as ＋主語＋ can[possible] ＞を用いる。 (5)「入学試験は～にある」⇒「彼らは入学試験を受ける」または「入学試験がやって来る」と考える。「健康に気をつける」⇒「自分自身の世話をする」と考え, take care of *oneself* とする。

11 疑問詞＋不定詞

▶ **82**

(1) エ　　(2) ウ　　(3) ア

解説 (1)「彼女は泳ぎ方を知りませんでした」 (2)「私はいつ東京に向けてここを出発すべきか知りません」 (3)「私は彼らに,はしの使い方を教えました」

＜疑問詞＋不定詞＞
・＜ who ＋ to ～＞「誰が [を] ～すべきか [したらいいか]」
・＜ what ＋ to ～＞「何が [を] ～すべきか

[したらいいか]」

・＜which + to 〜＞「どちらが[を]〜す べきか[したらいいか]」

・＜whose + 名詞 + to 〜＞「誰の名詞を 〜すべきか[したらいいか]」

・＜what + 名詞 + to 〜＞「何の名詞を〜 すべきか[したらいいか]」

・＜which + 名詞 + to 〜＞「どちらの名 詞を〜すべきか[したらいいか]」

・＜when + to 〜＞「いつ〜すべきか[し たらいいか]」

・＜where + to 〜＞「どこで[に/へ]〜 すべきか[したらいいか]」

・＜how + to 〜＞「〜の仕方」

※＜疑問詞 + to 〜＞⇔＜疑問詞＋主語 + should 〜＞に書きかえられる。

▶ **83**

(1) **how, to**

(2) **what, to, say, to, him**

(3) **the, way**

解説 (1)「私は次の夏休みに向けての計画はあ りません」⇒「私は次の夏休みの過ごし方を 決めていません」 (2)「彼にあう言葉がわか らなかった」⇒「彼に何と言ったらよいのか わからなかった」と考える。**for**には「〜に 適する／〜向きの」という意味があることも 押さえておこう。 (3)「駅への行き方を教え てください」⇒「駅への道を教えてください」

▶ **84**

(1) **where, to**

(2) **know, how**

(3) **decide, whether, to**

解説 (1)「どこで買えばいいのか」だからwhere to buy。 (2)「使い方」だからhow to use。

(3)「〜すべきかどうか」は**whether to do** (**or not**)で表す。この**whether**は**if**で代 用できないことも押さえておこう。

▶ **85**

(1) *On my way to the museum I* **was asked how to get to the station.**

(2) **I didn't know which way** to **take.**

(3) **He asked me where to get off the train.** [shouldが不要]

(4) **I didn't know what to do next.**

(5) *We have* **no idea when and where to get together.**

(6) **Don't tell me what to do!**

(7) *Mr. Brown* **explained** to **me how to use the** *machine.*

(8) **Will you tell me which bus to take to the station?** [howが 不要]

(9) *This book* **shows you how to make Japanese food.**

解説 (1)「駅へ行く道」⇒「駅へ到着する方法」 と考え，how to get to the stationとする。 「〜（へ行く）途中で」＜on *one's* way to 〜＞ (2)「どちらの道」はwhich wayで表 す。このように疑問詞の後ろに名詞を伴う ものがある。 (3)「彼は私に尋ねた」だから He asked me 〜 . shouldが不要。 (4)「どうしたらよいのか」⇒「何をすべきか」 と考える。 (5)「(主語)は〜わかりません」 ＜(主語) + don't + know＞⇔＜(主語) + have + no idea＞とする。 (6)⇒「私に何 をすべきか言わないでよ！」と考える。 (7)explain「説明する」は人を目的語にとら

ないので，「(人) に～を説明する」と言う場合は＜explain＋to＋(人) ～＞という形になる。　(8)「どのバスに」は「どちらのバスに」と考え，which bus とする。how が不要。

(9)⇒「この本は，あなたに日本料理の作り方を教えます」と考える。また，「教える」の使い分けをしよう。⇒teach は「(勉強を) 教える」，tell は「(口頭で) 教える」，show は「(見せて) 教える」。

▶ **86**

(1) **I had no idea which bus to take. / I didn't know which bus to take.**

(2) **While she was (staying) in America, she learned [mastered] how to drive a car. / She learned how to drive a car during her stay in America.**

(3) **The children talked about what to do with the dog.**

解説 (1)「～がわからない」have no idea ～　(2)「覚えました」は，「習った」と考えて learned を用いるか，「習得した」と考え，mastered を用いる。　(3)「～をどうすればよいか」は what to do with ～ で表す。

12 不定詞を含む重要表現

▶ **87**

(1) オ　　　(2) ア

解説 (1)「親切にも～してくれる」は so ... that ～ や ... enough to ～「とても…なので～」で表すことができる。アは as を that

にすれば正しい文になる。イの the way to ～ は「～へ行く道」という意味なので消去。ウは the way が不要なので消去（発展的な内容Cで学ぶ関係副詞 how は the way か how のいずれかを省略せねばならず，how の後には S' + V' が続く）。エは too ... to ～「とても…なので～できない」を使っているので不適切。

(2)so that ～ は「～するように」という意味なのでイを消去。「とても…なので～」は ... enough to ～ や so ... that ～ , ＜such + (a [an]) + 形容詞 + 名詞 + that[as] ～＞で表すので，ウは such a good artist にすれば正しい文になる。エは文法的には正しいが，「彼女はとても絵を描くのが得意なので，多くの人々は彼女が絵を描くのを見て興奮した」という意味になり不適切。オは seeing を to see にすれば正しい英文になるが，エと同じ意味になり不適切。

＜さまざまな不定詞の構文＞

◇＜It ... (for[of] __) to ～＞構文

「～をすることは (－にとって) …」

[例]**Studying English** is important for us.[動名詞]

⇔**To study English** is important for us.[不定詞の名詞的用法]

⇔It is important for us **to study English**.[形式[仮]主語：it / 真主語：不定詞の名詞的用法]

※主語になる To ～ を仮に It と置き，本来の主語である to ～ を後ろに置く。

※for__ は「不定詞の動作主」を表すが，ない場合もある。

◇＜too ... (for __) to ～＞構文

「主語は (－が) ～するには…すぎる」「主語はとても…なので (－は) ～できない」

※＜so ... that＋主語'＋can't[couldn't] ～＞に書きかえられる。

[例] I am too tired to walk.

⇔I am so tired that I can't walk.
The book was too difficult for me to read.
⇔The book was so difficult that I couldn't read it.

◇＜ ... enough (for __) to ～＞構文
「(主語)は(－が)～するには十分…」「(主語)はとても…なので(－は)～(できる)」
※＜so ... that＋主語 (＋can[could]) ～＞に書きかえられる。
[例]Tom was young enough to travel alone.
⇔Tom was so young that he could travel alone.
Mr. Osawa teaches easily enough for us to understand.
⇔Mr. Osawa teaches so easily that we can understand him.

▶**88**
ウ

解説 ウ「彼女は歩いたので，とても疲れました」⇒because ～「～なので接」で，後に続く＜主語＋動詞＞を引っ張る。 ア「彼女はあまりに疲れていたので歩けませんでした」 イ A, so B.「A だから B」 エ はア の書きかえ オ since ～「～ なので接」(= because, as)

▶**89**
(1) **old, enough**
(2) **impossible, to**
(3) **kind, enough, to**
(4) **It, for**
(5) **in, studying**
(6) **too, us, to**
(7) **foolish, of, to**
(8) **took, me**
(9) **too, many**
(10) **so, that, couldn't, them**
(11) **easy, for, me, to, find**
(12) **to, have, been**
(13) **so, I, could**

解説 (1)「若すぎて学校に行けない」⇒「学校に行くには十分な歳ではない」と考え，「～するには十分…」＜... enough to ～＞を否定文にして書きかえる。 (2)「誰もこれを1週間ですることはできない」⇒「これを1週間ですることは不可能だ」と考える。
(3)give up ～は「～を中止する／やめる／あきらめる」という意味の他に，「～を…に《to ...》引き[譲り]渡す」という意味がある。(4)(2)とともに *p.43* の＜まとめ＞を参照。
(5)＜(物)＋be interesting to＋(人)＞⇔＜(人)＋be interested in＋(物)＞を利用する。ただし，ここは＜It ... (for[of] __) to ～＞構文なので，＜for＋(人)＞になっていることに注意。また，書きかえた文は in の後ろだから動名詞を使う。
(6)＜so ... that＋主語 (＋can't[couldn't]) ～＞⇔＜too ... (for__) to ～＞ここは主語 This story と that 節の主語 we が異なるので，for us とする。 (7)「携帯電話にそんな大金を使うとはあなたは愚かだ」＜It ... for __ to ～＞構文に書きかえればよいのだが，"..." が人の性質を表す形容詞の場合には for ではなく of を用いる。fool は名詞で「愚か者」，foolish は形容詞で「愚かな」。
(8)直訳すると「私は5分の徒歩の後に駅に着きました」⇒「駅まで徒歩で行くのに5分かかりました」「(人)が～するのに…(時間)がかかる」＜It takes[took]＋(人)＋…(時間)＋to ～ .＞ (9)「彼は自分が読むことができるよりもたくさんの本を持っている」⇒「彼は自分が読むにはたくさんの本を持って

いすぎる」 ⑽carryは他動詞なので，so ...
that ～ に書きかえたときに目的語を付ける
のを忘れないようにする。 ⑾「見つけるの
に困難は全くありませんでした」⇒「見つけ
るのにとても簡単でした」と考える。
⑿**They say that ～**⇔**It is said that ～**
⇔**＜（主語）＋is said to＋動詞の原形＞**が
基本だが，主節の時制（is said：現在）と従
属節の時制（was：過去）が異なるので，完
了不定詞：＜**to have＋過去分詞**＞を用い
る。⇒発展的な内容Eを参照。
⒀「会合に間に合うように駅に走っていっ
た」だから，「S'が～できるように」＜**so
that S' can ～**＞を用いて書きかえる。

**＜ It ... (for[of] ＿) to ～ 構文と助
動詞の文の書きかえ＞**

⑴ It is necessary (for＿) to ～
  ⇔＿have to ～
⑵ It is possible (for＿) to ～
  ⇔＿can ～
⑶ It is impossible (for＿) to ～
  ⇔＿cannot[can't] ～
※ impossible = not possible
※ wasのときには助動詞を過去形にする
  こと。

▶**90**
⑴ **We cannot[can't] master
  English in a year.**
⑵ **It is kind of you to say
  such a thing.**
⑶ **I found it difficult to answer
  the question.**
⑷ **This story is easy enough
  for you to read in a few
  days.**

解説 ⑴＜まとめ＞の＜It ... (for[of] ＿) to
～構文と助動詞の文の書きかえ＞を参照。
⑵「そんなことを言ってくれるとはあなたは
親切です」（副詞的用法の不定詞「判断の根
拠」）⇒「あなたがそんなことを言ってくれ
ることは親切です」と考え，kindは人の性
質を表す語だから，forではなく，ofを用い
る。 ⑶「～することは難しかった」⇒「私
は～することが難しいとわかった」と考え，
「OがCだとわかる」＜find＋O＋C＞を
用いる。本来なら，I found to answer
the question difficult. とすべきところだ
が，文を理解しやすくするため，仮に目的
語をitと置き，本来の目的語（真目的語）で
ある不定詞を後ろに置く。このitのことを
「形式目的語のit」という。 ⑷「この物語は
簡単です。あなたは数日でそれを読めます」
⇒「この物語はあなたが数日で読むには十分
簡単です」と考える。

▶**91**
⑴ **traffic, so, heavy**
⑵ **kind[nice], of, you**
⑶ **It, surprising, to**
⑷ **it**

解説 ⑴「とても渋滞していたので」⇒「交通量
がとても多かったので」と考え，The traffic
was so heavy that ～とする。heavyを用
いることに注意。 ⑵⇒「私をパーティーに
招くことはあなた（がた）は親切です」と考え
る。kindは人の性質を表す語なので，ofを
用いることにも注意する。 ⑶「物」が主語
なのでsurprisedではなく，surprising
を用いる。 ⑷本来なら，We found to do
so easy. とするところだが，形式目的語it
を用いなければならない。⇒▶**90**⑶参照。

▶**92**

(1) **It is nice of you to help me.** [for が不要]

(2) **Tom was so tired from walking that he fell asleep in a few minutes.**

(3) **She is too bright not to succeed on the exam.**

(4) **It is time for little children to go to bed.**

(5) **It is necessary to practice the piano every day, isn't it?**

(6) *She* **was so kind as to lend** *me her umbrella.*

(7) **I think it dangerous for young children to play** *here.*

(8) **This dictionary is easy enough for children to use.**

解説 (1)「～してくれてありがとう」だから Thank you for -ing にしたいところだが，thank が与えられていないので，「あなたが私を手伝うことはすばらしい」と考え，It ... to ～ 構文を用いる。nice はここでは「親切な」と人の性質を表す言葉なので，for でなく of を用いる。よって for が不要。　(2)be tired from -ing「～して疲れる」を表し，これを so ... that ～ ではさむ。「ぐっすり眠ってしまう＝寝入る」は fall asleep で表す。asleep は「眠って，眠りに」という意味の副詞。　(3)＜too ... not to ～＞は二重否定で強い肯定の意味になるので，「とても…なので～しないはずはない」という意味になる。succeed on the exam「試験でうまくいく」　(4)「～する時間ですよ」It is time (for ＿) to ～．　(5)「～ですね」は付加疑問で表す。　(6)so ... as to ～は「～するほど…」という意味で，＜... enough (for＿) to ～＞構文と同じ。ちなみに so as to ～

なら「～するために」で，in order to ～と同じ意味になる。これは不定詞が「目的」を表すことをはっきりと示すために用いる。　(7)「私は＜ここで遊ぶことが＞＜危険だと＞思う」と考え，＜think ＋ O ＋ C＞「O が C だと思う」を用いる。また，O が不定詞となるので，形式目的語 it を使い，不定詞の動作主が「幼い子供たち」なので，不定詞の前に for young children としてそう入する。　(8)「～できるほど」だから，＜... enough (for＿) to ～＞構文を用いる。

▶**93**

(1) インターネットの使い方を学ぶことは必要だが，それを賢く使うことを学ぶこともまた重要です。

(2) その熊が空腹になって再び出てくるのに少なくとも3日かかるでしょう。

(3) 地面はとてもかたいので，彼らは（その）中で冬を過ごすための深い穴を掘る［作る］ことができません。

解説 (1)最初の It は to learn how to use the Internet を指し，次の it は to learn to use it wisely を指し，最後の it は the Internet を指している。to learn はいずれも名詞的用法で，how to use は「使い方」の意味。最後の to use は learn の目的語となる名詞的用法。　(2)最初の It は「時間」を表し，＜It takes[took] ＋（時間）＋ before ～＞で「～するまでに（時間）がかかる［かかった］」という意味になる。the bear 以下を直訳すると，「その熊が再び出てくるのに十分空腹になる」となる。　(3)to spend ～は hole を修飾する形容詞的用法で，spend the winter in a deep hole となるので，最後に in が付いていることにも注意。

▶**94**

(1) I think (that) it's[it is] dangerous for you to go fishing alone. / I think it dangerous for you to go fishing alone.

(2) It is[It's] important for us all to think about world peace.

(3) The book is written in simple Japanese so that even children can read it.

(4) When you're[you are] a student, it's[it is] important for you to find enough time for both study and club activities.

(5) I learned how to write sentences in English, but I found it difficult to write well.

解説 (1)＜ think (that +) it ... (for[of] ＿) to 〜＞構文か，▶**92**(7)のように，think it ... to〜を用いる。 (2)「私たちみんなにとって」for us all，「世界平和」world peace (3)「S'が〜できるように」＜ so that S' can 〜＞，「簡単な日本語」simple Japanese（× easy Japanese） (4)基本文はIt's[It is] important for you to find enough time.「十分な時間を見つけることが重要です」で，これに「勉強とクラブ活動の両方のための」for both study and club activities を付け加える。「時間」を句で修飾しているので time の後ろに置く。 (5)「〜することが…だとわかる」だから，形式目的語のitを使って，find it ... to〜とする。「英文の書き方」は「英語で文章を書く方法」と考えればよい。「書き方を習った」ということは1文で

はないと想像できるので，a sentence ではなく，複数形にする。

13 原形不定詞

▶**95**

(1) イ (2) ア (3) ウ

解説 (1)「店に配達させる［してもらう］」から，使役動詞 have。 (2)feel は知覚動詞で，something が「触る」のだから，原形不定詞にする。 (3)「私たちに飼わせてくれない」から，使役動詞 let。

┌─ 原形不定詞 ─┐

◇to の付かない不定詞（＝動詞の原形）を原形不定詞という。

◇使役動詞や知覚動詞の目的格補語として使われる。

◇使役動詞
　＜ S ＋ let ＋ O ＋原形不定詞＞
　「S は O に（許可を与えて）〜させる」
　＜ S ＋ make ＋ O ＋原形不定詞＞
　「S は O に（強制的に）〜させる」
　＜ S ＋ have ＋ O ＋原形不定詞＞
　「S は O に〜させる，〜してもらう」

◇help
　＜ S ＋ help ＋ O ＋原形不定詞＞
　「S は O が〜するのを助ける」

◇知覚動詞
　＜ S ＋ see[hear, feel など] ＋ O ＋原形不定詞＞「S は O が〜するのを見る［聞く，感じる など]」

▶**96**

(1) made, clean

(2) make, you

(3) let, go

解説 (1)was made to clean は使役動詞の受動態の形。能動態にする。 (2)「1杯のお茶を飲めば，あなたは気分が良くなるだろう」⇒「1杯のお茶はあなたに気分良くさせるだろう」 (3)「コンサートに行くことを許した」⇒「コンサートに行く許可を与えて行かせた」

▶**97**

(1) **had, make**
(2) **let, me, use**
(3) **had, paint**
(4) **helped, me, carry**

解説 (1)「秘書にコピーを取らせた」だから，「Oに～させる」を表すhaveを過去形hadにする。 (2)「使わせてくれた」は「（許可を与えて）～させてくれた」と考える。「私に」は目的格のmeとする。 (3)「ペンキを塗ってもらった」だから，「Oに～してもらう」を表すhaveを用いる。 (4)「私が運ぶのを手伝ってくれた」だから，＜help＋O＋原形不定詞＞の形。help は原形不定詞の代わりにto不定詞を使い**help me to carry**としても同じ意味を表せる。

▶**98**

(1) **I heard Yumi sing a lovely song at** *the school concert.*
(2) *Mr. Brown* **made his students write a report about the history** *of their city.*
(3) **John saw the burglar break into the house** *last night.*
(4) **Her songs** make **everyone want to dance.**
(5) **Light from the sun makes**

plants grow.
(6) *At lightning speed, he types a text message to* **let his friend know he's on the way.**

解説 (1)hearは知覚動詞。「ユミが歌うのを聞いた」は＜hear＋O＋原形不定詞＞の形で表す。 (2)madeがあるので「ブラウン先生は生徒たちにレポートを書かせた」は＜S＋made＋O＋原形不定詞＞の形にする。 (3)seeは知覚動詞。「SはOが～するのを見た」は＜saw＋O＋原形不定詞＞。break into ～「～に押し入る」 (4)「彼女の歌でみんなが踊りたくなります」⇒「彼女の歌はみんなを踊りたくさせる」と考える。「（強制的に）～させる」は使役動詞makeを使って表せる。 (5)「太陽の光は植物を成長させる」 (6)「彼が向かっていることを知らせるために」 on the way「途中で」

▶**99**

(1) 彼の言葉は彼女を泣かせた。[彼の言葉によって彼女は泣いた。]
(2) 私は地面が1度揺れるのを感じた。
(3) テイラーさんは自分の子供たちに暴力的なゲームをさせない。
(4) アダムズ先生は看護師に患者の熱を測ってもらった。

解説 (1)makeは使役動詞。「彼の言葉は泣かせる」⇒「彼の言葉によって泣いた」 (2)＜feel＋O＋原形不定詞＞「Oが～するのを感じる」 (3)letは「（許可を与えて）～をさせる」という意味。 (4)take *one's* temperature「熱を測る」

▶**100**

(1) **I saw a man run down the**

street.

(2) **Did you hear someone knock on[at] the door?**

(3) **My father let me drive his new car.**

(4) **What made her change her mind?**

解説 (1)(2)「O が～するのを見た［聞こえた］」は＜see［hear］＋ O ＋原形不定詞＞で表せばよい。　(4)「～の考えを変える」change *one's* mind

14 動名詞

▶*101*

(1) イ　　　(2) エ　　　(3) エ

(4) ウ　　　(5) イ　　　(6) ウ

(7) エ　　　(8) エ

解説 (1)enjoy の後なので，動名詞を用いる。enjoy -ing「～して［することを］楽しむ」＜listen to ＋（人）＞「（人）の言うこと（発言）を聞く」**become boring**「退屈になる」　(2)finish -ing「～し［することを］終える」　(3)look forward to -ing「～することを楽しみにして待つ」　(4)Thank you for -ing「～してくれてありがとう」　(5)use for -ing「～するのに［することのために］使う」の受動態。前置詞の後に不定詞を使うことはない。　(6)**be proud of ～**「～を誇りに思う」　(7)mind -ing「～することを気にする」**Would you mind -ing?** ＝ **Would[Will] you ～?**「～してくれませんか」　(8)「**訪れるべき良い場所**」と考え，不定詞の形容詞的用法を用いる。また，visit は to などの前置詞が不要である。

＜動名詞＞

　不定詞の名詞的用法と動名詞はともに「～すること」を意味し，主語，補語，目的語になるが，目的語になる場合は使い分けが必要な場合がある。

(1)　動名詞のみを目的語にとる他動詞の例 enjoy「楽しむ」，finish「終える」，stop「やめる」，mind「気にする」，admit「認める」，allow「許可する」，avoid「避ける」，deny「否定する」，escape「避ける，免れる」，imagine「想像する」，permit「許す」，practice「練習する」，quit「やめる」，suggest「提案する」，give up「あきらめる，やめる」，put off「延期する」

(2)　前置詞の後ろでは動名詞を用いる。

(3)　be 動詞の後ろにある場合は，動名詞なのか現在分詞なのかを見分ける。

トップコーチ

● **動名詞＋名詞**

＜-ing ＋名詞＞の -ing は，現在分詞の場合と動名詞の場合がある。「～している［する］（名詞）」という意味であれば現在分詞であり，「～するための（名詞）」という意味であれば動名詞である。

［例］a sleeping baby「眠っている赤ちゃん」：現在分詞

　　　a sleeping bag「寝袋」：動名詞

　　　a waiting room「待合室」：動名詞

　　　a swimming pool「水泳プール」：動名詞

　　　a sewing machine「ミシン」：動名詞　　など

▶*102*

(1) **are → is**

(2) **to do → doing**

(3) **to have → having**

解説 (1)Reading books「本を読むこと」が主語なので単数である。booksが主語ではない。　(2)finishは目的語に動名詞をとる他動詞で, 不定詞(名詞的用法)は使えない。(3)この場合のaboutは前置詞だから, 前置詞の目的語として動名詞を用いる。

▶ *103*

(1) **good, swimming**

(2) **to, studying**

(3) **without, making**

(4) **mind, opening**

(5) **my[me], eating**

(6) **How, about**

(7) **Swimming**

(8) **mind**

(9) **on, my[me], doing**

(10) **It, while**

(11) **help, jumping**

(12) **couldn't, it, dark**

(13) **kept[prevented, stopped], arriving**

(14) ①**quit,** ②**given**

(15) **reason, for**

(16) **his[him], being**

解説 (1)can ～ well = be good at -ing「～するのが得意である」　(2)get into the habit of -ing「～する癖がつく」⇒get[be] used to -ing「～することに慣れる」と考える。　(3)「静かに出た」⇒「物音を立てずに出た」と考え, without -ing「～せずに」を用いる。　(4)Would[Will] you ～?「～してくれませんか」= Would you mind -ing? また, Would you mind my -ing? は「～してもいいですか」という意味でMay I ～? と同じ意味になる。(5)「ここで何か食べてもいいですか」⇒「こ

こで何か食べてもかまいませんか」と考え,「私が～してもかまいませんか」と許可を求める<Do you mind my[me] -ing?>にかえる。ちなみに, mindは「気にする」という意味なので,「かまいません」と許可する場合には, Not at all. ／ Of course not. などの否定表現で答える。　(6)Shall we ～? = Why don't you[we] ～? = How about -ing? = What do you say to -ing?「～するのはいかがですか」と相手に提案・勧誘する表現。　(7)「私たちはその川を泳いで渡れなかった」⇒「その川を泳いで渡ることは私たちにとって不可能だった」と考え, 動名詞を主語に用いる。また, この文は, It was impossible for us to swim across the river. にも書きかえられることを押さえておこう。　(8)Will you ～? = Would you mind -ing?「～してくれませんか」と相手に依頼する表現。　(9)insistの後ろの前置詞はonを用い, 主節の主語 (He) と従属節の主語 (I) が異なるので, 動名詞の前に意味上の主語が必要。⇒動名詞の意味上の主語は所有格(または目的格)で表す。(10)A is worth -ing = It is worth while to ～ A「Aは～する価値がある」　(11)直訳すると「私はその良い知らせに対する喜びで飛び上がらずにはいられませんでした」can't but ～ = can't help -ing「～せずにはいられない」　(12)<keep[prevent, stop] + O + from -ing>「Oが～しないようにする／Oが～するのを妨げる」だから,「暗さ(darkness)が私たちにあなたを見えないようにした」⇒「暗かったので, 私たちはあなたが見えなかった」と考え, 明暗を表すitを用いて書きかえる。　(13)は(12)の逆の書きかえ。on time「時間通りに」　(14)「～するのをやめる」は, stop -ing = quit -ing = give up -ingで書きかえられる。現在完了形<have[has] + 過去分詞>であることに注意。quit – quit – quit　(15)「彼女はなぜ

そんなに激しく泣いたのですか」を「そんなに激しく泣く彼女の理由は何ですか」と考え，**reason for -ing**「〜する理由」を用いて表す。 (16)**be proud of -ing**「〜する［である］ことに誇りを持つ」 前置詞の目的語になるので，動名詞を用いる。また，動名詞の意味上の主語は，（代）名詞の所有格または目的格で表す。

▶**104**
(1) afraid, of, making
(2) are, fond
(3) driving
(4) heavy, prevented[kept, stopped], going

解説 (1)「〜するのを恐れる」be afraid of -ing (2)「〜するのが好き」like -ing＝be fond of -ing (like＝be fond of) (3)＜avoid＋動名詞＞で「〜するのを避ける」，「車で出かける」はdriveを使う。(4)「大雪が私たちが外出することを妨げた」と考え，prevent[keep, stop] ... from -ing「…が〜することを妨げる」を用いる。「大雪」はheavy snowで表す。

▶**105**
(1) I am always telling you to study instead of reading comic books all day.
(2) My friend is not very good at swimming.
(3) You can use this card for leaving a message.
(4) Her brother must be interested in listening to foreign music.
(5) Thank you for inviting us to the party tonight.
(6) He is looking forward to going swimming in the river.
(7) We know helping each other is necessary.
(8) Would you mind my smoking here?
(9) *The* important thing is working for world peace.
(10) *David's business* kept him from attending the meeting.

解説 (1)「（人）に〜するように言う」は＜tell＋（人）＋to〜＞なので，I am always telling you to〜 となる。また，「…ばかり読んでいないで」⇒「…を読む代わりに」と考え，instead of reading ...とする。(2)「あまり〜ない」not very〜：部分否定になる。 (3)「〜するのに」はfor -ingとすればよい。 (4)「〜することに興味を持つ」はbe interested in -ing。「〜にちがいない」は助動詞mustを用いる。 (5)＜invite＋（人）＋to ...＞「（人）を…に招待する」(6)look forward to -ingとgo -ingが合わさった形で，going swimmingと-ingが重なるが，気にしなくてよい。 (7)「…する必要がある」⇒「…することが必要である」と考え，helping each other is necessaryとする。(8)Would you mind smoking here? なら「ここでタバコを吸っていただけませんか」と相手に依頼する表現になるが，Would you mind my -ing?＝May I〜？「私が〜してもいいですか」は相手に許可を求める表現になる。ここのmyは動名詞の意味上の主語。(9)動名詞がbe動詞の補語になっている。 (10)⇒「デイビッドの仕事は彼がその会合に出席するのを妨げました」と考え，keep A from -ing「Aが〜するのを妨げる」を用いる。

▸**106**

(1) 彼女は時々とても疲れて，泣きたくなったこともあっただろう。

(2) チューリップの栽培に対する大きな関心は，オランダで始まり，その後，他の国々へと広がっていった。

解説 (1)feel like -ing「～したい気がする」
(2)The great interest in growing tulips が主語。

▸**107**

(1) She went out of the room without saying a word [anything].

(2) They enjoyed playing baseball after school.

(3) If it rains tomorrow, I'm[I am] going to finish writing the letter in English. / I'm[I am] going to finish writing the letter in English if it rains tomorrow.

(4) A young woman from Kagoshima succeeded in crossing the Pacific Ocean alone in a yacht.

(5) I'm looking forward to hearing from her.

解説 (1)「一言も言わずに」without saying a word[anything] (2)「～して楽しむ」enjoy -ing (3)If it will rain tomorrow としたいところだが，「時」「条件」を表す副詞節中では未来形を現在形で代用するので rains とする。また，the English letter としないこと。 (4)「鹿児島の」は「鹿児島出身の」と考え，「～することに成功する」は

succeed in -ing とする。 (5)「彼女から手紙が来るのを楽しみにして待っている」と考え，「～するのを楽しみにして待つ」look forward to -ing,「～手紙が来る／～便りがある」hear from ～ を用いる。

15 分 詞

▸**108**

(1) イ   (2) ウ   (3) エ
(4) エ

解説 (1)「アメリカで作られた車を買った」だから，過去分詞の形容詞的用法を用いる。
(2)「彼のとなりに立っている若い女の子は彼の娘です」という意味になるので，現在分詞の形容詞的用法を用いる。next to ～「～のとなり」 (3)和訳するときは「山の頂上から見えるこれらの島々」となるが，these islands は「見"られる"」ので，過去分詞の形容詞的用法を用いて表す。 (4)＜look + 形容詞＞「～に見える」だが，「(人が)驚いた(状態である)」は surprised を用いる（「(物が)驚かせる／驚くべき」は surprising を用いる)。

<分詞の形容詞的用法>

分詞の形容詞的用法は＜関係代名詞の主格＋be＞が省略されてできた形である。
(1) 現在分詞の形容詞的用法
「～している[していた]」が名詞を修飾する用法を「現在分詞の形容詞的用法」と言う。
現在分詞が1語で名詞を修飾する場合には，現在分詞を名詞の直前に置き，2語以上で名詞を修飾する場合には，現在分詞～を名詞の直後に置く。
[例] I know the **running** boy.
「私は走っているその少年を知って

います」
I know the boy **running over there**.
「私は向こうで走っているその少年を知っています」
※現在分詞がbe動詞を伴ってひとかたまりの動詞になっていれば進行形「～している［していた］」である。
［例］I am **cutting** trees.
　　「私は木を切っています」
※be動詞の後ろにあっても，be動詞とひとかたまりの動詞になっていなければ動名詞「～すること」である。
［例］My work is **cutting** trees.
　　「私の仕事は木を切ることです」
(2)　過去分詞の形容詞的用法
「～され（てい）る［され（てい）た］」が名詞を修飾する用法を「過去分詞の形容詞的用法」と言う。
　過去分詞が1語で名詞を修飾する場合には，過去分詞を名詞の直前に置き，2語以上で名詞を修飾する場合には，過去分詞～を名詞の直後に置く。
［例］This is a **broken** chair.
　　「これは壊れた椅子です」
This is a chair **broken by Tom**.
　　「これはトムによって壊された椅子です」
※過去分詞がbe動詞を伴ってひとかたまりの動詞になっていれば受動態「～される［された］」である。
［例］This chair was **broken** by Tom.
　　「この椅子はトムによって壊されました」

●＜分詞＋名詞＞の日常的表現
⇒決まった表現としてまとめて覚えておこう。
rising sun 「朝日」
boiling water 「熱湯」
boiled egg 「ゆで卵」
frozen food 「冷凍食品」
fried chicken 「フライドチキン」
used car 「中古車」
iced tea 「アイスティー」
smoked salmon 「スモークサーモン」
その他にも，sewing machine（ミシン），fallen leaves（落ち葉）などがある。

▶**109**
(1) **playing**　(2) **taken, by**
(3) **made, of**　(4) **spoken, in**
(5) **known**　(6) **written, by**

解説　(1)「バイオリンを弾いているその少女」だから現在分詞。　(2)「ジョーによって撮られた写真」だから過去分詞。　(3)「木で作られた」で，be made of woodから考える。(4)... spoken in ～「～で話されている…」spokenは直前の名詞を修飾する過去分詞の形容詞的用法。　(5)「有名な」＝「多くの人々に知られている」なのでbe known to many peopleから考える。　(6)「シェークスピアによって書かれた」だから，be written by Shakespeareから考える。

▶**110**
(1) **church, standing, built**
(2) **novels, written, by**
(3) **worried, surprising**
(4) **killed**
(5) **locked**

解説 (1)「丘の上に立っている|教会|」が主語。
(2)「村上春樹によって書かれた|本|」と考えて，novels の後に過去分詞 written を続けて表す。　(3)感情を表す動詞を分詞にする場合，人を修飾するなら過去分詞，ものを修飾するなら現在分詞にする。　(4)be killed in 〜「（事故・戦争など）で死ぬ」，殺さ"れる"ので kill を過去分詞にする。　(5)＜ remain ＋形容詞＞で「〜のままである」，カギはかけ"られる"ので lock を過去分詞にする。

▶*111*
(1) *He* showed me a picture drawn by his mother.
(2) *The* sunrise seen from the top of the mountain was *very beautiful.*
(3) *This story book* written in spoken style is popular among the children visiting this library.

解説 (1)drawn や by が与えられているので，「彼の母が描いた絵」を「彼の母によって描かれた|絵|」と考え，＜名詞＋過去分詞...＞で表す。　(2)「山頂から見られる|日の出|」と考え，過去分詞の形容詞的用法で表す。
(3)written は過去分詞の形容詞的用法で，直前の名詞 book を修飾する。visiting は同用法の現在分詞。spoken は同用法の過去分詞だが，直後の名詞 style（文体）を修飾する。

▶*112*
(1) People walking on the street looked like small ants.
(2) Those people waiting for the bus look angry, because it hasn't[it's not / it has not] come yet.
(3) This school building built twenty years ago will be repaired[fixed, mended] next year.
(4) Many friends of mine belong to the softball team founded ten years ago.
(5) Baseball is more exciting when you see it at the ballpark.

解説 (1)基本文：People looked like small ants. で，修飾部分：walking on the street が2語以上なので People の直後に置く。
(2)⇒「バスが来ないので，バスを待っている人たちは怒っているようです」と考え，基本文：Those people look angry, because the bus hasn't[has not] come. で，修飾部分：waiting for a[the] bus が2語以上なので Those people の直後に置く。
(3)基本文：This school building will be repaired next year. で，修飾部分：built twenty years ago が2語以上なので，school building の直後に置く。　(4)「私の多くの友人が，10年前に創設された|ソフトボールチーム|に所属している」と考える。「創設する」found，「在籍する」belong to 〜 = be in[on] 〜　(5)baseball が「わくわくさせる」のだから，現在分詞の exciting を用いること。人が「わくわくする」場合には，過去分詞の excited を用いる。excite は感情動詞。

第2回	実力テスト

1
(1) イ　　　(2) ウ　　　(3) エ

解説 (1)「私は聴くためのレコードを持っていません」不定詞の形容詞的用法。「～を聴く」listen to～ (2)＜ask＋(人)＋to～＞「(人)に～するように頼む」 (3)look forward to～「～を楽しみにして待つ」で，このtoは不定詞のtoではなく，前置詞のtoだから，その後ろで動詞を使う場合は動名詞にすること。

2

(1) **to go**
(2) **returning**
(3) **catching, crowded**
(4) **going**
(5) **interested**

解説 (1)remember to～「(未来に)～することを覚えておく」 (2)前置詞afterの後なので，動名詞にする。[訳]意識が戻った後，彼女は小道に横になった。 (3)be afraid of～「～を恐れる」で，前置詞の後は動名詞を用いる。また，a crowded placeで「混雑した場所」を表すが，これは過去分詞の形容詞的用法である。 (4)**What do you say to -ing?**「～するのはどうですか」このtoは前置詞なので後ろは動名詞になる。(5)＜look＋形容詞＞「～のように見える」で，interestingは「(物事が)興味深い」，interestedは「(人が)興味を持っている」を表す。interest「興味を持たせる」は感情動詞である。

3

(1) **know, how, to**
(2) **girl, dancing**
(3) **too, couldn't, them**
(4) **enough, kind, of, them**

解説 (1)can～＝know how to～「～の仕方を知っている」に書きかえられる。他にも，be able to～, It is possible (for＿) to～, be good at -ing, be (a) good～er(s)などへの書きかえも押さえておこう。 (2)「あなたはその少女を知っていますか。彼女はトムとダンスをしています」＝「あなたはトムとダンスをしている少女を知っていますか」と考える。dancingがwith Tomという語句を伴っているので，girlの後ろに置かれていることにも注意。 (3)too ... to～構文では，文全体の主語と不定詞の目的語が同一の人や物の場合，不定詞の目的語は置かないが，so ... that に書きかえた場合は，通常通り，目的語を置かなければならない。
(4)... enough to～構文は，通常＜so ... that＋主語(＋can)～＞に書きかえるが，この問題のようにIt ... to～構文にも書きかえられる。ただし，kindは人の性質を表す語なので，for＿とせずに，of＿とすること。

4

(1) **talking, on**
(2) **it, was, difficult[hard], to**
(3) **which, way, to**
(4) **heard, play**
(5) **given, by**

解説 (1)「携帯電話で話す」はtalk on the cellular phoneで表す。「話している」なので，語句を伴った現在分詞が後ろから前の名詞を修飾する形にする。 (2)I think (that)にIt ... (for＿) to～構文が続いた形。ただし，時制の一致に注意する。 (3)「～すべきか」は＜疑問詞＋不定詞＞で表す。また，この文は，Please tell me which way I should take. に書きかえられることも押さえる。 (4)「Oが～するのを聞く」は＜hear＋O＋原形不定詞＞で表せる。完了

形なのでhearは過去分詞heardにする。
(5)「おばさんからもらったCD」⇒「おばさんによって与えられたCD」と考える。

5

(1) **It** will take only a few minutes to make tea.
(2) **There was only a boy** reading **a comic by the window in the room.**
(3) **He was too old** to **run faster than his son.**
(4) **Mother always tells me** not **to study with the radio on.**
(5) **She** had **her son take out the garbage** *last night*.

解説 (1)⇒「お茶を入れるのに数分しかかかりません」と考え,「～するのに…(時間)がかかる」<It takes+(時間)+to～.>を用いる。 (2)「漫画を読んでいる少年しかいませんでした」⇒「漫画を読んでいる少年だけがいました」と考える。「読んでいる」なので,readingを補う。「窓際で」⇒「窓のそばで」by the window (4)「口癖のように」⇒「いつも言っている」と考え,「母はいつも私に,ラジオをつけたままにして勉強しないように言います」とする。「(人)に～しないように言う」<tell+(人)+not to～>,「ラジオをつけたままにして」はwith the radio on。このwithは付帯状況を表していて,<with+名詞+形容詞(句)[副詞(句)]>の形で「～を…にした状態で」という意味になる。ここのonは「(スイッチなどが)入っていて」という意味を表す副詞。 (5)「～してもらった」は使役動詞haveを使い,<have+O+原形不定詞>で表すことができる。haveを過去形hadにして補う。

6

(1) 私たちは,日本語の授業を見学するためにオーストラリアの高校を訪れる機会がありました。
(2) 川の水が静かで澄んでいたので,彼はそれを見るために立ち止まりました。
(3) 私はルーシーから12月に子供が生まれるという電子メールを受け取りました。
(4) ほとんどのファーストフード店は,ハンバーガーと呼ばれる一種の牛肉のサンドイッチと,高温の油で調理されたフレンチフライと呼ばれるジャガイモを出します。
(5) 彼女は子供たちに夕食前に宿題をさせました。

解説 (1)have a chance to～「～する機会がある[を持つ]」to～は不定詞の形容詞的用法。to see はここでは副詞的用法で目的を表している。 (2)still 形「静かな」,stop to ～「～するために立ち止まる」,take[have] a look「見る」 (3)saying以下はe-mailを修飾している。主節の動詞が過去形なので,時制の一致のために,that節では未来のことを表すのに,willではなく,wouldが使われていることにも注意。 (4)most ～「ほとんどの～」,offer「提供する」 (5)makeは使役動詞で「Oに(強制的に)～させる」という意味を持つ。

7

(1) **Mary let her children stay up late on weekends.**
(2) **Don't be afraid of making mistakes if you want to be a good speaker of English.**
(3) **I decided[made up my mind]**

to study abroad to know more about foreign countries.

(4) Suddenly the two women sitting behind us began to laugh loudly.

(5) Today Japan is so rich (a country) that we can enjoy traveling abroad, driving expensive cars, buying new things and so on.

解説 (1)「(自由に)〜させる」は使役動詞let で表せる。「夜更かしする」stay up late (2)「英語を上手に話したい」⇒「上手な英語の話し手になりたい」、「間違いを恐れる」⇒「間違いをすることを恐れる」と考えればよい。 (3)「〜することを決意する」decide[make up one's mind] to 〜。「留学する」⇒「海外で勉強する」と考え、study abroadとする。 (4)「私たちの後ろに座っていた」が「その2人の女性」を修飾する形にする。「座っていた」なので、sitを現在分詞にする。「笑い出しました」⇒「笑い始めました」と考える。 (5)Today Japan is a rich country. を元として、「とても…なので、〜」＜so ... that節＞に当てはめるが、soの後ろは＜形容詞(＋a[an])＋名詞＞の語順にすることに注意する。「〜することを享受する」enjoy -ing、「〜など」〜 and so on。

8

(1) ① between ④ without
(2) ② イ ⑤ ウ
(3) sixty, thousand
(4) ア，オ

解説 (1) ①「イタリアとフランス軍の間には」だからbetween A and Bを用いる。 ④「道

のない」だからwithoutを用いる。また、肯定文なのにanyが用いられていることからも判断できる。 (2)②兵士の発言の最後が＜....＞となっているので、ナポレオンが兵士の発言をさえぎったと考えられる。 (3)「6万」は「60×1000」と考える。

全訳 約100年前、ナポレオン・ボナパルトという偉大な男がいた。彼はフランス軍の隊長であり、フランスは周りのほとんどすべての国々と戦っていた。彼は軍隊をイタリアへ進めたいと強く思っていたが、イタリアとフランス軍の間には高い山々があり、その頂上は雪でおおわれていた。

「我々は山を越えることができるのか」とナポレオンが言った。

山々を越える道を調べるために送り込まれた兵士たちは首を振った。すると1人の兵士が言った。「可能かもしれません、しかしそこには……」

「やめろ！ お前はもう十分に話した」とナポレオンは言った。「イタリアへ進め！」

人々は笑った。6万人の軍隊が道が全くない山々を越えようとしていた。しかし、ナポレオンはすべての準備が整うのを見ることだけを待っていた。そしてそれから、彼は軍隊にイタリアへ向けて出発するように言った。

兵士と馬と大砲の隊列は20マイルの長さになった。けわしい場所にやって来て、前へ進む道がなくなると「突撃！」というラッパが響いた。するとすべての兵士が全力を尽くし、軍隊全体が前に進んだ。

まもなく、彼らは無事に山々を越えた。4日後、彼らはイタリアの地に入った。

「勝とうと決心した人間は」とナポレオンが言った。「決して『不可能』とは言わないのだ」

16 関係代名詞who, which, that

▶**113**

(1) ア　　　(2) エ　　　(3) ア

(4) イ　　　(5) イ

解説 (1)先行詞がmany fine pictures on the walls（物）で，その後にwere painted（動詞）が続いている。　(2)「料理するために使われる部屋は（　　）です」(3)先行詞がsome books（物）で，その後にtell（動詞）が続いている。　(4)先行詞がsomeone at the door（人）で，その後にwants（動詞）が続いている。　(5)関係代名詞の主格の直後に続く動詞は，先行詞を主語として考えることに注意。

＜関係代名詞の主格＞

接続詞と代名詞の主格の両方の働きをして，直前の名詞（＝先行詞）を修飾するものを「関係代名詞の主格」と呼び，先行詞が人の場合はwho，先行詞が物や動物の場合はwhichを使う。また，thatは先行詞が人，物，動物のいずれでも使える。

※＜先行詞＋関係代名詞の主格＋動詞′〜＞の語順になる。

※訳す際には，関係代名詞に続く節を先行詞にかけて（修飾して）後ろから前に訳す。

▶**114**

(1) who[that], has

(2) which[that], is

(3) who[that], works

(4) who[that], is

(5) which[that], his

(6) who[that], is

(7) who[that], taught

解説 (1)「青い目をした友達」⇒「青い目を持っ

ている友達」と考える。　(2)分詞の形容詞的用法は＜関係代名詞の主格＋be動詞＞の省略であるから，それを補えばよい。　(3)my friendを関係代名詞の主格who[that]に変えて，先行詞（a nice friend）の後ろに続ける。　(4)inは「〜を着た／身に着けた」という意味。「赤いドレスを着た女性」と考えて，関係代名詞の主格whoと「〜を着る」wearを用いて書きかえる。　(5)「彼の家は公園の近くにある」⇒「公園の近くに立っているその家は彼のものです」と考えればよい。

(6)⇒「ベンチに座っているその老人は私の祖父です」と考えればよい。　(7)「この人はケンに水泳を教えた人だ」と考える。

＜関係代名詞の主格の書きかえパターン＞

① with 〜

⇒＜関係代名詞の主格＋have[has, had]〜＞

（⇒＜関係代名詞の所有格〜＋be動詞＋形容詞＞）

② 分詞の形容詞的用法…

⇒＜関係代名詞の主格＋be動詞＋分詞…＞

▶**115**

(1) The young man who[that] lives in that house is my friend.

(2) The girl who[that] is speaking English is my friend.

(3) The students who[that] are playing baseball are my friends.

(4) Mr. Green wants a house which[that] has many rooms.

(5) The woman who[that] gave me the flowers spoke English

very well.

解説 (1)＜書きかえパターン②＞を用いて，
The young man who[that] is living in
that house is my friend. としたいところ
だが，live「住んでいる」は状態動詞だから
ふつうは進行形にしない。⇒現在形にする。
(2)The girl = She だから，She を関係代
名詞の主格 who[that] に変え，その文を先
行詞（The girl）の直後に続ける。　(3)The
students = They だから，They を関係代
名詞の主格 who[that] に変え，その文を先
行詞（The students）の直後に続ける。
(4)a house = It だから，It を関係代名詞の
主格 which[that] に変え，その文を先行詞
（a house）の直後に続ける。
(5)The woman = She だから，She を関係
代名詞の主格 who[that] に変え，その文を
先行詞（The woman）の直後に続ける。

▶*116*

(1) **Do you know the man who
is talking with my father?**

(2) **I know** few **people who took
part in the meeting.**

(3) *The* **young woman who lives
next door is a doctor.**

(4) *Then* **the school gives the
dogs to people who need
them.**

(5) *The* **boys who are standing
by the gate are very tall.**

(6) *The girl* **who looks the oldest
of those girls is my sister.**

(7) **Kyoto is a city which** has
many old temples.

(8) **Can you see the river which
runs through the town?**

(9) **The house** which[that] **has a
blue roof is my aunt's.**

(10) *Some of the* **people who
were invited to the party
could not** *come.*

(11) *Is that* **the boy who is taken
care of** *by your uncle?*

(12) *In this class,* **there are** no
**students who cannot use
computers.**

(13) **Some dinosaurs ate dinosaurs**
which[that] **ate plants.**

(14) **Do you like food which is
made from milk?** [of が不要]

(15) *The girl* **who is singing there
looks** *happy.*

(16) **I know the boy** who[that]
broke the clock.

(17) **It is necessary to thank
those who help us.**

(18) **I would like to know how
to help people who are in
trouble in that** *country.*
[tell が不要]

解説 (1)「ぼくの父と話している人」the man
who is talking with my father　(2)「その
会議に出ていた人」people who took part
in the meeting，「ほとんど〜ない」＜few ＋
複数名詞＞　(3)「となりに住んでいる若い女
性」the young woman who lives next
door　(4)to があるので，＜give ＋（物・動物）
＋ to ＋（人）＞を用いる。また，people の後
に関係代名詞の主格 who を置いて，どのよう
な人々なのかを説明する。　(5)「門のそばに
立っている少年たち」the boys who are
standing by the gate　(6)「あの女の子たち
の中で一番年上に見える子」the girl who

looks the oldest of those girls（those girlsは複数内容なのでofを用いている）
(7)「古い寺院がたくさんある（＝持っている）町」**a city which has many old temples**　関係代名詞の主格に続く動詞は先行詞を主語として考えるので、3人称単数現在形になることにも注意する。　(8)「町を流れている川」**the river which runs through the town**　(9)「青い屋根の（＝を持っている）家」**the house which[that] has a blue roof**　(10)「そのパーティーに招待された人」**the people who were invited to the party**　(11)「君の叔父さんの世話を受けている少年」**the boy who is taken care of by your uncle**　(12)「コンピューターを使えない生徒」**students who cannot use computers**　(13)⇒「何匹かの恐竜は、植物を食べる恐竜を食べた」と考える。「植物を食べる恐竜」**dinosaurs which[that] ate plants**　(14)「乳製品」⇒「牛乳から作られた食品」**food which is made from milk**　(15)「あそこで歌っている少女」**the girl who is singing there**　(16)「その時計を壊した少年」**the boy who[that] broke the clock**　(17)「～する人」**those who ～**（those ＝ people の意味。）
(18)「教えていただきたいのですが」は通常 Would you tell me ～? を用いるが、ここでは肯定文であること、youがないことから、「私は知りたいのです」と考えて I would like to know とする。tellが不要。「困っている」は **be in trouble** で、関係代名詞の主格を使って、先行詞 people を後ろから修飾する。

▶**117**
(1) 私は列車で、疲れているように見えるおばあさんに、自分の席を譲ってあげました。

(2) アフリカ系アメリカ人たちは後にジャズと呼ばれる新しい種類の音楽を作りました。

(3) 稲妻のような速さで [と同じくらい速く] これらの数字を読むことができ、それらを一生覚えている人がいる。

(4) 当時日本を旅してまわったあるイギリス人の女性は、自分の著書の中で日本人はたいへん背が低いと書きました。

(5) とても若くて前途のある女性のために私は泣き、そして家にいる彼女の夫のために泣いた。

(6) 私を非常に変えたこの新しい仕事は、人生の中で最高の仕事だ。

(7) 戦時中に大きな家を買えるほど貯金していた人は、戦後、このお金ではパンすら買えないことがわかった。

解説 (1)who以下をan old womanにかけて訳す。　(2)which以下をa new kind of musicにかけて訳す。　(3)who以下をpeopleにかけて訳す。andはcan read these numbers as quick as lightening と remember them for the rest of their lives を結んでいる。as quick as lightening「稲妻と同じくらいすばやく」
(4)An English woman wrote in her book that Japanese people were very short. が基本文で、who ～ days をAn English womanにかけて訳す。　(5)who was so young and had her life ahead of her がthe woman を修飾し、who was at home がher husband を修飾している。最初のandはwas so young と had her life ahead of her を結び、二番目のandは文と文を結んでいる。cry for ～「～のために泣く」、life ahead of her「(彼女の前方の人生⇒) 彼女の前途のある人生」
(6)which ～ much をThis new job にか

けて訳す。また，isがこの文の動詞で，oneはjobの代名詞。　(7)who ～ Warが先行詞A manを修飾する関係代名詞節で，全体として主部になっている。よって，この文の動詞はfoundであるから，大枠は「～人は，（that以下）のことがわかった」と訳す。itはthe Warを指している。

▶**118**

(1) He may be the American who[that] lives near my[our] house.

(2) She wants to make friends with someone who[that] has the same hobby.

(3) I have known the woman (who is) standing over there for a few years.

(4) Heaven helps those who help themselves.

(5) I know many[a lot of, a number of, lots of, plenty of] people who[that] can read English magazines without using a dictionary[dictionaries].

解説　(1)「私（たち）の家の近くに住んでいるアメリカ人」 the[an] American who [that] lives near my[our] house　(2)「同じ趣味を持っている誰か」someone who[that] has the same hobby　(3)「数年前からの知り合いです」⇒「数年間ずっと知っている」と考える。　(4)⇒「天は自分自身を助ける人を助ける」と考える。「自分自身を助ける」help *oneself*で，ここのthoseはpeopleの意味を表す。⇒▶**116**(17)参照。　(5)内容から1つの雑誌には限られないのでEnglish magazinesと複数形にしたほうが

よい。また，「～せずに」はwithout -ingで表す。

17 関係代名詞の所有格・目的格

▶**119**

(1) イ　　　　(2) ア　　　　(3) ウ
(4) ア　　　　(5) イ　　　　(6) イ

解説　(1)後にsongsという名詞が続いているので，関係代名詞の所有格を用いる。
(2)whichを関係代名詞の目的格と考えると，「人に物を与える」は＜give＋（物）＋to＋（人）＞なので，ウとオは不適切。関係代名詞の所有格whoseは，その後に名詞を伴うのでエを消去。イだと「私が買われた」になるので不適切。　(3)先行詞がA man（人）で，空所の後ろにhealth（名詞）が続いていることに注目。　(4)イ，エにすると，the famous towerがtalkedすることになって不適。もともとの文は，This is the famous tower. ＋ He talked about it the other day. ⇒talk about ～「～について話す」　(5)先行詞がthe mountains（物）で，空所の後ろにtops（名詞）が続いていることに注目。　(6)先行詞がThe town（物）で，その後ろにI（主語になる代名詞）が続いている。もともとはI paid a visit to it（＝the town）. で，前置詞の目的格となっていたことから考える。

＜**関係代名詞の所有格と目的格**＞
◇**関係代名詞の所有格**
　接続詞と代名詞の所有格の両方の働きをして，直前の名詞（＝先行詞）を修飾するものを「関係代名詞の所有格」と呼び，先行詞が何であってもwhoseを使う。また，thatには所有格はない。
※＜先行詞＋関係代名詞の所有格＋名詞～＞の語順になる。

◇関係代名詞の目的格

接続詞と代名詞の目的格の両方の働きをして，直前の名詞（＝先行詞）を修飾するものを「関係代名詞の目的格」と呼び，先行詞が「人」の場合はwho(m)，先行詞が「物」「動物」の場合はwhichを使う。また，thatは先行詞が「人」「物」「動物」のいずれでも使える。

※＜先行詞＋関係代名詞の目的格＋主語になる名詞［代名詞］＋動詞～＞の語順になる。

※関係代名詞の目的格はしばしば省略される。

※訳し方

関係代名詞に続く節を 先行詞 にかけて（修飾して）後ろから前に訳す。

▶**120**

(1) with, blue, eyes
(2) whose, name
(3) which[that], built
(4) whose
(5) whose, sister
(6) which[that], he, wrote
(7) taken
(8) founded, by

解説 (1)「目が青い男性」を「青い目をした男性」と考え, with ～「～をした／～を持った」を用いて書きかえる。また, The man who has blue eyes is Mr. Green. にも書きかえられる。 (2)「ジローと呼ばれるネコ」⇒「名前がジローであるネコ」と考える。 (3)「これは, あなたのお父さんが建てた家ですか」と考える。 (4)Its ＝ a black cat'sだから, Itsを関係代名詞の目的格whoseに変え, その文を先行詞(a black cat)の直後に続ける。 (5)His ＝ The boy'sだから, Hisを

関係代名詞の所有格whoseに変え, その文を先行詞(The boy)の直後に続ける。 (6)This is a book which was written by him ten years ago. としてから, 能動態になおす。 (7)「私の兄が写した」を「私の兄によって写された」と考え, 過去分詞の形容詞的用法にする。 (8)found「設立する」の過去分詞foundedの形容詞的用法を用いる。... founded by ～「～によって設立された…」

▶**121**

(1) The book which[that] I read yesterday was interesting.
(2) The dictionary which[that] my uncle gave (to) me is on the desk.
(3) Is that the building which [that] you spoke of the other day? / Is that the building of which you spoke the other day?
(4) There are many children who(m)[that] she must take care of.
(5) The mountain whose top is covered with snow is Mt. Fuji.
(6) The girl whose hair is long is one of my classmates.
(7) I have an American friend whose name is John.
(8) That building whose roof you can see over there is our school.

解説 (1)The book ＝ the bookだから, the

bookを関係代名詞の目的格which[that]に変えて文頭に出し, その文を先行詞 (The book) の直後に続ける。 (2)〜(4)同様に関係代名詞の目的格に変えて文頭に出し, その文を先行詞の直後に続ける。先行詞が「人」か「物」かに注意する。 (5)Its = The mountain'sだから, Itsを関係代名詞の所有格のwhoseに変え, その文を先行詞 (The mountain) の直後に続ける。 (6)同様に関係代名詞の所有格に変え, その文を先行詞の直後に続ける。 (7)「私には名前がジョンである［ジョンという名前の］アメリカ人の友人がいます」と考える。I have an American friend who is John. という文は不自然。 (8)関係代名詞の所有格はその後ろに名詞を伴ってひとかたまりになるので, whose roofを文頭に出し, その文を先行詞 (That building) の直後に続ける。

▶ **122**
(1) ninth, book, which[that], I
(2) house, whose, windows
(3) which[that], made
(4) whose, fathers, are
(5) which[that], Tom, has, used, is

解説 (1)⇒「これは私が今月読んだ9番目の本です」と考える。「私が今月読んだ9番目の本」the ninth book which[that] I have read this month (2)「窓のこわれた家」⇒「窓がこわされた家」the house whose windows are broken (3)「ナンシーが作った人形」the doll which[that] Nancy made (4)「医者を父に持つ」を「父が医者である」と考え, 関係代名詞の所有格を用いる。doctorsになっているので, fathers, are にすることを忘れないように。 (5)「トムが長年使っている時計」the watch which[that]

Tom has used for many years. The watchが主語だからbe動詞はisを用いる。

▶ **123**
(1) I like the ring which Bob gave me.
(2) She has kept the maps of the cities that she visited. [wentが不要]
(3) Be kind to the children whose parents are dead.
(4) I have a friend whose father lives in England.
(5) What is that building whose roof is painted red?
(6) The book which my father gave me was too difficult for me.
(7) Please show me the book which you bought *yesterday*.
(8) This is all that I can do for him. [onlyが不要]
(9) *Those* boys whose uniforms are blue are very proud of their school.
(10) The birthday present for my brother is the bike which he has wanted for two years.

解説 (1)⇒「ボブが私に与えた」と考える。I like the ring. + Bob gave it to me. (2)⇒「彼女が訪れた」と考える。She has kept the maps of the cities. + She visited the cities. wentが不要。もしwentを用いると, went to the citiesとなり, toが必要。 (3)⇒「両親が死んだ」と考える。Be kind to the children. + Their parents are dead.

(4)I have a friend. + His[Her] father lives in England.　(5)⇒「屋根が赤く塗られた」と考える。What is that building? + Its roof is painted red.　(6)⇒「父が私にくれた」と考える。The book was too difficult for me. + My father gave it to me. として，できあがった文からtoを消すとよい。（英作文であれば残しておいてもよいが，この問題の場合，2語補うことになるので）
(7)Please show me the book. + You bought it yesterday.　(8)「彼のためにできるすべて」はall that I can do for himである。allは単独で先行詞となる。　(9)⇒「制服が青い」と考える。The boys are very proud of their school. + Their uniforms are blue.　(10)⇒「彼 (弟) が2年間ずっとほしがっている」と考える。The birthday present for my brother is a bike. + He has wanted it for two years.

▶ **124**

(1) 彼ら [彼女たち] がそのとき必要だったものは，飲み水でした。
(2) マーク・トウェインは，その作品が今日まだなお人気があるアメリカ人の作家です。
(3) たくさんの美しい花におおわれている庭のあるあの家を見なさい。／庭がたくさんの美しい花でおおわれているあの家を見なさい。
(4) その知らせを聞いたすべての人々がとても喜びました。

解説 (1)「その物は飲み水 [飲むための水] でした」+「彼らがそのとき必要だった」
(2)「マーク・トウェインはアメリカ人の作家です」+「物語が今日でもまだ人気があります」　(3)「あの家を見なさい」+「庭が美しい花でおおわれています」　(4)「すべての人々

はとてもうれしくなりました」+「そのニュースを聞きました」

▶ **125**

(1) **I read the book which[that] my father bought (for) me yesterday.**
(2) **Please show me the pen which[that] you bought yesterday.**
(3) **This is the bicycle[bike] which[that] I have (long) wanted[I have wanted for a long time].**
(4) **I don't[do not] know the girl whose parents live in America.**
(5) **That's the person[man / woman] who(m)[that] I saw at the station yesterday.**

解説 (1)「私はその本を読みました」+「私の父は昨日それを私に買ってくれました」
(2)「私にそのペンを見せてください」+「あなたは昨日それを買いました」　(3)「これはその自転車です」+「ぼくはそれをずっとほしいと思っています」　(4)「私はその少女を知りません」+「彼女の両親はアメリカに住んでいます」　(5)「あちらがその人です」+「私は昨日彼 [彼女] を駅で見かけました」

18 thatの特別な用法

▶ **126**

(1) **that**　　　(2) **whose**
(3) **whose**　　(4) **that**
(5) **that**　　　(6) **that**

解説 (1)先行詞がthe most interesting city

で，形容詞の最上級が含まれるのでthatを使う。　(2)先行詞がa man（人）で，その後ろにwork（名「仕事」⇒takesが動詞だから，ここのworkは動詞ではない！）が続いているので所有格を用いる。　(3)先行詞がa word（物）で，その後ろにmeaning（名「意味」⇒weが主語だから）が続いているので所有格を用いる。　(4)先行詞がthe girl and the catと＜人＋動物＞なのでthatを使う。　(5)先行詞がthe same thingで，the sameが含まれるのでthatを使う。　(6)先行詞がthe first e-mailで，the firstが含まれるのでthatを使う。

＜thatの特別な用法＞

　関係代名詞thatは，主格who, which，目的格whom, whichの代わりとして用いられるが，以下のような場合には主にthatが使われる。

(1)　先行詞が＜人＋物［動物］＞の場合
(2)　先行詞に形容詞の最上級が含まれる場合
(3)　先行詞に以下の語が付いている場合
・ **all, every, any, no** など「すべて」「全く〜ない」という意味を表す修飾語
・ **the first**「最初の」，**the second**「2番目の」，**the last**「最後の」，**the same**「同じ」，**the only**「唯一の」，**the very**「まさにその」など，特定の1つのものであることを表す修飾語

＜関係代名詞の格の公式＞

(1)　先行詞＋関係代名詞の主格＋動詞
(2)　先行詞＋関係代名詞の所有格＋名詞
(3)　先行詞＋関係代名詞の目的格＋主語になる名詞［代名詞］

▶**127**
(1) **that, had**

(2) **last, that**
(3) **that, know**
(4) **most, beautiful, that, ever**

解説　(1)「すべての彼のお金」⇒「彼が持っているすべてのお金」と考える。また，この部分はwhat money he had (with him) と関係代名詞whatを用いて書きかえることもできる。⇒＜発展的な内容B＞参照。(2)「他のみんなはトムの前に来ました」⇒「トムが最後に来た人でした」と考える。the lastがあるのでthatを使う。　(3)先行詞に形容詞の最上級が含まれるのでthatを使う。　(4)「私は今までにこんなに美しい鳥を見たことがない」⇒「これは私が今までに見た中で最も美しい鳥です」と考える。

＜関係代名詞の書きかえパターン＞

＜主語＋have[has] **never** ＋過去分詞
＋ such（＋a[an]）＋形容詞＋名詞＞
⇒＜This is the ＋形容詞の最上級＋名詞
（＋**that**）＋主語′＋have[has] **ever** ＋
過去分詞＞
※＜such（＋a[an]）＋形容詞＋名詞＞は
＜so ＋形容詞（＋a[an]）＋名詞＞にすることもできる。

▶**128**
ア

解説　(1)ア：代名詞「あれ」⇒「あれはあなたが長いこと［ずっと］訪れたいと思っていた博物館ですか」youの前に関係代名詞の目的格which[that] が省略されている。⇒「本冊*p.86*関係代名詞の省略」参照。イ，ウ，エ：関係代名詞　イ「これは人類が今までに作った，最も長い橋です」　ウ「人間は火を使うことができる唯一の動物です」　エ「あなたがしなければならないすべてのことは静かにすることです。⇒あなたは静かにしさえ

すればよい」＜All＋(that＋) 主 語′＋ have[has] to do is to ～.＞「主語′は～ しさえすればよい」

▶129

(1) **Look at the boy and his dog that are running over *there*.** [whichが不要]

(2) **Do you have anything that you want me to do?**

(3) **All that we could see was ocean.**

(4) **Taro is the only boy that John knows in Japan.**

解説 (1)「少年と犬を見なさい」＋「彼らは向こうで走っています」先行詞が＜人＋動物＞なのでwhichが不要。 (2)「あなたは何かを持っていますか」＋「あなたが私にそれをしてほしい」⇒Is there anything that you want me to do? に書きかえられる。 (3)⇒「私たちが見ることができたすべてのものは海でした」となる。「すべては海でした」＋「私たちがそれを見ることができました」 (4)「太郎はたった1人の男の子です」＋「ジョンは日本で彼を知っています」

▶130

(1) これは私が今までに食べた中で最もおいしいディナー[夕食]です。

(2) 彼はその問題を解くことができたただ1人の学生です。

(3) 光るものすべてが金とは限らない[見かけは人をあざむくことがある]。

解説 (1)that I have ever hadがthe most delicious dinnerを修飾している。先行詞に最上級の形容詞があるので，thatが使わ

れている。 (2)that was able to solve the problemがthe only studentを修飾している。先行詞にthe onlyがあるので，thatが使われている。 (3)that glittersがAllを修飾している。先行詞がallなので，thatが使われている。

▶131

(1) **Paris is the most beautiful city that I have ever visited. / I have never visited such a beautiful city as Paris.**

(2) **Tom was the first person that raised his hand to answer the question.**

(3) **Is there anything that you want to know about this project? / Do you have anything that you want to know about this project?**

(4) **This is the most interesting movie (that) I have ever seen. / I have never seen such an interesting movie.**

(5) **The only thing (that) I bought here is this small doll.**

解説 (1)「パリは一番美しい都市です」＋「私はそれを今までに訪れました」形容詞の最上級を使うので，関係代名詞はthatにする。 (2)「トムは最初の人でした」＋「最初の人がその質問に答えるために手を挙げました」the firstを使うので，関係代名詞はthatにする。 (3)「何かありますか」＋「あなたがこの事業計画について何か知りたいこと」anythingを使うので，関係代名詞はthatにする。 (4)「最もおもしろい映画」the most interesting movieと最上級で表す。

これを先行詞として，「私が今まで見た中で」I have ever seen に関係代名詞の目的格that（ここは先行詞に形容詞の最上級がついているのでwhichは不可）を付けて修飾する。 (5)「唯一の物」the only thingが主語。これを先行詞として，I bought hereに関係代名詞の目的格thatを付けて修飾する。先行詞にthe only が付いているのでwhichは不可。

19 関係代名詞の省略

▶**132**
(1) **Tom, painted**　(2) **only**
(3) **nothing, else**
(4) **Akiko, studies**　(5) **I, was**
(6) **you, like**　(7) **couldn't, help**

解説 (1)⇒Look at the picture (which [that] was) painted by Tom. ⇒Look at the picture (which[that]) Tom painted. (2)⇒All (that) you need is time and effort.「あなたが必要なすべてのことは時間と努力です」⇒「あなたは時間と努力だけが必要です」 (3)「それが，私が言わねばならないすべてのことだ」という文を「私には話すことが他に何もない」という文に書きかえる。allの後に関係代名詞の目的格thatが省略されている。 (4)「アキコは学校で英語を勉強します」⇒「英語はアキコが学校で勉強する教科です」English is the subject (which[that]) Akiko studies at school. ⇒関係代名詞の目的格を省略。 (5)⇒The man was Bob's father.＋I met him at the station. として，him＝The manだから，himを関係代名詞の目的格whom[that]に変えて文頭に出し，その文を先行詞（The man）の直後に続ける。⇒関係代名詞の目的格を省略。 (6)「あなたのお気に入りの歌手

は誰ですか」⇒「あなたが最も好きな歌手は誰ですか」と考え，関係代名詞の目的格を省略する。 (7)All (that) S' can do is to ～「S'ができるすべてのことは～することだ／S'は～せざるをえない」だから，can't help -ing「思わず～してしまう／～せざるをえない」を用いる。

＜関係代名詞の省略＞
(1) 関係代名詞の目的格who(m), which, thatはどんな場合でも省略できる。
(2) ＜関係代名詞の主格＋be動詞＋分詞＞という形になった場合，＜関係代名詞の主格＋be動詞＞の部分を省略することができる。このとき，残った分詞が先行詞（名詞）を修飾することになるので，「分詞の形容詞的用法」になる。
She had a son who was named Tom.
→She had a son named Tom.

（彼女にはトムと名づけられた息子がいた）

▶**133**
(1) **the, most, have, seen**
(2) **bag, she, made**
(3) **the, only, thing**
(4) **they, had, to**

解説 (1)「これは私が今までに見た中で最も美しい絵です」と考える。 (2)⇒「これが彼女の作ったかばんです」と考え，This is a bag which[that] she made. とし，関係代名詞の目的格を省略する。 (3)⇒「これは私たちがすることができる唯一のことです」と考え，This is the only thing that we can do. とし，関係代名詞の目的格を省略する。 (4)「彼らがしなければならなかったすべてのことは」と考え，＜All (that) S'

have to do is to ～＞「S' がしなければな
らないすべてのことは, ～することです／S'
は～しさえすればよい」を用いる。

▶**134**

(1) **You can buy anything you
need at the store.**

(2) **A national leader is a person
we have to choose** *very
carefully.*

(3) *All* **you have to do is to
look after the kitten while I
am out.**

(4) **You should not take this
expensive book I bought
yesterday out of my** *room.*
[in が不要]

(5) **She was the** last **person I
had expected to see during
my stay in England.**

(6) *Sean* **knew he couldn't
believe everything he read on
the Internet,** *but ...*

解説 (1)「必要なものは何でも」⇒「あなたが必
要とするものは何でも」と考え, 関係代名詞
の目的格(ここではwhich[that]が省略)で
表す。肯定文でanythingを用いると「何で
も」という意味になる。 (2)「私たちがきわめ
て注意深く選ばなければならない人物」a
person (whom) we have to choose
very carefully (3)「君のしなければならな
いことといったら」⇒「君は～しさえすればよ
い」＜All +(that) you + have[has] to do
is to ～.＞,「私のいない間」while I am
out (4)「私が昨日買ったこの高価な本」
this expensive book (which) I bought
yesterday (5)「彼女は私が最も会うことを

期待しそうもない人だ」と考え, ＜the last
... (that) S'+V'＞「S' が最も～しそうもな
い…」を用いる。また, the last ... の後に
は不定詞が続くこともある。ここの**had
expected** ＜had＋過去分詞＞は過去完
了(大過去)と言い, 過去(主節のwas)よ
りも前の時を表す。⇒発展的な内容D参照。
(6)everythingをbelieveの目的語にして,
後ろにhe read on the Internetを続ける
と「彼がインターネット上で読むすべてのも
のを信じる」というまとまりになる。ここで
は関係代名詞の目的格thatが省略されてい
る。残りのknewはSean「ショーン(人名)」
を主語とする動詞。その後にhe couldn't
believe ～ を続ける。

▶**135**

(1) 私たちがする選択, 私たちが達する結
論, 私たちがすること, しないことが,
私たちの人生を形作り, 私たちの幸福
を決定するのに役立つ。

(2) 多くの子供たちがハンスとその父親が
作り上げた劇を見に, そしてハンスが
歌うのを聞きにやって来た。

(3) 自分が作る靴を他の商品やサービスと
交換しなければならないのは全く不便
だ。

解説 (1)The choices (which[that]) we
make「私たちがする選択」, the decisions
(which[that]) we reach「私たちが到達す
る結論」, the things (which[that]) we
do or (the things (which[that]) we) do
not do「私たちがすること, または私たちが
しないこと」の3つが主語。 (2)the plays
の後ろに関係代名詞の目的格which[that]
が省略されており, Many children came
to see the plays (which[that]) Hans
and his father made up, and (came) to

hear Hans sing. と考える。　(3)まず，It ... to 〜構文であること，I madeの前に関係代名詞の目的格which[that]が省略されていることに気付こう。not 〜 at all「全く〜ない」だから，「全く便利でない」⇒「全く不便だ」と訳す。**exchange A for B**「AをBと交換する」

20 接続詞

▶ **136**

(1) エ	(2) イ	(3) ウ
(4) エ	(5) ア	(6) ウ
(7) エ	(8) エ	(9) イ
(10) エ	(11) ア	

解説 (1)「試合が始まる前に雨が激しく降り始めた」beforeは「〜する前に／〜しないうちに」という意味の接続詞。till (= untill)「〜するまで」，since「〜して以来」，　(2)「私が子供だった（とき）」　(3)「彼は病気だった（ので）来なかった」　(4)「あなたが留守（の間に）マリコがあなたに会いに来ました」**during**も「〜の間」の意味を表すが，前置詞なので，その後ろに＜主語＋動詞＞はとれない。　(5)As you know「知っての通り」　(6)＜命令文, or 〜 .＞の形。　(7)＜命令文, and 〜 .＞の形。　(8)「もしあなたが私の自動車を返さ（なければ），警察を呼ぶぞ」unless「もし〜しなければ」　(9)andがあることから，＜both A and B＞「AとBの両方とも」と考える。　(10)「彼は試験の前に熱心に勉強しなかったので，15点しか取れなかった」　(11)I think so, too. 前述の内容が肯定で，あとに「私もそう思う」のように肯定を重ねる場合は，soを用いた倒置の語順にする。I don't think so, either. の場合はNeither[Nor] do I. となる。

＜接続詞の種類＞

◇**等位接続詞**：語，句，節を対等な関係でつなぐ。

and, but, or, so, for

※ so，forは節をつなぐ用法しかなく，直前にカンマを置くのがふつう。

◇**従属接続詞**：文の主となる節 (= 主節) に，別の節を「従属させる」つなぎ方をする。

・名詞節を導く

that「〜ということ」

whether, if「〜かどうか」

※if節は目的語としてしか用いられない。

・副詞節を導く

[時]	**when, while, as, till[until], before, after, since, as soon as**
[条件]	**if, unless**
[理由]	**because, as, since**
[譲歩]	**though, although**

など。

▶ **137**

(1) **during** → **while**

(2) **will be** → **is**

解説 (1)duringは前置詞だから，その後ろに＜主語＋動詞＞はとれない。⇒接続詞whileを用いる。　(2)「時・条件を表す副詞節中では未来形を現在形で代用する」←よく出る！

トップコーチ

(1)We'll leave here when he comes.「私たちは，彼が来たらここを出発するつもりです」

「彼が来る」のは未来なので，本来ならwill comeとすべきところだが，when以下は「彼が来たら出発するつもりだ」と，leaveを修飾する副詞節だから，未来形を使わず，現在形で代用する。

(2)Do you know when he will come?
「あなたは彼がいつ来るのか知っていますか」

when以下はknowの目的語だから名詞節。よって，本来の未来形を使う。

(3)I'll go there if it is fine tomorrow.
「私は明日晴れればそこに行くつもりです」

tomorrowだから本来ならwill beとすべきところだが，if以下はgoを修飾する副詞節だから現在形で代用する。

(4)Please tell me if it will be fine tomorrow.
「明日晴れるかどうか私に教えてください」

if以下はtellの直接目的語だから名詞節。よって，本来の未来形を使う。

※それぞれの場合で，接続詞の意味も違うことに注意しよう。

▶**138**

(1) **when, was**

(2) **Try, harder, or**

(3) **Though[Although]**

(4) **If, don't**

(5) **but**

(6) **neither, nor**

(7) **but, also, has**

(8) **Would, mind, if**

(9) **Whether, not**

解説 (1)「50歳で」⇒「50歳のときに」 (2)「仕事で成功したければ，もっと一生懸命にやらなければならない」⇒「もっと一生懸命にや

りなさい, さもないと仕事で成功しませんよ」と考え，＜命令文, or ＞を用いる。 (3)～, but ... ＝Though[Although]～，...「～だけれども…」 (4)「あなたの手助けがなければ」⇒「もしあなたが私を助けてくれなければ」 (5)not A but B「AではなくB」 (6)both A and B「AとBの両方とも」，neither A nor B「AもBもどちらも～ない」 (7)both A and B「AとBの両方とも」not only A but also B ＝ B as well as A「AだけでなくBもまた」で，主語として用いる場合，動詞はBに一致させる。 (8)「テレビをつけてもいいですか」をWould you mind if ～?「～してもいいですか」を用いて表す。 (9)「明日大雨が降ろうとそうでなかろうと，私はコンサートに遅れるわけにはいかない」Whether ～ or not「～であろうとそうでなかろうと」

▶**139**

(1) **before**

(2) **if**

(3) **teeth, before**

(4) **was, talking**

(5) **either, you, or, will, have, to**

解説 (1)「暗くならないうちに」⇒「暗くなる前に」 (3)＝Go to bed after you brush your teeth. (4)「電話中である」⇒「電話で話している」と考える。時制の一致に注意。 (5)「～しなくてはならないでしょう」will have to ～⇒助動詞は2つ続けて用いられないからwill mustとは言えない。

▶**140**

(1) **I am going to stay home if it rains.** [will が不要]

(2) *I* **couldn't come in time**

because the traffic was heavy.

(3) **We had to go home before it got dark.** [didn'tが不要]

(4) *In Western countries* **it is believed that breaking a mirror brings bad luck.**
[comesが不要]

(5) *He* **speaks not only English but French because he lived** *in France.*

(6) **It will not be long before he comes here.**

(7) **I didn't think he would succeed.**

解説 (1)現在形での未来の代用に注意。will が不要。　(2)「道が混んでいたので［交通が激しかったので］間に合うことができませんでした」I couldn't come in time「間に合うことができなかった」の後にbecauseを置いて，遅刻の理由にあたる内容を続ける。in time「間に合って／時間内に」，heavy「（交通が）激しい」　(3)「暗くならないうちに」⇒「暗くなる前に」と考える。didn'tが不要。　(4)It is believed that ～ で「～ということが信じられている」という意味になる。Itは形式主語で，that以下の節が真主語。「鏡をこわすことが，不幸をもたらす」と考えて，動名詞breakingを主語にする。「～をもたらす」はbringを用いるので，comesが不要。　(5)not only A but (also) B「AだけでなくBも（また）」　後の「フランスに住んでいた」に合うように，「英語だけでなくフランス語も」の順番にする。　(6)「まもなく～」は**It will not be long before ～** で表す。　(7)本来ならば，I thought he wouldn't succeed. とするところだが，ふつう否定語 (**not**) は主節中で使う。

▶**141**

(1) 彼女はパン屋に急いで行ったので，とても暑くなりました［感じました］。

(2) すぐに［まもなく］あなたはこのことを後悔しますよ。

(3) 入るか出るか，どちらかにしなさい。

(4) 太陽エネルギーによってお金を節約できるかどうかは，多くの事柄によって決まる。

(5) 初めは，とても強力な翼をつけた人間は鳥のように飛べるであろうと考えられていた。

(6) 学校に遅刻しないように，私は今朝は早く起きました。

(7) 彼らは岸に戻ってくるまで，祖父が私を助けてくれたことを知らなかった。

解説 (1)asは「理由」を表して，「～なので」の意味。ふつうは文頭に置く。　(2)直訳すれば「君がこのことを後悔する前に時間は長くはないだろう」となる。　(3)come inとgo outを対比している。　(4)whether or not ～「～か否か」，＜save + O + money＞「Oのお金を節約する」，**depend on ～**「～による／～に依拠する／～に依存する」(5)itは形式主語であり，that以下が真主語。wearing very strong wingsはa manを修飾する現在分詞の形容詞的用法。　(6)**so that ～**「～するために，～できるように」ここではso that I would not be lateとなっているので，「遅刻しないように」という意味になる。　(7)knowの後に接続詞thatが省略されている。grandpaはgrandfatherのこと。祖父が私を「助けた」のは，彼らが「知らなかった」よりも前のことだから，過去よりも以前のことを表す大過去（＝過去完了）＜had + 過去分詞＞が用いられていることに注意。get back to ～「～に戻ってくる」

▶ *142*

(1) I hear (that) your brother lives in Germany.

(2) Once[When, If] you learn how to ride a bike[bicycle], you won't forget it.

(3) It was lucky that nobody [no one] was hurt[injured] in the accident.

(4) I didn't know at all (that) your mother had been ill [sick] in bed for two weeks.

(5) It was not until yesterday that I heard of his death.

(6) No sooner had he left[got [gotten] out of] the room than she began to speak ill of him [call him (bad) names / say bad things about him].

解説 (1)I hear (that) 〜＝They say (that) 〜＝It's [It is] said that 〜＝＜主語＋ is said to＋動詞の原形＞「〜と言われる，〜らしい，〜だそうだ」。「ドイツ」Germany（「ドイツの／ドイツ語／ドイツ人」はGerman）　(2)「（いったん）自転車の乗り方を学んだら」と考え，接続詞のonceを用いるのが望ましいが，whenやifとしてもよい。主語には一般の人々を表すyouを用いる。　(3)「その事故で誰もけがをしなかったのは」が主語だが，節になるので，形式主語Itに置きかえ，真主語をthat節にして文末に置く。「けがをする」は「傷つけられる」と考え，be hurt [injured] で表す。　(4)「病気で寝込んでいる」＜be ill [sick] in bed＞は，期間を表す語句があるので完了形にするが，主節が「知りませんでした」と過去形なので，現在完了ではなく過去完了＜had＋過去分詞＞

にする。「全く〜ない」not 〜 at all　(5)It was not until ... that 〜「…まで〜しなかった」，つまり，「…初めて〜した」となる。　(6)「…したとたん〜」は＜No sooner had ＋主語＋過去分詞＋than 〜＞で表す。本来は＜主語＋had no sooner ＋過去分詞＋than 〜＞だが，no sooner が文頭に出たために倒置される。通例，no sooner の後には過去完了＜had＋過去分詞＞，than の後には過去形が用いられることも押さえておく。「〜の悪口を言う」はspeak ill[badly, evil] of 〜 の他にcall 〜 (bad) names / say bad things about 〜がある。

21 仮定法

▶ *143*

(1) エ　　(2) ア　　(3) ウ

(4) イ　　(5) ウ　　(6) イ

解説 (1)「もし私が鳥ならば，あなたのところに飛んでいけるのに」⇒現在の事実に反する仮定なので，仮定法過去にし，be動詞はwereを用いる。　(2)「もっと早く起きていれば，日の出が見られるのに」　(3)「彼は大人ですが，まるで赤ちゃんのように泣きます」　(4)「もし彼女が病気でなかったら，遠足に行けるのに」　(5)「もっと学校の近くに住んでいたらよかったのに」　(6)「子供たちはもう寝る時間です」

┌─────────────┐
　仮定法
└─────────────┘
◇現在の事実と反対のことを仮定したり，実現するのが難しい現在の願望を述べるときに用いる。
＜If＋主語＋過去形 ...，主語' ＋ would [could / should / might]＋原形 ...＞
「もし〜なら，…であろうに［できるのに／すべきなのに／かもしれないのに］」

◇仮定法を含む表現
＜I wish ＋主語′＋過去形 ... ＞
「～であればよいのに」
＜as if ＋主語′＋過去形 ... ＞
「まるで～であるかのように」
＜it is (high / about) time ＋主語＋
過去形 ... ＞
「～してよいころだ，～する時間だ」
If it were not for ～ = But for ～
= Without ～「～がなかったら」

▶ **144**

(1) **were, would**
(2) **had, could**
(3) **did, have, would**
(4) **wish, I, could**
(5) **had, could, buy**
(6) **knew, could, call**

解説 (1)「あなたは怠惰なので，私は雇わない」
⇒「あなたが勤勉ならば雇うのに」と考え，
現在の事実に反する仮定を述べる仮定法過
去を用いる。 (2)「眼鏡を持っていないので，
その本が読めない」⇒「もし眼鏡を持ってい
れば，その本が読めるのに」と考える。
(3)「私は風邪をひいているので，あなた（た
ち）と一緒に行きません」⇒「もし私が風邪
をひいていなければ，あなた（たち）と一緒
に行くのになあ」仮定法過去の文にする。
(4)＜I'm sorry ＋現在の事実＞⇒＜I
wish ＋仮定法過去＞に書きかえられる。
「残念ながら，私はトムほど上手にピアノが
弾けません」⇒「トムと同じくらい上手にピ
アノが弾けたらなあ」 (5)「私は十分なお金
を持っていないので，この車は買えない」⇒
「もし私が十分なお金を持っていれば，この
車を買えるのに」 (6)「私は彼女の電話番号
を知らないので，彼女に電話できない」⇒

「もし彼女の電話番号を知っていたら，彼女
に電話できるのに」

▶ **145**

(1) **had**
(2) **as, if, it, were**
(3) **were**
(4) **were, would, wait**
(5) **had**
(6) **were**
(7) **had, would, help**
(8) **had[got]**

解説 (1)nowに惑わされず，現在の事実に反
する願望を表しているので仮定法過去を用い
る。 (2)⇒「まるでそれが彼の母国語であ
るかのように」と考える。仮定法過去では，
通例 be 動詞は人称に関係なく were を用い
る。 (3)＜It is (high / about) time ＋
仮定法過去＞「～してよいころだ，～する時
間だ」 (4)主語I でも be 動詞は一般に were
を用いる。 (5)＜I wish ＋主語′＋過去形
... ＞の形にする。 (6)＜as if ＋主語′＋過
去形 ... ＞の形にする。 (7)現実は「時間が
ないから，あなたの仕事を手伝えない」とい
うこと。 (8)「髪を切る」have[get] a
haircut

▶ **146**

(1) もし水がなければ，いかなる生物も存
在することはできないだろう。
(2) もっと上手に英語が話せればなあ[話
せたらいいのに]。
(3) 彼はまるでアメリカ人であるかのよう
に英語を話します。

解説 (1)If it were not for ～「～がなかった
ら」 (2)＜I wish ＋主語′＋過去形 ... ＞「～

であればよいのに」 (3)＜as if＋主語′＋過
去形 ...＞「まるで〜であるかのように」

▶**147**
(1) **If I were you, I wouldn't do such a thing.**
(2) **He talks as if he knew everything.**
(3) **I wish it would stop raining before[by] tomorrow morning.**

解説 (1)仮定法過去の文にする。「そんなこと」such a thing (2)as if 〜を用いた仮定法過去の文にする。「何でも」everything (3)天候についてなので，主語′にはitを用いて，I wish 〜を用いた仮定法過去の文にする。「雨がやむ」stop raining

22 前置詞

▶**148**
(1) ア   (2) ウ   (3) イ
(4) イ   (5) ウ   (6) イ
(7) ウ   (8) イ   (9) エ
(10) ア   (11) ウ

解説 (1)「朝に／午前中に」はin the morningと言うが，特定の日時を言う場合にはonを用いる。 (2)「2時間“で”帰宅する」だから，「〜(時間)で」in 〜を用いる。 (3)「3時“までに”この仕事を終える」だから，「〜までに」byを用いる。till[until]「〜まで」と混同しないように。 (4)succeed in 〜「〜に成功する」，arrive at[in] 〜 = get to 〜 = reach 〜「〜に到着する」⇒前置詞がないのでreachを使う。 (5)hear of 〜「〜のうわさを聞く，〜のことを聞き知る」，hear from 〜は「〜から便りがある」という

意味。 (6)hand in 〜「〜を手渡しする，〜を提出する」 (7)at once「すぐに」(= immediately) (8)その後に名詞(句)が続いているので前置詞を選ぶ。duringは「(特定の期間)〜の間」。「(不特定の期間)〜の間」はforを用いる。また，while「〜する間」は接続詞なので，その後には＜S′＋V′＞が続く。 (9)＜spend＋(費用)＋on 〜＞「〜に(費用)をかける」 (10)forは「交換」の意味を表す。 (11)withは＜with＋名詞＋形容詞[分詞／副詞(句)]＞の形で「付帯状況」を表し，「名詞が…して(いる)，…しながら，…したまま(の)」という意味になる。

▶**149**
(1) **by**   (2) **for**   (3) **to**
(4) **between**   (5) **with**

解説 (1)「コロンブスは西に航海することによって，ヨーロッパからインドに行くことが可能だろうと考えました」 (2)「ヨーロッパ(出身)の船乗りたちは主として絹と宝石を求めてインドに行きました」 (3)「インドは西へ遠く離れた国です」 (4)「コロンブスは，1つの大陸と2つの海が彼とインドの間にあることを知りませんでした」 (5)「1492年，コロンブスは3艘の小船と100名足らずの乗組員とともにスペインを出発しました」

▶**150**
(1) **in, on, of**
(2) **between**   (3) **with, on**
(4) **To**   (5) **for**   (6) **on**
(7) **on**   (8) **with**   (9) **to**

解説 (1)「場所」のin，「日付」のon，「9月の1日に」と考えてof を用いる。 (2)「2人の大きな女性の間に」と考える。 (3)不定詞の形容詞的用法はその後に前置詞を伴う場合があ

る。　⇒write with a pencil, write on paperから考える。　(4)<to one's + 感情を表す名詞>「…が～したことには」　(5)So much for today.「今日はこれまで」　(6)on account of ～「～の理由で」　(7)on average「平均して」　(8)「付帯状況」のwith「靴を履いたまま」。　(9)<happen to + 名詞>「(人・物に)起こる」

▶ *151*

(1) **plan, for**　(2) **share, with**
(3) **different, from**　(4) **by, himself**
(5) **from, abroad**
(6) **On, my[the]**
(7) **absent, from**　(8) **Finally**
(9) **spite, of**　(10) **followed**
(11) **because**　(12) **without**
(13) **broke**　(14) **At, the, age**
(15) **During, my**　(16) **thought**
(17) **different, from**　(18) **flew**
(19) **All, for**　(20) **other, with**

解説 (1)yourの後には名詞が来るので，「あなたは夏休み中に何をする予定ですか」⇒「あなたの夏休みの計画は何ですか」と考える。「～の計画」a plan for ～　(2)⇒「私はタローとこの部屋を共有している」と考える。　(3)「同じではない」⇒「～と異なっている」be different from ～　(4)alone = by *oneself*「1人で」　(5)foreigner「外国人」=「外国から[出身]の人」と考える。　(6)「～に行っているときに」⇒「～に行く途中で」on one's[the] way to ～　(7)「～に行かない」⇒「～を欠席する」be absent from ～と考える。　(8)at last = finally「ついに」　(9)接続詞のthoughは，同じ接続詞のbutに書きかえられる他に，前置詞のin spite of ～「～にも関わらず」にも書きかえられる。　(10)go after ～「～のあとを追

いかける」= follow ～　(11)ふつうなら Because Tom drives carefully, he has never had an accident.と，so 接⇔because 接の書きかえをするが，so / because 接⇔because of ～ 前「～のために，～が原因で」にも書きかえられる。　(12)「すべての動物は生きるために空気と水が必要だ」という文を「どの動物も空気と水なしでは生きられない」という文に書きかえる。without ～「～なしで」　(13)break out「勃発する」　(14)at the age of ～「～歳のときに」　(15)while 接⇔during 前　(16)say to *oneself*「独り言を言う」⇒think「思う」　(17)A is one thing and B is another.「AとBは別物だ」⇒「知っていることは実行することとは全く異なる」　(18)go to ～ by plane = fly to ～「～へ飛行機で行く」　(19)「何人かが反対した」⇒「すべてが賛成したとは限らない」部分否定。against「～に反対して」⇔for「～に賛成して」　(20)道路の左右を考えた場合，片方がthis sideなら反対側はthe otherとなる。また，副詞 =<with + 名詞>となるものがあり，carefully = with care, easily = with ease, joyfully = with joyなどがある。

┌─── <接続詞と前置詞の違い> ───┐
(1)　接続詞：後ろに<主語 + 動詞>を伴って「節」になる。
　　<主語 + 動詞 ～ + 接続詞 + 主語' + 動詞' …>
(2)　前置詞：後ろに名詞(句)を伴って「句」になる。
　　<主語 + 動詞 ～ + 前置詞 + 名詞(句).>
└──────────────────┘

▶ *152*

(1) **ウ**　(2) **ア**

解説 (1)ウ with ease「容易に」が正しい。ア by my watch「私の時計では」<基準>の

by「〜によって，〜に従って」。 イ
＜catch ＋（人）＋ by the arm ＞「腕をつか
む」by は動作の対象となる身体の一部を示し
て「〜を」の意味。by *one's* arm とならない
ことに注意。エ by name「名前は」＜関係＞
の by「〜について，〜は，〜の点では」。
オ by the day「日給で」＜単位＞の by「〜ぎ
めで，〜単位で」。 (2)イ＜buy ＋（物）＋ for
＋（人）＞ ウ＜目的＞の for「〜を求めて，〜
の目的で」。エ＜交換・代償＞の for。⇒お
金と物の交換を表すときには for を用いる。
オ＜用途・意図＞の for「〜に適する，〜向
きの，〜するために［の］」。

▶**153**

(1) **look, after**　(2) **in**
(3) **By, free**　(4) **took, part, in**
(5) **never, proud, of**
(6) **because**　(7) **At, first**
(8) **with**　(9) **in, front**
(10) **from**　(11) **just, in, time**
(12) **like**　(13) **on**

解説 (1)「〜の面倒を見る」look after 〜 ＝
take care of 〜　(2)「3年ぶりに」⇒「3年の中
で初めて」と考える。　(3)「ところで」by the
way　(4)「〜に参加する」take part in 〜 ＝
participate in 〜　(5)「〜を誇りに思う」be
proud of 〜 ＝ take pride in 〜　(6)「強風
で」⇒「強風のために［せいで］」「〜のために
［せいで］」because of 〜　(7)「最初」at
first　(8)「A を B で満たす」fill A with B
(9)「〜の前に」in front of 〜　(10)「A を B と区
別する［見分ける］」tell A from B　(11)「〜に
間に合う」be in time for 〜　(12)「〜と似て
いる，〜のようだ［に見える］」＜look like ＋
名詞＞，＜look ＋形容詞＞と区別しよう。
(13)「休暇で」on vacation

▶**154**

(1) I am looking forward to hearing from you.
(2) I met a friend of mine on my way home.
(3) He was in danger of losing his house *because of fire*.
(4) I was taking good care of the flowers while *you were abroad*.
(5) I am going to leave London for Sydney on March 1.
(6) *This month is* thought to be the most dangerous period with rainy weather continuing in *this area*.
(7) I have waited for you for a long time.
(8) *I couldn't go to the airport* to see her off because of a sudden illness.
(9) His novel was translated into many languages.

解説 (1)「〜を楽しみにして待つ」look
forward to 〜（この to は前置詞）と「〜から
便りがある」hear from 〜 を合わせる。
(2)「帰り道で」＝「帰宅途中に」on *one's*
way home　(3)「〜する危険にある」be in
danger of -ing　(5)「B に向けて A を出発す
る」leave A for B，on March 1 は文頭で
もよい。　(6)**with** は付帯状況を表す用法で，
＜with ＋ O' ＋現在分詞＞で「O' が〜して」
という意味になる。"O' が〜している"とい
う関係が成り立つ場合は現在分詞を，"O' が
〜される"という関係が成り立つ場合は過去
分詞を用いる。　(7)「〜を待つ」wait for 〜，
「長い間」for a long time　(8)「〜を見送る」

see〜off　(9)「AをBに翻訳する」translate A into Bの受動態で＜by＋行為者＞が省略されている。

▶155

(1) **The other day I read a book about *Yakushima Island*.**

(2) **Can you walk straight with your eyes closed?**

(3) **Would[Will / Could / Can] you take care of[look after] my baby next Sunday?**

(4) **Students don't[do not] read many books these days because of television[TV] and comics.**

解説 (1)「先日」the other day,「〜についての」about 〜　(2)「付帯状況」のwithで,＜with＋名詞＋形容詞[分詞・副詞(句)]＞の形で表す。　(3)「〜してくれませんか」Would[Will / Could / Can] you 〜 ?　(4)these daysは文頭でもよい。

23 間接疑問文

▶156

(1) ウ　　　(2) イ　　　(3) エ

解説 (1)「どのようにして英語になったのか」だから, もともとはHow did it become English?だが, 目的語として続けるには肯定文の語順に変える。　(2)「ナンシーが今, 何を読んでいるのか」(3)「彼がどこに行ったのか」

＜間接疑問文＞
他動詞の後ろの目的語(名詞節)として

疑問詞の文を伴ったものを間接疑問文と言う。間接疑問文には次の2パターンがある。

(1) ＜疑問詞＋疑問文〜？＞を続ける場合
⇒疑問文を肯定文の語順に変える。

[例] Please tell me. + Where does he live?
⇒Please tell me where he lives.
Do you know? + When will he come here?
⇒Do you know when he will come here?

(2) ＜疑問詞＋動詞〜？＞(疑問詞が主語になる文)を続ける場合⇒語順はそのまま。

[例] Do you know? + What is in the box?
⇒Do you know what is in the box?
Ask him. + Who teaches you music?
⇒Ask him who teaches you music.

※主節の動詞がthink「思う」やbelieve「信じる」の場合はYes / Noで答えられない疑問文になるので, 疑問詞を文頭に出す。

[例] Do you know? + Why did she go there?
⇒Do you know why she went there?
Do you think? + Why did she go there?
⇒Why do you think she went there?

▶157

(1) **how, many**　(2) **size, of**
(3) **when, where**　(4) **when, built**

(5) **asked, when, we, would**
(6) **her, came**　(7) **belonged, to**
(8) **how, I**　(9) **I, should**
(10) **what, made**　(11) **any, ideas**
(12) **far, it, is**

解説 (1)heの前には，関係代名詞which
[that]が省略されている。「彼が持っていた
本の数」⇒「彼が何冊の本を持っていたのか」
How many books did he have? と考え
る。　(2)how large ～ is「～がどれくらい
大きいか」という間接疑問。これをthe size
of ～「～の大きさ」に書きかえる。　(3)「彼
の誕生パーティーの時間と場所」⇒「彼が誕
生パーティーをいつ，どこで開くのか」
When and where will he have his
birthday party?　(4)「この学校が何歳なの
か」⇒「この学校がいつ建てられたのか」
When was this school built?　(5)<直接
話法>で"疑問詞の文"⇒ <間接話法>で
say to ～ を ask ～ に変えて，<疑問詞＋S'
＋V'>という間接疑問を続ければよい。時
制の一致でwouldにすること。　(6)引用符
の中のyourは実際には彼女であるからher
になる。また，askedと時制を一致させて
cameにする。　(7)「これは誰の本であるか」
⇒「この本は誰に属するか」と考え，belong
to ～ を用いる。時制の一致により過去形に
する。　(8)「次の週末の計画」⇒「次の週末に
どう過ごすべきか」How should I spend
next weekend?　(9)<疑問詞＋不定詞> ＝
<疑問詞＋主語＋should＋動詞の原形>
(10)「なぜ彼がそんなことをしたのか」⇒「何が
彼にそんなことをさせたのか」What made
him do such a thing? 疑問詞が主語なの
でそのままの語順で続ける。　(11)上の文は
「パーティーに持っていくプレゼントは何が
良いと思いますか」というwhatが文頭に出
た間接疑問。これを「…に関する何か(良い)
考えがありますか」Do you have any idea

for ...? とする。　(12)「空港からホテルまでの
距離」⇒「空港からホテルまでどのくらい遠
いか」How far is it from the airport to
the hotel?

▶**158**
(1) **to, know, why, she, bought**
(2) **it, will, stop, raining**
(3) **what, become, of**
(4) **tell, what**
(5) **Where, do, you, think**
(6) **if[whether], he, will, help**

解説　(1)「～したい」はwant to ～ で表す。
また，「なぜ～したのか」は間接疑問<why
＋S'＋V'>で表す。　(2)「いつ雨がやむの
か」はwhenを用いた間接疑問と考える。
「雨がやむ」のは未来のことだから，<stop
-ing>「～するのをやめる」を未来形で表
す。ここは，when ～ は時を表す名詞節
(wonderの目的語)だから，現在形で代用
しない。　(3)「～はどうなったか」はwhat
has become of ～ を用いるが，この場合
のwhat hasは短縮形what'sで出題される
こともある。　(4)「明日のことなんか」⇒「明
日何が起こるか」と考える。　(5)do you
thinkはYes / Noでは答えられないので，
疑問詞を文頭に出す。　(6)if[whether]で
始まる節が名詞節の場合には，他動詞の目的
語になることができるので，間接疑問文にな
る。ただし，この場合はif節中の未来形を現
在形で代用する必要はないことに注意。

▶**159**
(1) **Do you know where they
are from?**
(2) **Which way do you think
she went?**

(3) **How long do you think it'll take to get to the station?**

(4) **Do you know how many temples there are in Kyoto?**

(5) **I don't know what made her so happy.** [why が不要]

(6) **Can you show me where we are** *on this map*?

(7) **Where do you think I am going** on **a trip?**

(8) **I don't think anyone knows where she lives.**

(9) *No one* **knows what the world will be like** *in 20 years*.

(10) *As I* **have never met him, I cannot tell what** he **is like.**

(11) **The king asked the farmer how many** sheep **he had.**

(12) *Let's go outside* **to see how the world looks** *in the spring*.

(13) **My mother always buys a lot of things** without **thinking about** how **she will use them.**

(14) **Which do you think is more popular, baseball or soccer?** [than が不要]

(15) **No one told me what I should** *do*.

(16) **Who do you think has sent this parcel?**

解説 (1)Do you know? + Where are they from？ (2)「彼女はどちらの道を行った」Which way did she go? が間接疑問 which way she went となり，**do you think** は Yes / No で答えられない疑問文なので，疑問詞 **which way** が文頭に出る。 (3)(2)と同様に疑問詞を文頭に出す間接疑問。「〜す

るのに…（時間）がかかる」は it takes … to 〜で表す。 (4)Do you know? + How many temples are there in Kyoto? (5)I don't know. + What made her so happy? (6)「（この地図上で）私たちがどこにいるのか教えていただけますか」と考える。 (7)Do you **think**? + Where am I going on a trip?⇒疑問詞 where は文頭に出す。 (8)「誰も彼女がどこに住んでいるか知らないと思います」I don't think の後に接続詞 that が省略された文。where she lives という間接疑問を anyone knows の目的語にする。 (9)No one 〜「（単数扱いで）誰も〜ない」What is 〜 like?「〜はどんな様子か」だが，間接疑問なので，語順に注意する。また，未来の文なので will が入る。 (10)I cannot tell. + What is he like?⇒「どんな人か」は「彼がどんな感じか」と考える。 (11)The king asked the farmer. + How many sheep did he have? (12)「見に行く」は「見るために行く」と考え，不定詞の副詞的用法を用いる。「〜がどんなふうか」は＜look + 形容詞＞「〜のように見える」で表し，形容詞をたずねる疑問詞 how で始まる間接疑問にする。 (13)without -ing「〜せずに」を表す。「使い道」は疑問詞 how「どのようにして」を用いて，「どのようにそれらを使うか」という間接疑問で表す。 (14)Do you **think**? + Which is more popular, baseball or soccer?⇒疑問詞 which は文頭に出す。 (15)No one told me. + What should I do? (16)Do you **think**? + Who has sent this parcel? ⇒疑問詞 who は文頭に出す。

▶**160**

(1) 世界中の人々は誰がノーベルのお金をもらうのだろうかと思った。

(2) あなたはおそらくファースト・フードが何であるか知っているでしょう。そ

れはあなたが食べ物の店に入るとすぐ
に出来上がる食べ物です。

(3) 時間がゆっくりと過ぎるか早く過ぎる
かは，そのときの精神状態による。

解説 (1)wonder「～かどうか（知りたい）と思う／～かしらと思う」 (2)eating place「食べ物の店」 -ing には「～している…」という進行的な意味の他に「～用の…／～するための…」という能動的な意味がある。（例：a sewing machine：裁縫用の機械⇒ミシン，a swimming pool：プール） (3)Whether ～ quickly までが＜**whether A or B**＞「A か B か（どうか）」の形で，主語。**depend on[upon]** ～「～による」が動詞。**what state**「どの状態」という意味で，what state your mind is in「あなたの心がどの状態にあるか」という間接疑問になっている。

▶**161**

(1) **I don't know where I
should buy the[a] ticket. / I
don't know where to buy the
[a] ticket.**

(2) **How many medals do you
think Japan can get[will win]?**

(3) **"Do you know how many
people will come to Mary's
birthday party?"**

**"I hear (that) more than
twenty will come."**

(4) **Nobody[No one] knows why
she didn't take this English
test.**

(5) **I was asked by my father
[Father] what I wanted to be
[become] in the future.**

(6) **Few people know how hard**

he studies.

(7) **I don't know at all where
he is or[and] what (kind of)
work he is doing.**

解説 (1)「どこで～すればよいのか」は＜where S' should ＋原形＞という間接疑問，または＜where to ＋原形＞という不定詞で表す。 (2)「日本がいくつのメダルを取れるか」How many medals can Japan get[will Japan win]? を Do you think につなげて間接疑問にする。Do you think は Yes/No で答えられない疑問文なので，疑問詞 How many medals を文頭に出すのを忘れずに。 (3)Do you know? ＋ How many people will come to Mary's birthday party?「～らしい」I hear (that) ～ . (4)Nobody[No one] knows. ＋ Why didn't she take this English test? ⇒否定疑問文「～しないか」 (5)I was asked by my father[Father]. ＋ What did I want to be[become] in the future? 時制の一致に注意。 (6)「知っている人はほとんどいない」と考えて few を用いる。 (7)「全然～ない」は not ～ at all で表す。I don't know at all. ＋ Where is he? ＋ What (kind of) work is he doing? 主節で not を使っているので，接続詞には or を用いて，全体否定「どちらも～ない」にしたほうがよい。

24 重要な表現

▶**162**

(1) ア	(2) イ，エ	(3) ア，ウ
(4) ウ	(5) イ	(6) イ
(7) ア		

解説 (1)There is something wrong with ～ . ＝ Something is wrong with ～ .「～の調子が悪い」 (2)knows と 3 人称

単数現在形になっていることから判断する。ア・ウ・オの場合はknowになる。 (3)areを用いていることから，オを消去。anyを肯定文で用いると「何でも」という意味になるので文意が取れない。また，There be ～の文の主語に特定のものは使えないので，エが消える（⇒My oranges are in the basket.とする）。noの後には単数・複数いずれも用いられる。 (6)文の流れから，In fact「実際」が入る。Otherwise「そうでなければ」は，前の文で述べた内容に反する仮定を述べる場合に用いる。 (7)「彼は注意深いので，ほとんど間違いをしない」⇒「ほとんど～ない」<few＋複数名詞>または<little＋不可算名詞>

＜物質名詞（不可算名詞）の数え方＞

coffeeやpaper，breadなどは不可算名詞なので複数形にすることができないが，数える必要がある場合は(a) ...(s) of ～の形にして，入れ物や単位で数える。two以上の場合にはその語自体を複数形にするのではなく，入れ物・単位を複数形にする。

[例]　a cup of tea「1杯の紅茶」
　　　two cups of tea「2杯の紅茶」
　　　some cups of tea「何杯かの紅茶」
　　　many cups of tea「何杯もの紅茶」

(1) coffee, tea など熱い液体⇒cup「杯」で数える。

(2) water, juice など冷たい液体⇒glass「杯」で数える。

(3) cake, bread, meat, paperなど⇒piece「片，切れ」で数える。

(4) paper, glass「ガラス板」など⇒sheet「枚」で数える。

(5) shoes, gloves「手袋」，glasses「めがね」，trousers「ズボン」，jeansなど⇒pair「組」で数える。

(6) sugar, salt, teaなど⇒pound「ポンド」などの単位で数える。

▶ **163**

(1) ア　　　　(2) ウ

解説 (1)How do you like ～？「～はどうですか」(相手の感想を聞く) ア「良いと思います」 イ「はい，好きです」 ウ「いいえ，好きではありません」 エ「私はそう思います」 (2)ア「はっきりとわかりません」 イ「さあ，着いたぞ」「ほら，ここにあるよ」(＝Here it is. / Here they are.) ウ「いいですよ」 エ「はい，そうです」

＜Here＋主語＋be動詞. の表現＞

・Here I am.「さあ，着いた」「ただいま (帰りました)」
・Here we are.「さあ，着いたよ」
・Here you are.「はい，どうぞ」
　⇒相手が求めているものを差し出す。
・Here it is.「ほらここにあるよ」
　⇒相手に物を指し示したり，手渡す。
・Here they are.「はい，どうぞ」
※他に覚えておきたい表現
・Here we go.
　①「さあ，やるぞ」
　②「ああ，まただ」＝Here we go again.
・Here goes.「さあ始めるよ」「それ行くぞ」
・Here comes ～ .「さあ，～が来たぞ」

▶ **164**

(1) イ　　　　(2) ア　　　　(3) ア

解説 (1)ア「あなたはどれくらいそれにかかっているのですか」 イ「どうしたの？」 ウ「あなたはどこでそれにかかりましたか」 エ「なぜ恐れているのですか」 (2)ア「来ませんか」 イ「そこに行きましょう」 ウ「あなたは何をするつもりですか」 エ「そこに行ってもいいですか」Why don't you ～？＝Will you ～？「～しませんか」，Why don't we ～？ ＝

Shall we ~ ?「～しましょう」　(3)ア「なんと
残念な！」　イ「どういたしまして」　ウ「いい
案だね」　エ「はい，そうです」

▶**165**

(1) キ	(2) オ	(3) ア
(4) カ	(5) ク	(6) イ
(7) ウ	(8) エ	

解説 ことわざなので暗記しておこう。
(1)「ローマは1日にして成らず」　(2)「すべて
の道はローマに通ず」　(3)「学問に王道なし」
(4)「三つ子の魂百までも」直訳すると「その子
供はその大人の父です」。　(5)「正直は最良
の方策」　(6)「まさかの友は真の友」a friend
in needはa friend who helps you in
needという意味。　(7)「鉄は熱いうちに打
て」　(8)「便りのないのは良い便り」

▶**166**

(1) **Some, others**

(2) **Not, all**

(3) **Nothing**

(4) **hardly[scarcely], when
[before]**

(5) **does, always**

(6) **Almost, everyone**

(7) **wrong**

(8) **It, hasn't**

(9) **wrong, with**

(10) **Over, go**

(11) **soon**

(12) **Neither, nor**

(13) **What, like**

(14) **make, distinction**

(15) **don't[never], without**

解説 (1)「みんながあなたに賛成するというわ
けではない」という部分否定なので，「…する
者もいれば，～する者もいる」＜Some ...,
others ～＞を用いて書きかえる。
(2)Some ..., others ～「…する者もいれば，
～する者もいる」「その本に興味がある人も
いれば，そうでない人もいた」⇒「彼らの全員
がその本に興味があるわけではなかった」と
考え，not all ～「すべてが～というわけで
はない」という部分否定を用いる。　(3)not
+ anything = nothingを用い，それが受動
態になった文。　(4)＜hardly[scarcely]
... when[before] ～＞「…するとすぐに
～」　hardly[scarcely]を含む節が過去完
了，when[before] ～の節が過去時制であ
ることに注意。　(5)「彼はたいてい英語を完
璧に話すが，彼でさえ時には間違いを犯す」
⇒「彼でさえ必ずしも英語を完璧に話すとは
限らない」と考え，not always ～「必ずし
も～とは限らない」＜部分否定＞を用いる。
(6)「2，3人の会員が欠席した」⇒「ほとんどす
べての人が出席した」とする。動詞がwasに
なっていることにも注意。(7)いずれも「どう
したの？」という意味。　(8)主語に天候のit
を用いた現在完了の文にするが，no rainな
ので否定文にする。　(10)more than ～ ＝
over ～「～を超える／～以上」　(11)before
long ＝ soon「まもなく」　(12)so was his
grandmotherは「彼の祖母もそうでした」
という意味。⇒「トムも彼の祖母も良い健康
状態ではありませんでした」neither A
nor B「AもBもどちらも～ない」動詞はふ
つう，Bに合わせることにも注意。　(13)「ロ
ンドンの天候はいかがですか」　(14)make a
distinction between A and B「AとB
を区別する」　(15)「私はあなたを見ると，い
つも祖母のことを思い出します」⇒「私は祖
母のことを思い出さずにあなたを見ることは
ない」と考える。

▶*167*

(1) **way**   (2) **for**

(3) **come**   (4) **say**

(5) **while**   (6) **take**

(7) **for**   (8) **by**

解説 (1)①「方法」「これが彼女がテストに合格した方法です」 ②「道・方向」「こちらへどうぞ」 ③in a way「ある点では，ある意味では，いくぶんか」「それらはある意味では同類です」 (2)①「私はたいてい朝食にパンと牛乳をとります」 ②「私は長い間北海道に行きたいと思っている」 (3)①come true「実現する」 ②come across「偶然出会う」 (4)①Please say hello to ～.「～によろしく伝えてください」 ②say to *oneself*「独り言を言う，心の中で思う」 (5)①after a while「しばらくして」 ②while 接「～する間」 (6)①take after ～「～に似ている」 ②take off「離陸する」 (7)①for「～の割には」 ②stand for ～「(記号・頭文字などが)～の意味を表す，～を象徴する」 (8)①learn ～ by heart「～を暗記する」 ②by ～「(程度を表して)～だけ」

▶*168*

(1) **Here**   (2) **not, at, all**

(3) **Neither, of**   (4) **Few, on**

(5) **no, longer**   (6) **After, while**

(7) **Here, are**   (8) **help, yourself**

(9) **make, yourself, at, home**

(10) **say, hello, to**

解説 (1)Here comes ～.「さあ～が来たぞ」 (2)not ～ at all「少しも～ない」 (3)「(2者のうち)どちらの～も…ない」はneither of ～で表す。これが主語になる場合，動詞は単数で受けること。 (4)few「ほとんど～ない」は数えられる名詞の前に置く。特定の日時を表す場合にはonを用いる。 (5)「もはや～ではない，もう～しない」no longer ～ = not ～ any longer (6)「しばらくして」after a while (7)相手にものを手渡すとき：Here you are. [Here it is. / Here they are.] (8)「～を自由に取る」help *oneself* to ～ (9)「気楽にする」make *oneself* at home (10)「～に(…のことを)よろしく伝える」say hello to ～ (for ...)

▶*169*

(1) **Why don't we have a short break here?** [let's が不要]

(2) **There are hundreds of books in his room.**

(3) **I go to the library every third day.**

(4) **How long does it take to walk to the museum?**

(5) **I've made up my mind to go to America.**

(6) **She paid no attention to her father's advice.**

解説 (1)Let's ～.「～しましょう」= Shall we ～? = Why don't we ～? let's が不要。 (2)「何百冊も」⇒「何百もの」hundreds of ～ なお，「何千もの」はthousands of ～と言う。 (3)「2日おきに」→「3番目の日毎に」と考え，every third day とする。every third ～ で「～の3回に1回の割合で」という意味になる。 (4)「～するのにどのくらい時間がかかりますか」How long does it take to ～? (5)「～すると決心する」make up *one's* mind to ～ (6)「～に耳をかす」⇒「～に注意を払う」pay attention to ～

▶*170*

(1) ある者は，自らのなしたことで世に名を残し，またある者は，自らが考え，口にしたことで人々の記憶にとどまる。

(2) 貧しい人々の中には，悲惨な背景のために社会的な出世へのはしごを登れない人もいるということを，多くのアメリカ人はほとんど知らない。

(3) その時計が見つかりさえすれば，誰が見つけるかはほとんど問題ではない。

解説 (1)some 〜 , others ...「〜する者もいれば，…する者もいる」things の後に関係代名詞which[that]が省略されている。 (2)ここのitは形式目的語のit。= to climb the social ladder「出世のはしごを登る」，for 〜は不定詞の意味上の主語。直訳すると「多くのアメリカ人は，貧しい人々の何人かが社会的なはしごを登ることを不可能にする悲惨な背景について，ほとんど知りません」となる。 (3)as long as 〜「〜するかぎりでは／〜しさえすれば」，little「ほとんど〜ない」

▶*171*

(1) The bus was so crowded that I couldn't[could not] get a seat. / The bus was too crowded for me to get a seat.

(2) We have heard nothing from him since he left home[his house] last month. / We have not heard anything from him since he left home[his house] last month.

(3) I have a friend who[that] speaks English very well though[although] he[she] has never studied abroad. No one [Nobody] knows how he[she] learned it.

(4) Sorry to say, I've[I have] never seen her smile.

(5) I must[have to] learn these sentences by heart by tomorrow.

解説 (1)「とても…なので〜できない」<so ... that + 主語 + can't 〜 . > = too ... (for__) to 〜 (2)⇒「先月彼が家を出て以来，私たちには彼から全く便りがありません」と考える。「消息不明だ」⇒「〜から便りが全くない」hear nothing from 〜 ふつうに否定文にしてもよいが，nothingを用いたほうが「消息不明」という意味をよく表せる。 (3)I have a friend. + He[She] speaks English very well. + Though[Although] he[she] has never studied abroad. / No one [Nobody] knows. + How did he[she] learn it?「〜したこともないのに」⇒「〜したことがないけれども」と考える。(4)「残念ながら，…」Sorry to say, ...,「彼女がほほえむのを見る」see her smile(動詞の原形)，または「彼女の微笑を見る」と考えて，see her smile(名)と考えてもよい。(5)期限を表して「〜までに」はby 〜で表す。

第**3**回	**実力テスト**

1

ウ，エ，キ

解説 ア[u] - [u:] イ[ɔ(:)] - [ou] ウ共に[ʌ] エ共に[i] オ[ei] - [e] カ[i] - [i:] キ共に[au] ク[ei] - [æ] ケ[t] - [d]

2

イ, エ, オ

解説 ア共に[hóul] イ[bɔ́:l] – [bóul] ウ共に[síːn] エ[dáun] – [dɔ́ːn]「夜明け」 オ[fɔ́ːl] – [fául]「不潔な, 下品な, ひどい, 反則の」

3

(1) ア (2) ア (3) イ

(4) エ (5) エ (6) イ

(7) エ (8) エ

解説 (1)the firstが先行詞に含まれているので関係代名詞はthatを選ぶ。 (2)that gentlemanが先行詞 (人) で, その後ろに my sister (主語) が続いているので, 目的格を選ぶ。 (3)a friendが先行詞 (人) で, その後ろにsister (それだけでは主語になれない名詞) が続いているので, 所有格を選ぶ。 (4)「何でも好きなものを自由にお取りください」**help** *oneself* **to** 〜「〜を自由に取って食べる[飲む]」しばしばto以下を省略する。 (5)ふつう「(道具) で, 〜を使って」はwith 〜 で表すが, 「インクで」の場合にはinを用いる。 (6)普通「〜も」は", too"で表すが, 否定文の場合には", either"を用いる。ここのoneはdressの代名詞。 (7)「少し暗すぎる」のだから, 「明かりをつけてください」, つまり, turn onとする。turn off「(明かりなどを) 消す」 (8)<**as if**＋主語′＋過去形>「まるで〜であるかのように」

4

(1) **the, best, have, ever, had**

(2) **whose, tail, is**

(3) **who, painted**

(4) **he, wrote**

(5) **which, flowers, I, should**

(6) **were, could, visit, her**

解説 (1)⇒「私がした中で最も良い誕生パーティー」と考えればよい。<関係代名詞の書きかえパターン④> (2)<関係代名詞の書きかえパターン①> (3)「その絵の画家」⇒「その絵を誰が描いたか」と考える。間接疑問文。 (4)<関係代名詞の書きかえパターン②⇒③>を使って解けばよい。 (5)<疑問詞＋to 〜>＝<疑問詞＋主語′＋should 〜>と, shouldを用いて書きかえることができる。 (6)「私は今ニューヨークにいないので, 彼女を訪ねることはできない」⇒「もし私がニューヨークにいたら, 私は彼女を訪ねることができるだろうに」と考える。仮定法過去の文にする。

<関係代名詞の書きかえパターン>

①<**with** (＋a[an]) ＋形容詞＋名詞>
⇒<主格の関係代名詞＋have[has, had] (＋a[an]) ＋形容詞＋名詞>
⇒<所有格の関係代名詞＋名詞＋be＋形容詞>

②分詞の形容詞的用法
⇒<主格の関係代名詞＋be動詞＋分詞>
⇒<主格の関係代名詞＋be動詞＋過去分詞> (受動態)
⇒<目的格の関係代名詞＋主語＋動詞> (能動態)

④<主語＋have[has] **never** ＋過去分詞＋such (＋a[an]) ＋形容詞＋名詞>
⇒<This is the ＋最上級＋名詞(＋that) ＋主語＋have[has] **ever** ＋過去分詞>

5

(1) **wish, were**

(2) **all, for**

(3) **who, did, not, die, came, to**

(4) **from, on**

(5) **must, this, is**

(6) **who, broke**

(7) **Few, where, is**

解説 (1)「～であればよいのに」は＜I wish ＋主語′＋過去形 ...＞の形で表す。　(2)⇒「これが，私があなたのためにすることができるすべてのことです」と考える。Iの前には関係代名詞that（先行詞がallなのでthatしか使えない）が省略されている。また，All (that) I can do for you is (to) ～.「私があなたにできるのは～（すること）だけです」/ All (that) you have to do is (to) ～「あなたは～（し）さえすればよい」という表現も押さえておこう。　(3)「死ななかった多くのアイルランド人」を主格の関係代名詞を使って表す。「～にやって来る」come to ～　(4)「これから，今から」from now on　(5)She must ask me. + What is this?と考えればよい。(6)I don't know. + Who broke that window?と考えればよい。　(7)「ほとんど～ない」は few または little で表すが，studentsが可算名詞の複数形なのでfewを用いる。Where is Budapest? を間接疑問として付けるから，肯定文の語順になる。

6

(1) *I'm looking for* a person who makes me happy.

(2) **But for music, my life would be boring.**

(3) **Is that all you have in mind?**

(4) **Look at the mountain whose top is covered with snow.**

(5) **Tom couldn't understand why Jack looked so happy.**

(6) **You may not know how busy he is.**

(7) **I wonder what has become of him.**

解説 (1)「幸せにしてくれる」だからmakeが不足しているが，関係代名詞主格の後ろの動詞は先行詞を主語として考えなければならないので，ここでは3単現のsを付けるのを忘れないようにする。　(2)「（現在）～がなかったら」はBut for ～で表すことができる。ここではButが不足している。この文はIf it were not for music, ... またはWithout music, ... でも同じ意味を表せる。　(3)⇒「それが，あなたが考えている，すべてのことですか」と考え，Is that all? + You have it in mind. とすればよい。先行詞がallなので，関係代名詞thatが省略されている。　(4)Look at the mountain. + Its top is covered with snow. と考えればよい。(5)「なぜ～なのか」だからwhyが不足している。　(6)「どれほど」だからhowが不足している。　(7)become of ～「（what, whateverを主語にして）～はどうなるか，～に何が起こるか」

7

(1) それらの言葉を聞くのを遅らせることができる唯一の方法は，今エネルギー節約を始めることによってと，太陽のような他のエネルギー源を使うことによってである。

(2) その物語は，誰も今までに訪れたことのないとても古い時代の世界に私たちを連れて行きます。

(3) 飛行機が遅れない限り，彼はパーティーに間に合うでしょう。

(4) たとえ間違いをすることが時々あっても，決してあきらめてはなりません。

(5) あなたが一生かけて愛した女性, 一緒に育った女性, 5歳のときに結婚を約束した女性が死にました。

解説 (1)The only wayの後に目的格の関係代名詞thatが省略されているので, この文の主部はThe only way 〜 those wordsである。by -ing「〜することによって」, energy sources「エネルギー源」 (2)ageの後ろに関係代名詞which[that] が省略されており, no one has ever visited「誰も今までに訪れたことがない」がageを修飾している。 (3)unlessは「〜でない限り」という意味を表し, if ... notとほぼ同じ意味になるが, 正確には「〜する場合を除いて」という「例外の条件」を表す。 (4)even ifは「たとえ〜だとしても」という意味で, 仮定的な事柄を述べるときに用いる。 (5)それぞれoneはwomanの代名詞。The woman 〜 fiveが主部。whole life「一生」, grow up with 〜「〜と一緒に育つ」, promise to 〜「〜することを約束する」

8

(1) **How did you like the country (which[that]) you visited the other day?**

(2) **The watch (which[that]) my father bought (for) me was made in France.**

(3) **He says (that) he is going to [he will] leave for Canada at the end of this month.**

(4) **As soon as they heard the strange sound[noise], they went downstairs.**

(5) **If I were rich, I could buy anything.**

解説 (1)「どうでしたか」のように相手の感想をたずねる場合はHow did you like 〜？を用いる。 (2)「腕時計はフランス製だ」The watch was made in France. + 「父がその腕時計を私に買ってくれた」My father bought me the watch. / My father bought the watch for me. と考え, 目的格の関係代名詞which[that] (省略可) でつなげる。 (3)「彼は〜だと言っています」だからHe says (that) 〜 で書き始める。また, 「〜を出発する」leave 〜 と「〜に向けて出発する」leave for 〜 を使い分ける。「〜の終わりに」at the end of 〜 (4)「階下へ」downstairs (5)「もし〜なら…なのに」という現在の事実に反する仮定は仮定法過去で表す。

9

(1) ① 私は自宅から海に行くのに2時間以上も必要です。

④ 私たちのインストラクターは, 水中 [海中] はとても危険なので, 十分に注意するべきだと言いました。

(2) **to take**

(3) メキシコ出身の交換留学生のミゲルにハワイで偶然会ったから。(29字)

(4) 自分の国に帰る途中に立ち寄ったから。(18字)

解説 (1)①more than 〜「〜以上」 ④so ... thatに気をつけて訳す。 (2)decideの後なので, 不定詞の名詞的用法にする。 (3)Jimと共通の知人であるMiguelに別の場所(ハワイ)で偶然会ったので, 「なんて世界は狭いんだろう」と言っている。 (4)その後に, He said he was on his way back to his country. とあることから考える。

全訳

2019年8月25日

親愛なるジムへ

　どうしてる？　ニューヨークの夏は暑いかい？　きっともう何度も泳ぎに行ってるんだろうね。

　ぼくの家族とぼくは今年の夏，ハワイに行ったんだ。ホテルがあの有名なワイキキビーチにあったので，海に泳ぎに行くのがとても楽だったよ。知っての通り，東京じゃ家から海に行くのに2時間以上もかかるからね。だからどんなにぼくが幸せだったか想像できるだろ。父が島の反対側にぼくたちを連れて行ってくれたんだ。そこでは海中の美しい魚に出会ったよ。それから両親がぼくにホテルのスキューバダイビングのレッスンに参加したらどうかって言ったんだ。だからレッスンを受けることにしたんだ。レッスンの最初の日，プールに到着したのはぼくが2番目。誰が1番だったかわかるかい？　とても驚いたよ。ミゲルだったんだ。彼を覚えてる？メキシコ出身の交換留学生だった。なんて世界は狭いんだろうね！　彼は国に帰る途中だったんだって。

　ぼくたちのインストラクターは，水中はとても危険だから十分に注意しなくちゃいけないって言ったよ。何回かのレッスンの後で，海にダイビングをしに行ったんだ。とても美しかったよ。ダイビングを本当に楽しんだよ。

　写真を何枚か送るね。君からの便りを楽しみにしているよ。

君の友人
タナカ　ケンジ

〔発展的な内容〕

A 知覚動詞・使役動詞

▶**172**

(1) エ　　　　(2) ウ　　　　(3) ア

解説 (1)ここのheardは知覚動詞。my nameがcall"される"のだから，過去分詞を用いる。　(2)「彼女は英語で自分の言うことをわからせようとしました」⇒makeが使役動詞で，herselfが「理解される」のだから，過去分詞にする。※I couldn't make myself understood in English.「私の英語は通じなかった」という例文も覚えておこう。
(3)「私は，私の代わりに彼をそこに行かせるつもりです」⇒haveが使役動詞で，himが「行く」のだから，原形不定詞にする。

▶**173**

(1) **made, me, go**
(2) **what, made**
(3) **had, stolen**
(4) **to, sing**

解説 (1)「私は，母がそうしろと言ったので，早く寝なければならなかった」を＜make＋(人)＋原形＞「(人)に(強制的に)〜させる」を用いて，「母は私を早く寝させた」とする。元の文の最後のtoは，"代不定詞"といい，**to go to bed early**の代わりをしている。(2)「なぜ彼がそこに行ったのか」⇒「何が彼をそこに行かせたのか」と考え，使役動詞のmakeを間接疑問で用いる。
(3)「彼女のかばんは電車の中で盗まれた」⇒「彼女は電車の中でかばんを盗まれた」とする。＜have＋O＋過去分詞＞は「Oを〜してもらう」という意味だけでなく，「Oを〜される」という被害の意味もある。
(4)使役動詞・知覚動詞の文を受動態にするときには，「原形不定詞」を「to不定詞」にかえなければならない。

▶**174**

(1) **Let me take a look at it.**

(2) *Last week I* had[got] my computer repaired at that *new shop.*

(3) Teachers are glad to have their old students visit them.

解説 (1)「OにCさせる」は＜let[make]＋O＋C（原形不定詞）＞で表す。"O（私）がCする（見る）"関係が成り立つので原形不定詞を用いる。また，目的語が喜んでする場合にはlet，いやいやながらする場合はmakeを用いる。take a look at ～「～をちょっと見る」 (2)「～してもらう」は使役動詞 have または get を用いる。my computerがrepair "される"ので過去分詞となる。 (3)「～してうれしい」be glad to ～「…が～してくれれば」は，使役動詞haveを用いて＜have＋O＋C（原形不定詞）＞「OにCしてもらう」の形で表す。their old studentsがvisit "する"ので原形不定詞を用いる。

▶ **175**

(1) さて，私の荷物を私の部屋までボーイに運ばせてください。

(2) あなた（たち）は，お年寄りが電車の中で立っているのを見かけたら何をしますか。

解説 (1)haveが使役動詞で，「a bellboyに運ばせる」と考える。 (2)seeが知覚動詞で，「old peopleが立っているのを見る」と考える。＜see＋目的語＋現在分詞＞は「（目的語）が～しているのを見る」という意味。

▶ **176**

(1) I heard my friend speak English well.

(2) They saw a beautiful white bird sitting in a tree.

解説 (1)「（目的語）が～するのを聞く」は＜hear＋目的語＋原形不定詞＞で表す。 (2)▶ **175**(2)参照。

〔発展的な内容〕

B 関係代名詞what,＜前置詞＋関係代名詞＞

▶ **177**

(1) ウ (2) ア (3) エ
(4) イ

解説 先行詞を関係代名詞節の中に入れ込んでみるとよくわかる。(1)⇒I was born **on** the day となるから，onが必要であることがわかる。 (2)2つの文に分けて考えると，Did you see the new house? ＋ He bought it (＝ the new house) to live in with his parents. となるのでwhichが正しい。liveがあるのでin whichと間違えやすいが，先行詞the new houseを関係代名詞節に入れてみると，前置詞が必要でないことがわかる。 (3)先行詞The houseを関係代名詞節の中に入れてみると，he lives **in** the houseとなるから，目的格の関係代名詞を使う。 (4)⇒「このプレゼントは私がほしかったものです」先行詞がないので，ア，ウは不適当。

▶ **178**

(1) what

(2) What, surprised, me, was

(3) any, with, which

解説 (1)＜all the money＋主語＋have＞＝＜what money＋主語＋have＞「なけなしの金」 (2)「彼のヘアースタイルに私は驚いた」⇒「私を驚かせたものは，彼のヘアー

スタイルだった」と考える。「～するもの」は関係代名詞whatを用いてwhat surprised meとする。この場合のsurpriseは「～を驚かせる」という動詞。　(3)no = not + any を用いる。to cut that tree withという不定詞の形容詞的用法が，書きかえの文では節になっているので，関係代名詞節(=形容詞節)を用いるとわかる。「～を道具で切る」はcut ～ with the toolであるから，関係代名詞の前に前置詞withが必要である。

略されている。how to ～は「～の仕方」の意味。just as ～は「ちょうど～のように」の意味を表す。asは「様態」を表す接続詞である。　(2)what以下は，前置詞aboutの目的語になる関係代名詞節。　(3)この文はandの前で2つに分かれる。what they writeはatの目的語になる関係代名詞節。the same way「同じ方法で」

▶*179*

(1) **on, which**　　(2) **what**

(3) **what**　　　　(4) **what, worse**

解説 (1)「私たちは地球に住んでいる」は，We live on the earth. だから，関係代名詞の前にonが必要になる。　(2)「いわゆる」what you[we / they] call = what is called《慣用表現》　(3)「彼が今ある」=「現在の彼」what he is　(4)「さらに悪いことには」(and) what is[was] worse = to make matters worse《慣用表現》

▶*180*

(1) 彼はちょうど子供がするように，生活のあらゆる瞬間を楽しむ方法を知っていると私は思います。そして，そのことが友人に関して最も私が好きなことなのです。

(2) そのイギリス人の化学者は自分が見た[目にした]ものについて考えながらそのびんを見つめていた。

(3) 彼らが書くものをよく注意して[綿密に]見なさい，そして(それから)自分も同じようにしなさい。

解説 (1)thinkとheの間には接続詞thatが省

▶*181*

(1) **No one[Nobody] will believe what he says.**

(2) **This is the village in which he was born. / This is the village which he was born in.**

解説 (1)「～の言うこと」what ～ say(s)
(2)This is <u>the village</u>. + He was born **in** <u>the village</u>.

〔発展的な内容〕

C 関係副詞, 制限用法と継続用法

▶*182*

(1) ウ　　　　(2) ア

解説 先行詞を関係詞節に入れ込んでみて，文の要素として使われているかどうか，前置詞が必要かどうかを判断する。　(1)はI visited <u>the small town</u>となり，the small townはvisitedの目的語となる。⇒関係代名詞を用いる。　(2)はhe lives **in** <u>the house</u>となり，前置詞が必要だが，選択肢にないので，関係副詞whereを用いる。

▶*183*

(1) **how**

(2) **used, to, in**

(3) **told, lie**

解説 (1)the way＝how。the wayと関係副詞のhowが一緒に使われることはない。(2)関係副詞のwhere は，＜前置詞＋which ～＞または＜which ～ ＋前置詞＞に書きかえられる。「以前は～だった」を表す助動詞used to ～ を用いて，which his grandpa used to live in とし，目的格のwhich を省略するとこの文ができる。(3)「彼は正直でなかった。そしてそのことが先生をさらに怒らせた」⇒「彼が正直でなかったので→嘘をついたので，先生はさらに怒った」と考え，tell a lie「嘘をつく」を用いる。

▶ ***184***

(1) **where, is, heavy**

(2) **why, named**

(3) **how**

解説 (1)「交通が激しい道路」the street where traffic is heavy (2)「そういうわけで～」That is (the reason) why ～．「～という名になりました」⇒「～と名づけられました」と考える。(3)That's how I ～「そんな風に私は～する」，～する"方法"なので関係副詞howを用いる。

▶ ***185***

(1) 多くの金持ちは，個室に入ることのできる私立病院へ行きたがる。

(2) ブラウン氏には娘が1人いて，そして彼女はとても上手にピアノを弾きます。

(3) 彼女たち［彼ら］は私にケーキをくれたのですが，あまりおいしくありませんでした。

解説 (1)「多くの金持ちは／私立病院に行くこ

とを好む／彼らが個室を持つことができる」where は private hospitals を先行詞とする関係副詞。 (2)(3)継続用法の関係代名詞は，「そして，しかし，なぜなら」などの接続詞を適宜補って，前から後ろへと訳す。

トップコーチ

● 継続用法の関係代名詞節の書きかえ

継続用法の関係代名詞節には，さまざまな接続詞の意味（and「そして」，but「しかし」，because「なぜなら」，for「というのも」，though「だけれども」など）が含まれるので，＜接続詞＋代名詞＞で書きかえることができる。▶ ***185***(2)⇒Mr. Brown has a daughter, **and she** plays the piano very well. (3)⇒They gave me a cake, **but it** was not so delicious.

▶ ***186***

(1) **The best way to learn English is to go to a country where[in which] English is spoken.**

(2) **The town where[in which] my aunt lives is far from here. / The town which my aunt lives in is far from here.**

(3) **This is the reason why[for which] I don't like him. / This is the reason which I don't like him for.**

(4) **I'll[I will] never forget the day (when)[on which] I[we] got to[arrived at / reached] the top of the mountain. / I'll**

[**I will**] **never forget the day which we got to the top of the mountain on.**

解説 (1)「英語を学ぶ最も良い方法は」が主語。「行くこと」は動名詞 going または不定詞 to go で表す。「英語が話されている国」は，関係副詞 where または，＜前置詞＋関係代名詞＞の in which を用いて表す。 (2)「おばさんが住んでいる町」the town where my aunt lives, The town is far from here. をもとにして考える。 (3)「彼を好きでない理由」the reason why I don't like him (4)「その山の頂上に到達した日」the day (when) I[we] got to the top of the mountain, 先行詞が the day, the year などの場合には関係副詞の when は省略できる。

〔発展的な内容〕

D 過去完了・未来完了と完了進行時制

▶ **187**

(1) ア (2) エ (3) ウ

解説 (1)three times（経験のキーワード）から完了形と考え，過去・未来を表す部分がないので現在完了形にする。 (2)by this weekend「今週末までに」があるので「終えてしまっているだろう」という未来完了形（完了）にする。 (3)「そのサーカスを訪れた」という出来事より前に「ピエロを見る」という行為をしていなかったのだから，過去完了形（大過去）にする。

▶ **188**

(1) **had lost**

(2) **sets**[**has set**]

(3) **had been sleeping**

解説 (1)なくした後に気付くのだから, found（過去）よりも前，つまり大過去にする。 (2)before は時を表す副詞節を導くので will は使えない。「太陽が沈む前に」と考えるなら will set の代用 sets，「太陽が沈んでしまう前に」と考えるなら will have set の代用 has set とする。このように特にキーワードがない場合は，未来形・未来完了形のどちらでも可能。 (3)for about an hour（継続のキーワード）と when I called on him という過去を表す部分があり，sleep は動作動詞なので過去完了進行形にする。

▶ **189**

(1) 私はそんなに興奮するサッカーの試合を以前に一度も見たことがなかった。

(2) 一日中激しく雨が降っていたので，私たちは家にいた。

(3) 明朝私が起きたときには，兄はすでに家を出発してしまっているだろう。

(4) 私が駅に着いたときには，その列車はすでに出発してしまっていた。

(5) この夏富士山に登れば，私は3回登ったことになる。

解説 (1)never があるので，過去完了の経験用法「一度も～したことがなかった」と訳す。 (2)過去完了進行形だから「（ずっと）～していた」と訳す。 (3)未来完了の完了用法「～してしまっているだろう」と訳す。when 以下が未来形の代用になっていることにも注意する。 (4)already があるので，過去完了の完了用法「～してしまっていた」と訳す。 (5)three times があるので，未来完了の経験用法「～したことになる（だろう）」と訳す。

▶*190*

(1) *By next year, I will* **have** **been** **working** **at this** **company for** *twenty years.*

(2) *The minute I saw her, I* **knew** **something** **had** **happened** **to** **her** **at** *school.*

解説 (1)for twenty years，by next year があり，work は動作動詞なので，未来完了進行形と考える。 (2)「何かが起こった」のは「私が知った」より前のことなので，大過去である。

〔発展的な内容〕

E 完了不定詞と完了動名詞

▶*191*

(1) **to, know**

(2) **have, been**

(3) **have, lived**

(4) **having, studied**

解説 (1)knows は seems と同じ時なので単純不定詞にする。 (2)was は seems より前の時なので完了不定詞にする。 (3)has lived は is said より前の時なので完了不定詞にする。 (4)studied は is proud より前の時なので完了動名詞にする。

▶*192*

(1) ① トムはメアリーに恋をしているようだ。

② トムはメアリーにずっと恋をしているようだ[トムはメアリーに恋をしていたようだ]。

(2) ① そのチームは大会で優勝する(だろう)と思われていた。

② そのチームは大会で優勝したと思われていた。

(3) ① 彼は科学者であることを誇りに思っている。

② 彼はレースで優勝したことを誇りに思っている。

解説 (1)appear は seem とほぼ同義語。 ①単純不定詞は現在として訳せばよい。 ②appears という現在形の後の完了不定詞は現在完了または過去として訳せばよい。 **be in love with 〜** 「〜に恋している」 (2) ①単純不定詞は述語動詞と同じ時か未来の時を表す。 ②完了不定詞は述語動詞よりも前の時を表す。 (3) ①単純動名詞は述語動詞と同じ時を表し，現在として訳せばよい。 ②完了動名詞は述語動詞よりも前の時を表し，過去として訳せばよい。

▶*193*

(1) **to, have, forgotten**

(2) **to, have, married**

(3) **having, broken**

(4) **being, taken**

解説 (1)完了・結果を表す完了不定詞。 (2)「結婚した」のは「らしい (is said)」よりも前の時なので完了不定詞にする。 (3)「壊した」のは「否定した」よりも前の時なので完了動名詞にする。 (4)remember の後に続く動名詞は過去のことを表すので，完了動名詞にする必要はない。ただし，「〜される (た) こと」なので，動名詞の受動態<**being**＋過去分詞>の形にする。

第4回 実力テスト

1

(1) **February, ninth**

(2) **shoes**

(3) **century**

(4) **An, elephant**

(5) **capital**

(6) **Minister**

(7) **foreigners**

(8) **desert**

解説 (1)「1年の2番目の月は ( ) で, ( ) は9月です」 (2)「1組の ( ) はあなたが歩くときに身につけるものです」 (3)「21 ( ) は2001年に始まり, 2100年に終わります」 (4)「( ) は長い鼻をしたとても大きな動物です」 (5)「東京は日本の ( ) です」⇒capital「首都」 (6)「伊藤博文は日本の最初の ( ) です」⇒Prime Minister「総理大臣, 首相」 (7)「外国出身の人々は ( ) と呼ばれます」 (8)「水や木のない大きな砂だらけの土地は, ( ) です」⇒desert 图「砂漠」desertには「〜を見捨てる」という動詞の意味もあるが, 名詞の場合は第1音節にアクセント, 動詞の場合は第2音節にアクセントがある。⇒「名前・動後」と覚えよう。

2

(1) **イ**   (2) **イ**   (3) **イ**

(4) **ア**

解説 (1)＜ buy ＋ (物) ＋ for ＋ (人)＞となる。 (2)「彼は私の言葉にどんどん興奮しました」という意味。一般的に人が主語のときには過去分詞, 物が主語のときには現在分詞にすればよい。 (3)「池 (pond) によって描かれる女性」ではおかしいので過去分詞は不適。ここのbyは「〜のそばで」と考え,「池のそばで絵を描いている女性はスミスさんです」とする。 (4)「この時計は修理される必要があります」= This watch needs to be repaired. **need to 〜**「〜する必要がある」/ **need -ing**（= need to be ＋過去分

詞)「〜される必要がある」

3

(1) **of**   (2) **take**   (3) **all**

(4) **make**

解説 (1)speak ill of 〜「〜の悪口を言う」, others「他人」 (2)**take a message**「伝言を受ける」/ Shall I take a message?「(電話で) 何かお伝えしましょうか」⇔Can I leave a message for him?「彼に伝言をお願いしたいのですが」/ **leave a message**「伝言を頼む」 (3)"Thank you." に対しては "You are welcome." と応じる他に, "Not at all." "It's my pleasure." などがある。 (4)make *oneself* at home「(しばしば命令形で) くつろぐ, 楽にする」⇒他にも I feel at home in his house.「彼の家にいると気が休まる [くつろげる]」という表現もある。

4

(1) **Some, others**

(2) **of, great, use**

(3) **pretty, well, kind**

(4) **from, difference, between**

解説 (1)「私たちの全員がそのゲームに興味があったというわけではありません」(部分否定)⇒「そのゲームに興味がある者もいれば, 興味がない者もいました」some ..., and others 〜 (2)＜ be ＋形容詞＞=＜ be ＋ of ＋抽象名詞＞veryは名詞を修飾できないので, この場合greatに変える。 (3)「Aと同様にB」B as well as Aは, Bに重点が置かれるので, ここではprettyをBに, kindをAに当てはめる。= not only A but (also) B (4)be different from 〜「〜と異なる」⇒「私の計画とあなたの計画の間

にはいくぶん相違がある」と考え,「違い,
相違」difference图を用いる。

5

(1) **too, strong, to**
(2) **many, kinds, of**
(3) **Whom[Who], with**
(4) **doesn't, always, agree, with**

解説 (1)「(コーヒー・お茶などが)濃い」strong
(2)「何種類の〜」how many kinds of 〜
(3)「誰と一緒に」はWhom[Who] 〜
with? または, With whom 〜? で表す。
(4)「いつも〜とは限らない」は部分否定なの
で, **always**を否定すればよい。「〜に同意
する」agree with 〜

6

(1) *I* **was** **spoken** to **by** a
foreigner who had *a map in
his hand.*
(2) **I read the sentence four
times** before **I understood** *it.*
(3) **What is the word** for "**book**"
in French?
(4) *I was* **so tired that I** lay **on
the bed** *and went to sleep.*

解説 (1)「〜に話しかけられる」be spoken
to by 〜 (2)⇒「私が理解する前に, 私は4
回その文を読みました」と考える。 (3)for
には「〜代わりに」という意味がある。
(4)「横になる, 横たわる」lie − lay − lain −
lying.「横にする, 横たえる」lay − laid −
laid − laying

7

(1) 私たちは, 地球を守るために共に働く
ことが私たちにとってどんなに大切か
知っています。
(2) 家賃を払いさえすれば, このアパート
に住んでもいいよ。
(3) 昨夜の気温は零度以下でした。
(4) テレビゲームなんかしないで, 外で遊
びましょう。
(5) その古い建物群は, 昔のままに[昔あっ
たのと同じくらい]美しく保たれています。

解説 (1)We know (that) 〜 にit ... for __ to
〜 の感嘆文 (元は, It is very important
for us to work together to protect the
earth.) が続いた形。 (2)as[so] long as
〜「〜しさえすれば」「(時間的) 条件」を表す。
また, as far as 〜 も「〜する限りでは」と
いう意味になるが,「(距離的) 範囲・程度」
を表す。 (3)temperature「温度, 気温」だ
から, ここのzeroは「零度」, belowは「以下」
を表す。below⇔above (4)instead of
〜「〜の代わりに」という前置詞。
(5)they = the old buildingsで, 今ある古い
建物群の状態と昔の状態が比べられている。

8

(1) **It's[It is] getting colder and
colder day by day.**
(2) **New York is one of the
cities (which[that]) everyone
wants to visit.**
(3) **He was the last person[man]
(that) I wanted to see.**
(4) **If you are spoken to by a
stranger, you had better leave
[run away] at once without**

saying anything.

(5) **Because[As] there will be an interesting TV program tonight, I want to finish my homework before it starts [begins].**

解説 (1)「日ごとに」day by day (2)「最も〜な…のうちの1つ」は＜ one of the ＋形容詞の最上級＋複数名詞＞で表す。「訪れたいと思っている」は want to visit だが, every, each は単数扱いだから, 3単現の s を落とさないようにする。 (3)⇒「彼は私が会いたい最後の人でした」と考える。the last ...「最も〜（しそう）でない…」と覚えておくとよい。 (4)「〜に話しかけられる」は be spoken to by 〜で表す。without は否定を含んだ表現なので, anything を使うことを忘れないように。 (5)「〜までに」だから by としたいが, 前置詞なので it will start[begin]「それが始まる」という節をとれない。⇒「それが始まる前に」と考え, before を用いるが, before 以下は「時」を表す副詞節なので, 未来形にしないで, 現在形で代用すること。

9

(1) ① ウ ③ エ ④ オ
⑥ ア ⑦ カ

(2) **like**

(3) イ—エ—ア—オ—ウ

(4) イ

解説 (1)①a famous writer が先行詞でその後に動詞 lived が続いているので関係代名詞 who を用いる。 ③flies が先行詞でその後に動詞 were が続いているので関係代名詞 which を用いる。 ④「彼が眠っている間に」だから while を用いる。during は

同じく「〜の間に」という意味を表すが, 前置詞なのでその後に節をとることができない。 ⑥「考えずに」だから without -ing とする。 ⑦「怒りにまかせて」⇒「怒っているので」と考える。 (2)「〜のように」/「〜が好き」だから like を用いる。 (3)(4)は文の流れをよく考えよう。

全訳 イソップは2500年以上前に生きていた有名な作家でした。彼は人間のように言葉を話し, 行動する動物についての物語をたくさん書きました。たいていの人は動物についての物語を読むのが好きで, 動物の中に自分と同じようなところを見つけると, さらに物語がおもしろくなります。

そんな物語の1つに, 老人が猿を飼っていた話があります。老人はその猿をとても気に入っていましたが, それは猿がとても利口だからでした。老人は午後に庭に座って昼寝をするのが好きでした。鳥たちが庭にやって来て騒ぐと, 猿はそれを追い払いました。猿はまた, 老人が眠っている間に, 老人の顔にとまるハエを追い払いました。ある暑い夏の午後のこと, 老人は椅子に座って眠っていました。ハエがやって来て, 彼の鼻の先にとまりました。猿は老人のそばに座っていました。猿はハエを見て, 老人の鼻から追い払いました。すぐにハエは戻ってきました。猿は再び追い払いました。ハエが戻ってきて猿が追い払うということが5, 6回起こりました。

さあ, 猿は怒りました。彼は立ち上がって言いました。「もう二度とするな！」彼は飛び上がると, 庭に走って行き, 大きな石を手に取りました。彼が老人のところへ走って戻ると, またハエが老人の鼻にとまっているのを見ました。猿は今度はハエを追い払わず, ハエを石でたたきつけました。彼はハエを殺しました。老人の鼻も砕いてしまいました。

イソップが語りたかったのは人々が楽し

む単純な物語でした。また彼は,私たちの多くがその猿のように行動すると言いたかったのです。私たちは考えもせず,すぐに行動してしまいます。怒りにまかせて行動して,良いことをするどころか,人を傷つけてしまうのです。時には,敵よりも味方が危害を及ぼすこともあります。